MÉMOIRES
SUR LA
REINE HORTENSE
ET LA FAMILLE IMPÉRIALE.

II

Impr. de E. Dépée, à Sceaux.

MÉMOIRES
SUR LA
REINE HORTENSE
ET LA FAMILLE IMPÉRIALE,
PAR
MADEMOISELLE COCHELET
Lectrice de la Reine,

(Madame Parquin.)

TOME SECOND.

Deuxième Édition.

PARIS,
LADVOCAT, LIBRAIRE-ÉDITEUR.

1841

MÉMOIRES
SUR LA
REINE HORTENSE
ET LA
FAMILLE IMPÉRIALE.

I.

L'impératrice Marie-Louise aux eaux d'Aix. — M. de Blacas fait prier la reine Hortense de ne pas y aller. — La reine Hortense à Plombières. — Mauvaise volonté du gouvernement à régler les revenus du duché de Saint-Leu. — Conseils du duc de Vicence. — Jugements portés sur l'empereur. — Lâchetés de ses ennemis. — Insouciance de la reine sur ses intérêts. — Le gouvernement saisit de nouveau les rentes. — M. Delabouchère. — L'empereur Alexandre à Londres. — Le comte de Tolstoï. — La princesse Wolkonski. — Lettres sur le voyage de l'empereur Alexandre en Angleterre. — Nouvelle inquiétude de l'ambassadeur de Russie. — Correspondance entre les vaincus et les vainqueurs. — Une contremine. — Lettres du duc de Vicence. — Le petit homme. — M. de Nesselrode. — La reine voyage seule avec moi.

Le temps approchait où la reine devait aller prendre les eaux, et où le projet de se réunir à son frère et à sa belle-sœur allait s'exécuter.

Le congrès de Vienne qui était retardé en donnait la possibilité au prince Eugène, et les eaux d'Aix, en Savoie, avaient été désignées comme le lieu du rendez-vous parce qu'elles étaient depuis longtemps très-nécessaires à la santé de la reine.

On apprit bientôt que l'impératrice Marie-Louise, à qui la reine les avait si souvent vantées, avait obtenu la permission d'y aller. Ce pays faisant encore partie de la France, cela avait été une affaire que de l'y laisser venir. M. de Blacas envoya chercher Boutiakin, et lui dit que la cour verrait avec peine que la reine allât se réunir à sa belle-sœur l'impératrice, et que si elle voulait donner une preuve de son désir de ne troubler en rien le gouvernement, elle renoncerait à ce voyage.

« Ah! mon Dieu, dit la reine, quand je lui
» rendis compte de ce message, voilà un gou-
» vernement qui se montre bien fort en re-
» doutant ainsi l'entrevue de deux femmes,
» dont l'une, au milieu de sa puissance, n'a pas
» essayé de défendre la couronne qu'elle por-
» tait; que pourrait-elle faire aujourd'hui? Et
» l'autre, comme elle, n'aspire qu'au repos;
» en quoi peut-on la redouter? Enfin, je vais
» écrire à mon frère que j'irai à Plombières, et

» qu'il peut venir me voir là. Ma santé seule en
» souffrira, car les eaux d'Aix m'étaient bien
» recommandées et bien nécessaires. N'im-
» porte, je ne veux inquiéter personne. »

En effet, notre départ pour Plombières fut décidé. La reine avait beaucoup balancé à se séparer de ses enfants qu'elle aurait voulu emmener avec elle et qu'elle quittait avec chagrin. Le duc de Vicence avait été consulté. « Leur sort est fixé en France, avait-il dit, il
» faut habituer à les y voir. Si la reine les em-
» mène, qui sait si on ne les empêchera pas
» d'y rentrer et si l'on ne s'emparera pas en-
» tièrement du duché de Saint-Leu qu'on a eu
» tant de peine à obtenir, et dont on met tant
» de lenteur à compléter les revenus. On ne va
» pas franchement avec la reine, elle doit donc
» se méfier des intentions qu'on a pour elle,
» et ne donner aucune prise à ses ennemis. »

A propos de tous ces conseils, la reine me disait quelquefois : « Cela me paraît éton-
» nant qu'on dise mes *ennemis*. Comment ai-
» je pu en avoir, moi qui regardais comme mes
» amis tous ceux qui souffraient. Moi qui me
» trouvais si heureuse de leur être utile ! je
» n'avais pas d'ennemis dans ce temps-là. La
» puissance est donc une chose meilleure que

» je ne croyais. Je ne la regrette pas, mais je
» sens que j'ai eu tort de ne pas en faire plus
» de cas. »

C'est ainsi que me parlait souvent cette bonne reine, qu'on se plaisait déjà à représenter comme au désespoir d'avoir perdu sa puissance et mettant en œuvre tous les moyens pour la retrouver.

Je pourrais, si je voulais, remplir des volumes en transcrivant toutes mes conversations avec la reine. Elle s'exprimait avec tant d'abandon avec moi ! Je n'ai plus qu'à faire un choix et à copier aujourd'hui, puisque j'écrivais habituellement tout ce qu'elle disait.

J'ai toujours vu la douceur, la résignation, l'impartialité être le fond de tout ce qu'elle éprouvait ; et parfois, lorsqu'elle sortait de ce calme habituel et qu'elle se montrait vive et indignée, c'était toujours lorsqu'elle avait la preuve d'une injustice ou d'une fausseté ; alors elle me disait avec vivacité : « Ah ! je ne
» croyais pas le monde aussi méchant. Est-il
» possible que le vrai soit si difficile à connaî-
» tre ? Je me sens contente d'être loin de tout
» ce qui se montre si méprisable à mes yeux.
» Je me ferais volontiers ermite. »

Dans d'autres moments elle me dit : « Il faut
» être indulgent, le monde est plus léger que
» méchant. Le mal qu'il fait est sans doute le
» même, mais c'est sans intention. Il faut lui
» pardonner et l'aimer toujours. »

Elle élevait ses enfants à n'avoir jamais un sentiment haineux. « C'est la nature des cho-
» ses qui place les hommes dans tel ou tel
» rang, leur disait-elle. Il ne faut jamais en
» vouloir à ceux qui vous remplacent, et
» même, s'ils agissent bien, il faut avoir le
» courage de le reconnaître et de leur rendre
» justice dans quelque circonstance qu'ils
» soient placés vis-à-vis de nous. »

Les journaux de ce temps-là se plaisaient à injurier l'empereur à la journée; on l'y représentait comme un tyran, même comme un poltron! cette lecture faisait un mal extrême à la reine. « Ce n'est pas parce qu'on calomnie
» l'empereur, disait-elle, il est assez grand
» pour que sa vie entière réponde à toutes ces
» injures, quand on voudra se donner la peine
» de l'étudier. Il est au-dessus de pareilles at-
» teintes; mais je suis affligée de voir des Fran-
» çais, mes compatriotes que j'aime, se mon-
» trer si petits, si changeants !.... ce qui me
» fâche le plus, c'est que tout ce qu'on écrit

» aujourd'hui restera comme monument de
» lâcheté, et que l'histoire ne pardonnera pas
» à la nation d'avoir laissé outrager, lorsqu'il
» est devenu malheureux, l'homme qui fit tant
» pour son illustration, et qui fut si constam-
» ment encensé dans la prospérité. On nous
» appellera toujours peuple léger et sans di-
» gnité. Cette idée me peine, et quand je
» pense à cette entrée des alliés à Paris, j'en
» ai encore le cœur navré !.... Pourquoi les
» Bourbons n'ont-ils pas été se faire reconnaî-
» tre dans une province par un régiment fran-
» çais? A la bonne heure, c'eût été tout sim-
» ple; si on ne voulait plus de l'Empereur, on
» allait à ses anciens souverains, on les repre-
» nait. Le peuple était le maître de choisir
» qui lui plaisait, et c'était à nous seuls, dont
» il ne voulait plus, à nous résigner.

» Mais aller fêter les ennemis de son pays,
» ceux qui ont toujours fait couler le sang
» français! Ah! le parti qui a fait cela est bien
» coupable. Pour nous, nous voilà maintenant
» comme la famille de Darius, obligés d'avoir
» ecours à nos vainqueurs. J'avoue que je
» préférerais contracter des obligations envers
» les souverains de mon pays; car eux ils ne
» nous ont pas fait de mal. Ils sont Français.

» Ils retrouvent avec joie une couronne que la
» destinée leur avait enlevée, que la destinée
» leur rend; c'est fort naturel, et je sympathi-
» serais au moins avec eux par un amour
» égal pour la France et par des vœux pa-
» reils pour sa prospérité. Ils amènent un
» grand bienfait, la paix, qui est le premier
» des biens pour la nation après tant d'années
» de guerre. Je regrette seulement, d'après
» tout ce qu'il me revient, qu'il se montre en
» eux un peu de ces sentiments petits, mé-
» diocres, de haine et de jalousie, que les
» hommes appelés à gouverner ne doivent ja-
» mais ressentir. Peut-être aussi est-ce de la
» calomnie. Nous verrons à leurs œuvres ce
» qu'ils sont réellement. »

Voilà, dans ce premier temps de la Restauration, quels étaient les sentiments et le langage de la reine. Cette modération était autant dans son cœur que dans ses discours, car avec moi elle se montrait toujours à découvert. Au reste, je ne l'ai jamais vue faire le plus petit effort pour déguiser ses sentiments à qui que ce soit. Sans doute elle avait raison de ne pas craindre de les montrer; elle les sentait assez purs pour n'avoir jamais besoin de les déguiser à personne.

Je voyais avec peine la reine s'endormir sur ses intérêts. Vainement elle avait diminué beaucoup de sa maison, elle était encore trop considérable pour les ressources qui lui restaient. Croyant que l'on pouvait vivre avec rien, ayant besoin de si peu pour elle-même, son indifférence dans les affaires d'argent allait jusqu'à l'imprévoyance.

Le gouvernement du nouveau roi avait saisi ses rentes, ses arriérés dus par le Trésor. C'était si injuste, qu'à nos yeux cela ne pouvait paraître que provisoire, et l'on ne doutait pas encore de l'exécution du traité du 11 avril.

Mais en attendant, il fallait vivre, et pour se procurer l'argent nécessaire, la reine n'avait qu'un seul moyen, c'était de se défaire des objets précieux qu'elle possédait. Le vice-roi et la reine voulaient aussi vendre tout de suite les tableaux de la Malmaison, pour payer les dettes de leur mère. J'en écrivis à M. de Labouchère pour qu'il m'éclairât de ses conseils. Je l'avais connu en Hollande, j'avais pu apprécier toutes ses excellentes qualités, je connaissais son dévouement pour la reine, et je savais d'avance combien il se trouverait heureux de pouvoir faire quelque chose qui lui fût utile. Voici ce qu'il me répondit :

LETTRE DE M. DE LABOUCHÈRE A MADEMOISELLE COCHELET.

« Ce n'est qu'avant-hier que j'ai reçu par madame la comtesse de Nesselrode la lettre que vous m'avez fait l'amitié de m'adresser le 8, et je m'empresse de répondre aux reproches obligeants que vous voulez bien me faire.

» J'ai bien regretté de ne pouvoir, dans mon dernier séjour à Paris, jouir davantage de votre société; mais d'abord votre séjour à Malmaison, puis votre départ pour Saint-Leu, et au milieu de tout cela, l'impossibilité de trouver un moment qui fût à votre disposition ; tandis que de mon côté je ne quittais pas mon beau-frère. Ainsi s'est passée cette quinzaine, comme si effectivement nous avions la mer entre nous.

» Que j'étais loin de prévoir alors le malheur qui vous accable, et qui est une calamité générale pour tous ceux qui ont eu le bonheur de connaître cette excellente princesse. Vous savez combien j'étais reconnaissant de ses bontés; croyez que personne ne partage plus sincèrement que moi le chagrin de ses enfants et de ses amis. L'empereur Alexandre seul a su verser un baume consolateur sur leurs douleurs, et il ne lui a fallu que suivre les mouvements de son cœur magnanime. Hélas! pourquoi tous les souverains ne lui ressemblent-ils pas!...

» Le comte de Nesselrode est si occupé que je ne l'ai vu qu'une seule fois et encore à la hâte. Il ne m'a point parlé de la réclamation de la reine sur la Hollande. Mais je vous dirai franchement qu'à moins qu'on n'en fasse une stipulation du traité qui assure à la maison d'Orange, non-seulement la souveraineté des anciennes provinces, mais encore l'augmentation de territoire que l'on présume, je ne prévois pas que toutes les démarches particulières puissent rien obtenir. L'empereur Alexandre part demain d'ici pour se rendre par Amsterdam à St.-Pétersbourg. Je crois donc que le seul moyen qui reste à la reine de faire valoir ses droits serait d'en rendre S. M. I. l'avocat pendant son séjour auprès du prince d'Orange, et vous observerez qu'à cet égard il n'y a pas un instant à perdre, car je pense que le séjour de l'empereur Alexandre sera très-court.

» Je suis bien fâché que ce que vous me

dites de la fortune de feu l'impératrice s'accorde si peu avec les bruits publics. Je n'ai personnellement rien à réclamer de S. M., et je serais bien aise de pouvoir remplir l'intention du vice-roi et de la reine pour les tableaux. Je n'ose pourtant en recommander l'envoi ici. D'abord c'est que dans ce moment personne n'achète; la saison est à la fin, la ville va devenir un désert jusqu'au mois de février, et à moins d'envoyer toute la collection on supposera toujours que l'on a réservé ce qu'elle contenait de mieux. Je crois plus probable, vu le nombre d'Anglais qui vont se rendre successivement sur le continent, qu'après avoir fait connaître plus généralement cette collection, on parviendrait vers l'hiver à les vendre très-avantageusement à Paris même. Cela laisserait la faculté de garder tout ce dont on ne serait pas disposé à se défaire, et dans tous les cas on épargnerait beaucoup de frais qui, peut-être encore, seraient sans succès.

» Si toutefois on persévérait dans l'intention de faire passer la collection en Angleterre, je vous engagerais à commencer par en faire dresser un catalogue et une estimation d'après laquelle il serait possible de se former des idées plus exactes. Comme je compte me rendre en

Hollande vers la fin du mois prochain, je saisirai cette occasion d'en causer avec M. Corswelt, qui est bien mieux que moi à même de conseiller utilement dans cette affaire.

» J'ai vu avec un véritable plaisir les marques d'estime personnelle que vous a données l'empereur, et l'offre de sa protection pour un de MM. vos frères. Pour vous donner une opinion à cet égard, il faudrait pouvoir consulter les intentions et les goûts de MM. Cochelet. Je ne vous dissimulerai pas qu'il y a mille inconvénients très-graves à s'expatrier, et surtout à habiter la Russie après avoir pris les habitudes de la France. Malgré tout cela, dans la position de MM. vos frères, je vous assure que je n'hésiterais pas, parce que je réfléchis surtout au caractère du souverain, qui est de tous les princes celui qui me paraît le plus capable d'inspirer un véritable dévouement, et d'apprécier ceux qui le servent avec honneur et avec zèle. Madame Moreau va se retirer, à ce que l'on assure, en Russie. Son frère est entré au service russe comme général.

» Je crains de manquer le courrier, et vous fais comme toujours mille excuses pour mon griffonnage. Nous avons ici M. Fritz Pourtalès avec madame ; mais ils menacent de nous quitter sous peu de jours. Toute la ville et surtout la cour est en l'air depuis l'arrivée des souverains. Dans peu de semaines cette cohue se changera en un véritable désert. Ainsi va le monde. Croyez cependant que rien ne saurait diminuer les sentiments que je vous ai voués, et mon dévoûment respectueux pour la famille au sort de laquelle le vôtre est lié. Veuillez faire agréer mes hommages respectueux à la reine, et ne jamais douter de mon sincère attachement.

» Londres, 11-15 juin 1814. »

J'avais aussi dans le même temps envoyé à Londres, de la part du vice-roi, une capote que l'empereur Alexandre désirait. M. le comte Tolstoï, auquel je l'avais adressée, m'avait répondu la lettre suivante :

LETTRE DE M. LE COMTE DE TOLSTOÏ A MADEMOISELLE COCHELET.

« Mademoiselle,

» J'ai reçu la lettre que vous m'avez fait l'honneur de m'écrire. Je n'ai eu rien de plus empressé que de remettre à l'empereur celle que vous m'avez transmise pour lui, ainsi que la capote qui lui était destinée. Sa majesté a été bien sensible à cette attention de son altesse royale. Quant à moi, je ne saurais assez exprimer combien j'ai été flatté de son souvenir. Veuillez bien, mademoiselle, être l'organe de ma vive reconnaissance et offrir à son altesse royale l'hommage de mon respect.

» Si j'ai tardé à répondre à votre aimable lettre, je vous prie de n'accuser que le tourbillon dans lequel nous sommes entraînés depuis que nous avons mis le pied à Londres, et vous sentez bien qu'il ne m'a pas laissé un moment à moi, sans quoi je me serais acquitté plus tôt d'un devoir bien agréable, celui de vous offrir ma gratitude de votre aimable souvenir, et de vous prier d'agréer l'assurance de la considération bien distinguée avec laquelle j'ai l'honneur d'être,

» Mademoiselle,

» Votre très-humble et très-obéissant serviteur.

» Comte Tolstoï.

» Londres, 24 juin 1814. »

Ces nouvelles n'étaient pas les seules que je reçusse de Londres, j'en avais aussi de mon aimable amie, la princesse Wolkonski. Je ne placerai ici que la lettre suivante :

LETTRE DE LA PRINCESSE SOPHIE VOLKONSKI
A MADEMOISELLE COCHELET.

« Londres, 11-25 juin 1814.

» C'est ma seconde lettre d'ici, ma chère Louise. Celle-ci vous parviendra vite, c'est le frère de Boutiakin qui en est porteur; vous savez que nos courriers savent faire diligence. J'ai reçu votre petit mot; *le chef* (1) vous remercie de votre souvenir. Il m'a dit avoir reçu une lettre du vice-roi. Jamais je n'ai vu *le chef* si gai, si dansant qu'ici. Il est parti hier pour Portsmouth avec sa sœur (2). Mon mari est aussi du voyage, et dans un mois il verra ses enfants. Que je voudrais que vous fussiez à Paris le 29! nous y serons. Nous

---

(1) L'empereur Alexandre.
(2) La princesse Catherine de Russie, depuis reine de Wurtemberg.

nous y arrêterons 5 à 6 jours, puis nous continuerons notre route pour Vienne. Le maître y viendra en septembre. Ma sœur fera ses couches à Vienne; cela m'enchante. Je vais boire le sproudel à Carlsbad pendant cinq semaines, me fortifier ensuite à Egia une dizaine de jours, et vite, je me rendrai à Vienne. Comme l'impératrice mère sera heureuse de voir son fils! Il sera à Saint-Pétersbourg à la fête de sa mère. Il a fait fort bien d'arranger ainsi son voyage; il verra la Hollande sans se dépêcher, et en venant à Vienne il voyagera sans trop se fatiguer. Combien il m'a parlé de vous, de la reine! M. Narbans ou Boutiakin pourront vous dire où nous nous arrêterons à Paris. Que je serai heureuse de vous y voir! Marie a été fort sensible au souvenir que votre amie (1) lui a envoyé, qui lui a été destiné par sa mère.

» Pendant quinze jours je me suis couchée à cinq heures du matin; je n'en puis plus. J'ai fait l'acquisition d'une toile, je vous l'apporterai moi-même. Au revoir, bien chère et bien aimée Louise. J'apporte un gros paquet à madame Damour; mes respects à la

---

(1) La reine Hortense.

reine. Je vous en prie, faites avoir à M. Narbans la lettre en question que le général Régnier vous a apportée. Il loge rue et hôtel Cérutty. »

Toutes ces lettres passaient par l'ambassade de Russie. Quel sujet d'inquiétude pour M. Pozzo di Borgo, qui ne pouvait imaginer, lui rusé diplomate, qu'on pût écrire pour des choses d'aussi peu d'importance. Il y vit une influence pernicieuse, qui devait dériver d'une correspondance aussi suivie entre les vaincus et les vainqueurs, et il se *mit sur ses gardes*. On sait ce que cela veut dire de la part de nos hommes d'état. Pour déjouer ce qu'il imaginait devoir être une intrigue, il ne pouvait manquer de préparer une *contre-mine*, qui naturellement devait nuire à ceux dont il se méfiait si à tort.

Cet excellent duc de Vicence m'écrivait aussi de loin en loin. Il désirait tant voir le sort de la reine tranquillement assuré et hors des atteintes des caprices de la politique! Mais pouvait-elle être à l'abri des tourments qui lui arrivaient d'un côté où elle aurait dû trouver appui et consolation! C'était précisément de là que lui venaient ses plus grandes souffrances.

Je transcris ici deux des lettres du duc de Vicence, quoique écrites à un mois de distance.

Le duc de Vicence à mademoiselle Cochelet.

« Vous êtes toujours bien bonne pour moi, mademoiselle, et je suis votre serviteur très-reconnaissant.

» Ma femme est partie pour Vichy, avec le très-grand regret de ne pouvoir aller faire sa cour à madame la duchesse de Saint-Leu, mais elle a été souffrante, et moi accroché ici par des affaires. Veuillez donc faire agréer l'hommage de notre reconnaissance. J'irai sûrement parler de la mienne avant d'aller me nicher dans ma Picardie.

» D'après les dernières paroles du petit homme (1), on lui a promis de tout arranger, et en définitive on nous renvoie à celui que cela doit, dit-on, regarder. C'est de l'*eau bénite de cour;* en voyageur il s'en est contenté. Je n'en ai pas fait autant; mais le départ du bon ange (2) a tué le zèle de tout le monde.

(1) M. de Nesselrode.
(2) L'empereur Alexandre.

»Je n'ai pas encore pu parvenir à voir monsieur votre frère, cela à mon très-grand regret; car on ne vous connaît pas sans s'attacher beaucoup à vous, mademoiselle. Vous êtes si bonne amie, si dévouée qu'on vous aime pour ses amis autant que pour vous.

»Voilà une déclaration du fond du cœur à laquelle j'ajoute pour passe-port l'hommage de mon respect.

» CAULAINCOURT, duc de VICENCE,

» Ce 9 juin 1814. »

LE MÊME A LA MÊME.

« Mademoiselle,

» Les campagnards ne savent les nouvelles que par la gazette. Le comte de St-Leu, de Lausanne, a-t-il réellement écrit la belle épître qu'on a imprimée? Je pense qu'il n'en est pas autrement question. Ayez cependant la bonté de me le dire; car les affaires de mes amis sont les seules qui m'occupent encore. Comment se portent-ils? Agréez avec bonté, mademoiselle, l'hommage de mon attachement et de mon respect.

» CAULAINCOURT, duc de VICENCE.

» Caulaincourt, par Ham (Somme), ce 2 juillet 1814. »

Je reviens à notre départ de St-Leu. Plus le moment en approchait et plus les angoisses de la reine augmentaient à l'idée de se séparer de ses enfants. Pour s'en donner le courage, elle se répétait toutes les raisons qui l'y avaient décidée, et me disait : « Je laisse mes enfants » en France, dans leur patrie, cette patrie qui » les a vus naître, qui les a reçus avec tant d'ac- » clamations, et je ne sais pourquoi je tremble » de les quitter. Cela n'est pas raisonnable, car » enfin que peut-il leur arriver ici? Ils restent » au milieu de leurs amis. Le premier paysan » venu serait leur défenseur si on voulait leur » faire du mal. C'est plutôt s'ils avaient été » forcés de quitter la France que j'aurais eu » des raisons de craindre. Je les aurais con- » duits au milieu des peuples trop fatigués de » nos victoires, et qui ne peuvent éprouver de » sympathies ni pour le nom français, ni pour » ceux qui le portent. »

Je partageais ses idées et je la rassurais de mon mieux sur l'inquiétude bien naturelle que je lui voyais en s'éloignant d'êtres si chers et si intéressants.

Elle les laissait avec madame de Boubers, qui les soignait comme une seconde mère, sous la garde de M. Devaux, qui ne devait pas les quitter d'un instant et sous la surveillance du bon abbé Bertrand, qui donnait des leçons de latin à l'aîné, et qui montrait à lire au cadet. Ces deux messieurs étaient les seuls hommes que la reine eût conservés de son ancienne maison. Ils n'étaient pas d'âge ni de vaillance à être de bien vigoureux défenseurs, mais leur prudence, leur zèle, leur dévouement étaient garants qu'ils sauraient mettre à l'abri de toutes les chances fâcheuses les trésors précieux qui leur étaient confiés.

Laissant les seuls hommes dont elle pût disposer à ses enfants, la reine allait être obligée de voyager seule avec moi, elle qui n'avait jamais fait un pas sans des officiers, sans de nombreux serviteurs. Deux femmes de chambre, deux domestiques, un courrier dévoué, allaient seuls composer toute sa suite. Ses amis s'en alarmaient pour elle, dans un temps de passion, où tant de partis exagérés pouvaient lui susciter des ennuis.

Plusieurs messieurs de sa société intime lui avaient offert leurs services et voulaient l'accompagner jusqu'au lieu de sa destination; mais elle avait refusé leurs offres obligeantes. Elle les trouvait trop jeunes pour être les protecteurs convenables des femmes de notre âge, et malgré toutes les instances qu'on lui fit, elle refusa tout le monde. Nous partîmes de Saint-Leu le 25 juillet au soir. Nous tournâmes Paris pour gagner la route de Plombières, escortées par messieurs de Flahaut et de Labédoyère, qui étaient venus faire leurs adieux à la reine et qui l'accompagnèrent à cheval jusqu'à Saint-Denis, où ils la quittèrent, non sans faire quelques instances pour qu'elle leur permît de l'accompagner plus loin. Elle les remercia, et son dernier mot fut : « Veillez sur mes enfants. »

Mon cœur se serra en voyant l'isolement où nous restions lorsqu'ils nous eurent quittés. J'étais avec la reine dans sa berline, deux femmes de chambre suivaient dans une calèche et je comparais ce modeste cortége à ceux si brillants des nombreux voyages que j'avais faits naguère avec elle. Ces beaux équipages, ces riches uniformes, cette foule empressée, tout avait disparu, excepté les douces vertus de celle qui méritait tant d'hommages, à laquelle le sort les avait ravis et qui restait seule, mais forte et plus grande que son malheur.

II.

Nous sommes seules en voyage. — Singulière rencontre dans les montagnes des Vosges. — La famille Sainte-Aulaire et la famille de Bassano. — Le général Laborde. — Portrait de M. Sainte-Aulaire. — Madame la comtesse de Rémusat.

C'était la première fois que la reine voyageait si peu entourée; d'autres en auraient peut-être été attristés; elle, au contraire, s'en faisait un plaisir. Tout ce grand entourage que je regrettais pour elle ne lui avait jamais plu. Elle jouissait, comme un enfant, des plus petits incidents d'un voyage. Étions-nous mal logées, mal nourries, elle n'en faisait que rire. Tout était bon, elle n'était difficile en rien. La vue d'une belle nature lui causait une émotion qu'elle aimait à exprimer tout haut. Autrefois, étant entourée de beaucoup de monde qui l'observait, elle était forcée de renfermer les plus petites émotions, et maintenant, seule avec moi, elle ne se gênait plus.

La reine emmenait aussi avec elle la jeune mademoiselle de Caumont, qui avait été attachée à l'impératrice Joséphine, que la vice-reine prenait pour dame près d'elle, et que sa belle-sœur s'était chargée de lui amener. Une de ses compagnes, mademoiselle Decazes (1), venait d'être mariée et dotée par le prince Eugène et par la reine.

L'habitude devient une seconde nature, dit-on. Quand la nuit arriva, la reine, si peu escortée, et qui voulait voyager la nuit tout en jouissant de sa liberté, finit par s'en trouver presque effrayée. Après avoir traversé Épinal, dans une montagne des Vosges où nous allions au pas, puiqu'on montait, un homme s'approcha de la voiture et eut l'air de regarder dedans pour s'assurer de ce qu'elle

(1) Elle n'était pas de la même famille que M. Decazes, le ministre de Louis XVIII.

contenait. « Est-ce que ce serait un voleur ?
» dit la reine, il a des manches blanches et
» des bretelles; c'est le costume classique des
» brigands. » Et tout en riant je crois qu'elle
n'était pas trop rassurée, car elle tira bien
vite tous les stores de la voiture pour qu'il ne
vît pas que nous n'étions que des femmes.
Moi, qui suis poltronne par nature, je ne pus
pourtant retenir un grand éclat de rire du
costume obligé que la reine accordait aux vo-
leurs. S'il est vrai que celui-ci en fût un, il
était seul, et en voyant deux voitures et deux
domestiques, il n'eut certainement pas l'envie de nous attaquer.

Enchantée de trouver cette faiblesse dans
la reine, j'osai me moquer un peu d'elle.
« Mais, madame, lui dis-je, que penseraient
» ceux qui vous ont vue si courageuse ? Il y a
» peu de temps, vous vouliez vous enfermer
» dans Paris avec vos enfants pour qu'on se
» défendît. Vous êtes restée à Trianon, au
» lieu de fuir pour connaître le sort de Paris.
» Vous avez traversé seule toutes les troupes
» ennemies pour aller porter des consolations
» à l'impératrice Marie-Louise, tandis que
» vos intérêts les plus chers vous appelaient
» près de votre mère ! et un homme en bre-

» telles vous fait peur ! — Mais je ne suis pas
» brave, me répondit la reine, c'est lorsque je
» sens que j'ai un devoir à remplir que le cou-
» rage me vient. Alors je n'ai plus qu'une pen-
» sée, c'est de faire ce que mon esprit et mon
» cœur me disent être bien ; et quoi que cela
» me coûte, je trouve toute l'énergie qui m'est
» nécessaire; ensuite, comme le résultat ne dé-
» pend pas de moi, je sais aussi me soumettre,
» après, sans chagrin, à tout ce que le sort dé-
» cide; et d'autant plus facilement que je puis
» me dire, j'ai rempli mon devoir. « Puis après
un moment de réflexion. « Il n'y a que la
» mort de ceux que j'aime que je ne puis
» supporter, dit-elle, tout le reste me trouve
» résignée; je sais qu'on a été étonné de me
» voir sans douleur assister au mariage de
» l'archiduchesse d'Autriche, qui remplaçait
» ma mère. Si, à cette époque, j'avais eu à pleu-
» rer sa perte, sans nul doute j'en eusse été
» très-affectée. Mais quitter une cour, un
» tourbillon pour retrouver de la tranquillité,
» ne me paraissait pas un très-grand mal-
» heur. Je ne trouvais pas ma mère trop à
» plaindre, surtout par le noble sacrifice
» qu'elle faisait à l'empereur. Mais, hélas !
» continuait la reine avec un soupir, tu as vu

» à Navarre, par le chagrin qu'elle a éprouvé
» au récit des malheurs de l'empereur, combien
» ce sacrifice était grand; plus grand que je
» ne le croyais, car j'ai bien lu dans son cœur,
» à ce cruel moment, qu'elle l'aimait encore
» passionnément, et j'ai pensé qu'il lui avait
» fallu un grand courage pour se séparer de
» lui. »

C'est en causant ainsi que nous arrivâmes à Plombières. Nous n'y trouvâmes de connaissance que la famille de Sainte-Aulaire, la famille de Bassano, le général Delaborde et sa femme.

J'aimais si tendrement cette charmante duchesse de Bassano, que je me sentais heureuse de la revoir. Le duc se trouvait dans une position politique qui lui imposait une grande retenue; j'ignore si son intention était de prendre les eaux de Plombières; mais il alla bien vite à celles de Luxeuil, et j'ai toujours pensé que notre arrivée avait été la cause de son départ.

Il passait avec raison pour être le plus brave homme et le plus dévoué à l'empereur. Connaissant l'esprit défiant du moment, sans doute, il redoutait de se trouver dans le même lieu que la belle-fille de cet homme qui, de son île, faisait encore trembler l'Europe.

La duchesse de Bassano était excessivement contrariée d'aller à Luxeuil : pour moi j'en aurais volontiers pleuré. Lorsque je dis à la reine que, si elle engageait le duc à rester, elle ferait grand plaisir à sa femme, et que j'ajoutai ce que je présumais de la crainte du duc de se rapprocher d'elle : « Mon Dieu ! me dit-
» elle, comme si elle eût deviné tout ce qui
» serait débité quelques mois plus tard, il a
» beau me fuir, il a été trop dévoué à l'empe-
» reur pour que s'éloigner ou rester près de
» moi puisse influer sur ce qu'on en dira ;
» mais je ne l'inviterai certainement pas à
» changer ses projets ; car il suffit qu'il croie
» que je puisse lui nuire, pour que je garde
» avec lui la plus grande réserve. »

Le brave général Delaborde prenait les eaux pour sa santé, altérée depuis longtemps, et pour se remettre de tant de fatigues et de blessures. Il était entièrement courbé et, marchant avec peine, il formait un grand contraste avec sa jolie et intéressante femme, qui lui prodiguait mille soins et avait plutôt l'air de sa fille.

Quant à M. et madame de Sainte-Aulaire,

c'était un ménage que la reine aimait beaucoup. Leur grâce, leur ton, leur esprit lui plaisaient on ne peut davantage. Pour moi, madame était beaucoup plus de mon goût que monsieur ; je trouvais à ce dernier un air trop sucré, trop apprêté, un manque de naturel qui n'allait pas avec ma franchise et ma vivacité. Quand je l'attaquais, la reine le défendait vivement, et voici ce qu'elle me dit un jour, à Plombières, à propos de M. de Sainte-Aulaire.

« Je sais bien que les formes agréables ne
» sont pas tout dans un homme, et qu'elles
» aident quelquefois à cacher de vilains dé-
» fauts ; mais, dans les relations du monde,
» c'est un talent, comme de bien chanter, de
» bien jouer d'un instrument, que d'être gra-
» cieux, poli, aimable, et j'aime à croire que,
» dans M. de Sainte-Aulaire, les manières af-
» fables n'excluent pas les qualités solides, qui
» sont toujous préférables aux dehors. Il m'a-
» vait demandé, avant nos malheurs, d'être le
» gouverneur de mes enfants, poursuivait la
» reine, et je lui reconnaissais tant de moyens
» et de moralité que j'en avais parlé à l'empe-
» reur, qui m'avait répondu : *Les princes de*
» *ma dynastie ne doivent pas être élevés par*
» *des individus tenant à l'ancienne noblesse et*

» *à des familles d'émigrés : cela déplairait à la*
» *nation*. L'empereur avait raison. Hé bien !
» j'aime à penser que si M. de Sainte-Aulaire
» eût été accepté quand il s'offrait, il n'au-
» rait pas abandonné cette place dans ce mo-
» ment-ci. Je lui crois assez de cette noble
» fierté qui ne recule ni devant le malheur ni
» devant une position qu'il a recherchée, dût-
» elle devenir mauvaise. Que de gens qui de-
» vaient tout à l'empereur, et qui maintenant
» semblent honteux de lui avoir appartenu !
» C'est un manque de noblesse, qui ne tient
» ni à la naissance ni aux talents. C'est d'a-
» voir le cœur haut placé. Pourquoi faut-il
» que cela soit si rare ! »

Madame de Rémusat, dont l'esprit brillant, l'instruction solide, sont connus de tout le monde, et dont la supériorité ne peut être contestée par aucune femme, était dame du palais de l'impératrice Joséphine, et pro-féssait pour elle un vif attachement et un dé-vouement sans bornes, auquel le divorce même n'avait pas porté atteinte. Il est vrai qu'elle lui devait beaucoup ; l'impératrice avait pour sa famille une affection toute parti-culière. Mesdemoiselles de Vergennes étaient deux sœurs ; la révolution les avait laissées

sans ressource, mais recommandées par le nom de leur père. M. de Rémusat avait épousé l'aînée ayant encore à se faire à lui-même une position. Instruit de son mérite, malgré d'inexplicables répugnances, le premier consul le nomma préfet du palais, et fut fort satisfait de ses services, puisqu'il le choisit par la suite pour premier chambellan. Mais d'abord ses préventions avaient été si vives qu'il répondit aux instances de madame Bonaparte : « quels services a-t-il rendus? qu'a-
» t-il fait pour être près du chef de l'état? Je
» reconnais, n'importe où ils ont été acquis,
» tous les droits des Français à des récom-
» penses, mais il m'en faut pour les obtenir. »

Au retour des Bourbons, madame de Rémusat fut saisie, comme tant d'autres, de cet enthousiasme improvisé qu'inspirent toujours les nouveaux pouvoirs, et, dans l'exaltation de ses sentiments, elle vint trouver l'impératrice Joséphine pour lui conseiller de faire une démarche auprès des Bourbons. Elle lui apportait une lettre toute faite qu'elle n'avait plus qu'à signer. Cette lettre était telle que la reine, à qui sa mère la montra, n'aurait jamais pu s'imaginer que ce fût une personne de tant d'esprit, de cœur et de tact qui en proposât une pareille. Elle faisait parler l'impératrice comme une personne qui ne savait pas ce qu'elle avait été en France, ni ce qu'elle se devait à elle-même (1).

L'impératrice refusa de signer cette lettre, et ne suivit pas les conseils qu'on lui donnait si hors de propos. Il arriva qu'on accusa la reine d'avoir influencé cette noble détermination de ne pas vouloir s'abaisser devant les Bourbons.

(1) Nous croyons pouvoir affirmer qu'il y a quelque erreur dans ce récit, et que la démarche de madame de Rémusat fut beaucoup plus simple que l'auteur ne le suppose. Au reste, espérons qu'un jour les mémoires de madame de Rémusat feront connaître des circonstances que mademoiselle Cochelet devait ignorer. (NOTE DE L'ÉDITEUR.)

III.

Les haines s'agitent. — Les courtisans changent de maîtres. — Fidélité d'un maître-d'hôtel. — Un ami de M. le duc de Duras. — Souvenirs de Plombières. — Le père Vincent. — La reine retrouve de vieux amis. — Visites au Val d'Ajou et à la vallée d'Érival. — La reine en charrette traînée par des bœufs. — Nos adieux à Plombières.

C'est alors que commença contre l'impératrice Joséphine et la reine Hortense ce déchaînement qui ne s'arrêta plus. On se mit à déclamer sur leur prétendue ambition, sur leur vanité de vouloir conserver des titres qui ne pouvaient plus leur appartenir, que sais-je? et mille autres choses aussi injustes et aussi dépourvus de fondement.

Cette pauvre impératrice a quitté ce monde bien à propos pour déjouer les mauvaises intentions de ses ennemis. On allait s'attaquer plus directement à elle, car on disait déjà qu'elle payait les ouvriers des faubourgs pour s'ameuter contre le gouvernement.

La reine, qui se croyait moins importante que sa mère, espérait qu'on voudrait bien l'oublier, et que ce commencement de malveillance ne retomberait pas sur elle. Elle le croyait ainsi, parce qu'elle ne faisait rien qui dût même attirer l'attention. Mais elle gênait tant de gens; et le moyen de ménager ceux qui gênent?...

Il y avait tant de personnes de sa cour, de celles de l'empereur et de l'impératrice qui se trouvaient sans place, que c'était comme une frénésie pour en obtenir de nouvelles. Des dames du palais, des chambellans de l'empereur, de l'impératrice ou des reines, croyaient avoir des droits à être placés à la nouvelle cour, et chacun s'en allait ouvertement quêter une place comme leur étant due par leurs services. On aurait dit qu'ils étaient une partie obligée de cette liste civile, qui passait en d'autres mains, ou qu'ils étaient de l'espèce de ces animaux domestiques qui s'attachent aux maisons et non à ceux qui les habitent. Il semblait qu'on aurait dû les mettre sur l'inventaire des meubles du palais.

Il n'y avait pas jusqu'aux femmes de chambre qui étaient assez bêtes pour croire que la duchesse d'Angoulême les aurait prises près d'elle, et qu'elles y avaient des droits, puisqu'elles avaient servi la famille impériale.

J'ai vu des personnes que je connaissais particulièrement, qui, de la meilleure foi du monde, croyaient que tout dépendait d'elles, et qu'elles avaient le choix : « Je préfère me » placer près du duc d'Orléans, cela me con- » vient davantage que d'être près des autres » Bourbons, me disaient-elles. »

Un cocher, un coiffeur, un cuisinier, cela se conçoit; ce sont des talents qui sont au plus offrant; mais des dames! des officiers! cela paraît incroyable. C'est probablement qu'ils se sont cru des talents de nécessité, comme ceux que je viens de nommer.

Après tous ces désordres de la révolution, on avait vu quelquefois la famille impériale s'attacher des malheureux qui n'avaient été coupables que d'avoir servi fidèlement leurs maîtres. On croyait donc que cela pouvait être toujours ainsi. Par exemple, la reine avait pour maître-d'hôtel, Basinet, qui n'avait jamais servi que mesdames de France, qui les avait suivies en pays étrangers, et qui n'était revenu en France qu'après leur mort. Comme la reine n'avait jamais eu aucune haine contre personne, elle l'avait pris à son service précisément parce qu'il avait été honnête homme (1).

Mais ici les circonstances étaient différentes, et lorsque je contais à la reine toute l'indignation que m'inspirait un tel manque de dignité et de reconnaissance, elle me disait : « C'est qu'ils ne comprennent pas leur posi-
» tion ; ils la comprendront quand ils se ver-
» ront repoussés et supplantés par l'émigra-
» tion. Les deux causes ne se ressemblent en
» rien. Nous, notre mission était de consoler,
» de faire oublier les discordes civiles, de ré-
» parer les maux passés par une fusion des
» partis, tout en respectant les intérêts du
» peuple, de qui nous tenions tout. Les Bour-
» bons reviennent pour frapper sur ce peu-
» ple qui a osé innover et se révolter contre
» eux. S'ils ne le font pas, cela tiendra à leur

---

(1) Plus tard ce même Basinet a encore suivi la reine dans son exil. Aujourd'hui que son grand âge l'a forcé de retourner en France, il y vit d'une pension qu'elle lui fait.

» bonté; mais cela doit être dans leur système,
» puisqu'ils s'en croient le droit.

» Il est curieux de voir lesdits rebelles aller
» innocemment demander à servir avec la
» même bonne foi ceux qui doivent les regar-
» der comme des esclaves révoltés, tandis
» qu'ils servaient ceux appelés par la nation à
» soutenir leurs droits contre un système qui
» les a annulés. »

La reine disait juste; aussi les pauvres gens en étaient-ils pour leurs courbettes. Au lieu de les prendre près de soi, on les envoyait promener, et ils en demeuraient tout étonnés comme d'une injustice.

J'avoue que j'en riais de bon cœur, et je trouvais qu'ils n'avaient que ce qu'ils méritaient. Il en était un surtout qui avait longtemps tourmenté le roi Louis, et avait fait mille démarches pour entrer dans sa maison comme chambellan. Il y était parvenu et trouvait la place belle et bonne. Maintenant il était des premiers à se retourner d'un autre côté, et dans son désir de trouver une même place, lui, simple bourgeois, il se persuadait qu'il s'était abaissé en entrant au service d'une nouvelle dynastie et qu'il était de l'ancienne cour. Dans son besoin de s'excuser à ses propres yeux, je l'ai entendu dire à la reine, à la Malmaison : « Vous savez, madame, » que tout en vous étant attaché, je n'avais » pas renoncé à mes amis, qui tous étaient du » faubourg Saint-Germain. Ma liaison avec » le duc de Duras vous était connue. » La reine lui répondit doucement : « Je me sou- » viens, monsieur, que vous m'avez souvent » implorée pour ceux que vous appelez vos » amis, et que j'ai pu quelquefois leur être » utile. Je suis charmée qu'à présent ni vous » ni eux n'ayez plus besoin de moi, puisque » je n'ai plus le pouvoir d'obliger personne. » Elle aurait pu ajouter ce que moi j'aurais dit à sa place, que ce n'était pas de sa liaison avec le duc de Duras qu'il avait été tant parlé, mais bien de celle d'une personne qui le touchait de près.

Ah! je n'aime pas à me rappeler ce temps-là, et pourtant je ne suis encore qu'au commencement de toutes les infamies qui me l'ont rendu odieux.

Je reviens à Plombières, où nos journées se passaient dans le calme et la solitude.

La reine éprouvait un plaisir tout nouveau à se voir si peu entourée ; elle sortait à pied seule avec mademoiselle de Caumont et avec moi. Tout en faisant nos promenades moins longues qu'autrefois, nous leur trouvions encore de l'intérêt. Chaque pas que faisait la reine réveillait en elle un souvenir doux et triste qu'elle aimait à exprimer sans contrainte. Elle était venue plusieurs fois à Plombières, la première, c'était pendant la campagne d'Égypte. Elle était partie de Saint-Germain dans tout l'éclat de la jeunesse, de la gaieté et des espérances de son âge. Elle nous montrait le balcon qui s'était écroulé sous les pieds de sa mère. La place où cette mère chérie était tombée et avait failli périr. Elle se rappelait quelles actions de grâces elle avait rendues au Ciel pour une conservation si miraculeuse, et le bonheur qu'elle avait éprouvé en la voyant rétablie.

La dernière fois qu'elle était venue à Plombières, c'était à l'apogée de la gloire de l'empereur, en 1809. La reine était avec l'impératrice. Là, M. de Labédoyère était venu annoncer la bataille de Rabb gagnée par le prince Eugène; ici, c'était un page qui, envoyé en courrier par l'empereur, avait appris la victoire de Wagram, qui finissait la guerre. Tous ces lieux, remplis de souvenirs, étaient religieusement visités par nous. Le père Vincent ne fut point oublié non plus, et ce fut avec des transports de joie bien sincères qu'il revit sa bienfaitrice. En nous rapprochant de la nature, il nous semble que nos sentiments sont plus purs et moins changeants. Ceux qui vivent toujours avec elle, sont meilleurs et moins mobiles que nous, parce que moins d'objets étrangers les distraient de tout ce qui tient au cœur.

Le père Vincent avait été fier et heureux de recevoir la reine autrefois dans sa modeste demeure. Dépouillée de toutes ses grandeurs, de tout son entourage brillant, il éprouvait le même bonheur, le même orgueil à la recevoir encore. Sa douce voix n'avait rien perdu pour lui de son charme, ses chants étaient aussi harmonieux que la première fois où elle s'était accompagnée du rustique instrument dont il était l'ingénieux organiste. Elle avait encouragé, dirigé ses essais, et loin que ses sentiments pour elle eussent diminué avec sa fortune, son admiration et sa reconnaissance s'étaient augmentées encore avec le temps.

Il en était de même dans toutes les cabanes que nous visitions et où nous étions reconnues au premier coup d'œil; nulle part le souvenir des bienfaits n'était effacé, rien n'était changé dans ces cœurs simples et vrais.

La reine attendait avec une grande impatience l'arrivée de son frère et de sa belle-sœur, lorsque M. Cornaro, aide-de-camp du prince, arriva avec des lettres pour elle. L'une était du prince Eugène, qui était aux eaux de Bade, et l'autre de la grande-duchesse de Bade. Ils engageaient tous les deux la reine à venir les rejoindre. Ils insistaient surtout beaucoup, de la part du roi et de la reine de Bavière, qui seraient charmés de voir la reine venir se réunir à eux.

Elle fut un peu contrariée de ce changement. Cette solitude où nous vivions à Plombières lui plaisait davantage que ce grand monde qui se trouvait réuni à Bade; mais la crainte de causer une contrariété à son frère et à sa sœur en insistant pour qu'ils vinssent à Plombières, l'emporta sur sa répugnance, et elle se décida à partir.

Elle congédia M. Cornaro en lui donnant pour réponse qu'elle se mettrait en route dans deux ou trois jours. Elle voulait, avant de partir, aller revoir les deux endroits qu'elle aimait de prédilection et qu'elle visitait souvent dans ses premiers voyages à Plombières.

C'était le val d'Ajou et la vallée d'Érival. On portait là son dîner, on prenait une charrette à bœufs, et, assis sur de la paille, on descendait dans ces vallées qui sont vraiment pittoresques et mélancoliques.

« Je me figure toujours, me disait la reine, » que les passions haineuses ne peuvent arri- » ver dans ces lieux qui paraissent si éloignés » du monde, dans ces vallées qu'on ne peut » atteindre qu'en charrette. Comme on doit y » être heureux ! on y vit avec de bonnes gens » qui vous savent gré du peu de bien que vous » pouvez leur faire. Là, il n'y a pas d'ingrats. » Et elle récitait cette tirade de Zaïre qui finit par ce vers :

> Obligé de s'aimer, sans doute ils sont heureux.

En entendant ces vers que madame Campan lui avait appris dans ce temps heureux de Saint-Germain, et qu'elle disait d'une manière si remarquable, je pensais à tant de grandes choses passées, depuis ce temps où l'on vantait, on admirait la jeune élève de Saint-Germain. Que de succès encore plus brillants depuis ! que de puissance et de grandeurs anéanties !

Aujourd'hui, cette reine qu'une tempête

affreuse venait de frapper, seule dans une vallée des Vosges, oubliait la couronne qu'elle avait portée, trouvait un plaisir mélancolique à revoir une nature sauvage, habitée par des gens qu'elle se figurait heureux, et à reposer ainsi son imagination des scènes terribles, des déceptions amère qu'elle venait d'éprouver. Mais il fallait encore quitter tout cela pour rentrer dans le monde.

IV.

Départ pour Bade. — Nobles sentiments du préfet de Bar. — M. le comte Sainte-Aulaire. — La reine revoit son frère. — La princesse Auguste de Bavière. — L'heureux ménage. — La grande-duchesse de Bade. — Le roi de Bavière. — Sa vie bourgeoise. — Visites de l'impératrice de Russie. — La reine de Bavière et l'ancienne reine de Suède. — La margrave de Bade. — Portrait de l'impératrice de Russie. — Le grand-maréchal Nariskin. — Deux reines sans royaume. — Le jeune prince de Suède. — L'étiquette allemande et la soupe russe.

Nous nous mîmes de nouveau en voyage, dans le même ordre où nous étions partis de Paris. La reine promit à M. et madame Sainte-Aulaire de s'arrêter chez eux à Bar, à son retour de Bade. M. de Sainte-Aulaire, quoiqu'il fût resté préfet, ne craignait pas de montrer à la reine tout son dévouement. Elle en était touchée; mais elle redoutait toujours de nuire à ceux qui lui montraient de l'intérêt. Voyant qu'il mettait tant de grâce à l'inviter, elle ne put refuser, mais elle comptait ne s'y arrêter qu'un instant.

Nous arrivâmes à Bade, le 10 août, dans la soirée. Nous aperçûmes de loin, dans l'avenue, un homme qui venait au galop au devant de nous. C'était le prince Eugène. Des larmes s'échappèrent des yeux de la reine en l'apercevant. « Ah! s'écria-t-elle, j'ai donc » encore un soutien, un ami dans ce monde! » Je me sens revivre en voyant mon frère. Le » plaisir de me retrouver auprès de lui m'ôte » un poids de dessus le cœur. »

La voiture s'arrêta, et les deux enfants de l'impératrice Joséphine se précipitèrent dans les bras l'un de l'autre, et s'embrassèrent sans dire un mot de leur commune douleur. Leur émotion en disait plus que leurs paroles n'auraient pu en exprimer, et l'on devinait tous les souvenirs qui se réveillaient dans leurs cœurs en ce moment.

La reine, avec cet empire qu'elle sait toujours prendre sur elle-même, essuya ses yeux et s'informa de sa belle-sœur. « Elle t'attend » avec impatience, lui dit son frère, nous te » donnons la moitié de notre appartement,

» car on ne pourrait trouver à te loger nulle
» part, tant Bade est rempli de princes, de
» princesses, et d'étrangers de tous les pays.
» J'espère que tu ne te trouveras pas trop
» mal dans une petite chambre, puisque tu
» n'es pas difficile et que tu seras près de
» nous. — Ah! certainement, je serai à mer-
» veille, répondit la reine, je préfère à tout
» d'être avec vous autant que possible. »

Elle fut bientôt dans les bras de sa belle-sœur. La princesse Auguste s'attendrit beaucoup en l'embrassant. Perdant comme elle et couronne et fortune, ces deux belles-sœurs se sentaient dans une position trop semblable pour que leurs sentiments ne fussent pas à l'unisson.

Je dois à la justice de dire de la vice-reine que, quoiqu'elle sentît vivement les coups dont la fortune la frappait, elle se trouvait si heureuse d'avoir un tel mari, qu'elle ne cessait de répéter : « Eugène a fait son devoir, sa
» belle réputation est encore préférable à tous
» les trônes où j'aurais pu aspirer, et je suis
» fière d'être sa femme. »

Ce ménage faisait plaisir à voir. La vice-reine était si élégante, si belle, si noble! Quand le prince Eugène sortait de la modeste maison qu'il habitait, ayant à son bras d'un côté sa femme, de l'autre sa sœur, lorsqu'il paraissait lui-même entouré de cette auréole de gloire et de mérite que chacun savait apprécier, il commandait encore plus le respect et l'admiration que tant d'autres entourés de gardes et de courtisans.

Le soir même de notre arrivée, la grande duchesse de Bade vint voir sa cousine, et le roi de Bavière, à pied, sans cérémonie, vint demander à être introduit près de la nouvelle arrivée.

Le lendemain matin le prince Eugène sortit, comme je l'ai dit plus haut, avec sa sœur et sa femme pour aller se promener dans la grande allée de Bade, où d'habitude se réunissait le congrès féminin de têtes couronnées qui alors envahissait Bade. Mais l'heure avait été choisie pour ne pas rencontrer les princesses qu'il fallait voir pour la première fois chez elles.

La reine échangea des visites avec l'impératrice de Russie, la reine de Bavière, l'ancienne reine de Suède, la margrave de Bade, leur mère, et toutes les illustrations qui étaient là. Les jours suivans on se retrouvait dans l'allée des Boutiques, on se parlait, on se promenait un instant ensemble et l'on achetait des babioles.

Les marchandes de modes arrivées de Strasbourg étalaient à l'envi les plus jolies choses.

L'excellent roi de Bavière, avec sa canne, son chapeau rond, s'arrêtait à parler à tout le monde, et quand un joli chapeau le frappait ou paraissait plaire à sa femme ou à ses belles-sœurs, il l'achetait et leur en faisait cadeau. Le prince Eugène, de son côté, faisait de même, et là, il donna à sa sœur une jolie guitare qu'elle a toujours conservée.

Le 14 août, la reine fut invitée à dîner au château chez l'impératrice de Russie. J'eus l'honneur de l'accompagner. Elle s'était sentie si peu disposée à voir du monde et à s'occuper de sa toilette, qu'elle n'avait apporté aucune parure avec elle, et moi je n'y avais pas pensé non plus, croyant qu'elle ne verrait personne à Plombières. Elle n'avait donc pour ce beau dîner qu'une simple robe noire et ses cheveux relevés sans fleurs ni bijoux. Cette réunion avait lieu pour elle et ne devait être qu'en famille, mais la famille était illustre et nombreuse.

Je restai dans le salon de service où étaient déjà réunis tous les officiers et toutes les dames des princesses invitées. Les portes du salon où étaient les princesses restèrent ouvertes. Elles entraient et sortaient continuellement. Pendant ces allées et venues, la reine me présenta à l'impératrice, à ses sœurs, et elles lui présentèrent de même les personnes qui leur étaient attachées.

L'impératrice de Russie me frappa par sa physionomie intéressante et mélancolique. Sa taille était grande et majestueuse, sa belle peau paraissait avoir souffert du froid; de loin on eût pu croire qu'elle avait pleuré, et cela augmentait l'intérêt qu'elle inspirait. La reine de Suède, avec moins de distinction, était encore d'une grande beauté. Elle avait plus de fraîcheur que sa sœur, mais moins de douceur dans les yeux. La reine de Bavière, grande, noble, moins belle que ses sœurs peut-être, avait plus d'esprit dans la physionomie et quelque chose d'indéfinissable dans le regard qui plaisait extrêmement.

Ma bonne reine l'aimait beaucoup. Elle l'avait, il est vrai, fort soignée pendant son voyage à Paris, et c'eût été mal à la reine de Bavière de ne pas se le rappeler. Mais la reine ne s'attendait plus à beaucoup de souvenirs bienveillants, à présent que sa puissance était

tombée, et elle me disait : « Je trouve tant
» d'intérêt pour moi dans la reine de Bavière;
» elle met tant de délicatesse à rester absolu-
» ment la même que si l'empire n'était pas
» écroulé, que j'en suis reconnaissante, et je
» suis bien aise que l'attrait que je me sentais
» pour elle s'explique si bien. Elle a un ca-
» ractère élevé; elle a de nobles qualités, et
» j'aime à rencontrer de telles personnes dans
» la vie. »

Lorsque le dîner fut prêt, le grand-maréchal, prince Nariskin, entra dans le salon des
princesses pour le leur annoncer. Nous vîmes
alors passer devant nous toutes ces têtes souveraines. Le roi de Bavière donnait le bras à
l'impératrice de Russie et à la margrave sa
mère. Venaient ensuite les trois reines, la
reine de Bavière, la reine de Suède et la reine
Hortense. Ces deux dernières étaient sans
royaume, mais l'étiquette était toujours la
même pour elles. La grande-duchesse de Bade
venait après avec le prince Eugène; la princesse Auguste, sa femme, avec la princesse
héréditaire de Hesse-Darmstadt et la princesse Amélie de Bade, sœur jumelle de la
reine de Bavière. Nous suivîmes après, toutes
ensemble et pêle-mêle. Le jeune prince de

Suède y était aussi, mais je ne suis pas sûre s'il dîna avec tout le monde.

Toutes ces royautés se placèrent à table dans l'ordre dans lequel elles y avaient été, et toutes d'un côté de la table; ainsi le veut l'étiquette allemande. Le grand-maréchal se plaça au milieu, en face, et nous nous mîmes de son côté, vis-à-vis des princesses, que nous étions ainsi bien à même d'examiner tout à notre aise. L'ambassadeur de Russie à Carlsruhe était aussi de ce dîner, et de notre côté.

J'ai toujours eu bon appétit, et cet air vif de Bade m'avait déjà fait d'autant mieux sentir que le dîner s'était fait attendre, que je n'avais pris qu'une tasse de café le matin. J'attendais un bon potage à la française pour me restaurer un peu; au lieu de cela on me servit une espèce de soupe qui ressemblait plutôt à de l'eau de cerfeuil froide dans laquelle on aurait fait tremper du poisson. C'est absolument l'effet que me fit cette soupe russe, dont j'ai oublié le nom un peu baroque et difficile à retenir. J'avais bien vu ma reine, qui l'avait goûtée du bout des lèvres, la renvoyer aussitôt; mais elle mangeait si peu que cela ne m'avait ni étonnée, ni inquiétée, et j'attendais avec impatience que mon tour arrivât d'être enfin servie, bien déterminée à ne rien renvoyer. Mais j'en restai néanmoins à la première cuillerée. Le froid de ce bouillon me saisit, et je fis tout d'abord la grimace qu'eût faite une personne qui se serait brûlé la langue. Le roi de Bavière, qui s'aperçut le premier de mon hésitation à porter une seconde cuillerée à ma bouche, se mit à rire et me dit tout haut : « Bravo, mademoiselle Cochelet, je vois que » vous n'aimez pas la soupe russe, et je par- » tage votre antipathie. » L'impératrice, en riant aussi de ma surprise, me dit : » C'est un » mets national que j'ai voulu faire juger à la » reine ; mais qui n'est pas du goût de tout le » monde. Qu'en pensez-vous? » continua-t-elle en se penchant vers la reine que la margrave seule séparait d'elle.

La reine lui répondit franchement que l'habitude qu'elle avait de commencer son dîner par un potage chaud avait pu nuire à son goût pour ce bouillon, qui lui avait paru si froid.

« Ah! ce n'est pas le froid, s'écria le roi de » Bavière, car je veux que vous mangiez chez » moi une soupe froide que vous trouverez » bonne; mais celle-ci, il faut avoir le diable » au corps pour s'en arranger. »

Heureusement le reste du dîner fut excellent, et la soupe, trouvée si mauvaise, servit à égayer toute la société, qui, sans cela, eût été fort sérieuse; car les dîners de cour ne sont jamais très-amusants.

X.

Nos soirées à Bade. — Le prince Ipsilanti. Son succès auprès des dames. — Beaucoup de têtes couronnées. — Histoire du prince Ipsilanti. — Barbaries des Turcs contre les Grecs. — Portrait de la grande-duchesse de Bade. — Je fais M. de Latour-Maubourg ambassadeur. — Belle lettre de madame de Latour-Maubourg.

Les soirées étaient plus gaies : la reine allait les passer toutes, avec son frère et sa belle-sœur, chez la grande-duchesse de Bade, où se réunissaient quelques personnes marquantes qui prenaient les eaux de Bade. Le grand château restait sérieux, tout entier voué aux règles de l'étiquette, et le pavillon du bas donnait l'exemple d'une réunion aimable et toute française. Le grand-duc était resté à Carlsruhe, et n'était venu qu'un seul jour pour voir la reine. Nos soirées se passaient en conversations agréables ou bien à faire de la musique. La grande-duchesse chantait avec sa jolie voix les romances de la reine. Celle-ci, pendant ce temps, faisait les portraits de toutes les personnes qui étaient là, et qui, à tour de rôle, venaient poser devant elle pendant cinq minutes. La princesse Auguste travaillait ainsi que toutes les dames.

A neuf heures on soupait. Je ne sais quel hasard faisait que je me trouvais presque toujours placée à table à côté du jeune prince Ipsilanti, beau et charmant jeune homme qui avait un bras de moins. Il venait de le perdre à la dernière guerre; et quoique fort résigné à ce malheur, cette infirmité était pour lui si récente, qu'il n'y était point encore habitué, ce qui me mettait à même de lui rendre mille petits services, en venant à propos à son secours. Cet échange de soins, d'un côté, de gratitude, de l'autre, établit de promptes relations de bienveillance entre nous, qui me furent sûrement fort enviées; car il avait de grands succès auprès des dames. Plusieurs jolies têtes, tournées par lui en un clin d'œil, attestaient qu'il n'avait pas besoin de faire de grands frais pour cela.

Il était venu, comme les autres, poser devant la reine pour son portrait; mais ses grands yeux noirs, pleins de feu, son nez long et un peu baissé, sa belle figure orientale, auraient mérité d'être faits autrement qu'en croquis. Celui que la reine fit de lui en quelques instants est pourtant fort ressemblant.

Il fournissait souvent à la conversation pendant ces agréables soirées. Les princesses le questionnaient sur la Grèce, sur ses aventures qui étaient vraiment fort romanesques, et qu'il contait d'une manière intéressante. Tous les détails de sa fuite lui étaient parfaitement présents. Le premier de tous les siens, il avait été obligé de fuir la Valachie où commandait son père, et quand il en arrivait au moment où ses sœurs et sa famille avaient été près de tomber au pouvoir des Turcs, un éclair d'indignation éclatait encore dans ses yeux. Le terrible cordon avait été envoyé à son père. Une fuite prompte avait pu seule le soustraire à ce supplice, et la Russie était devenue pour eux tous une terre hospitalière.

La reconnaissance qu'il devait au pays qui l'avait secouru ainsi que sa famille, et l'ardeur de son jeune courage, l'avaient porté à prendre du service en Russie. Il s'était distingué par sa valeur, son intrépidité, son sang-froid, et payait bien cher l'hospitalité qu'il reçut dans les rangs russes, puisqu'il venait d'y perdre un bras.

Je me souviens qu'un jour il nous fit frémir par le récit pathétique des barbaries commises par les Turcs envers eux tous, pauvres Grecs. Emue par le tableau si vrai et si simplement tracé de leurs maux, la reine s'écria : « Au lieu de se battre si longtemps » pour des idées ou pour un territoire plus » ou moins grand, pourquoi les puissances » ne se sont-elles pas entendues pour aller » délivrer un peuple aussi intéressant que les » Grecs. » Ces paroles eurent un pouvoir électrique; le prince, affaissé dans un fauteuil par l'amertume des tristes souvenirs qui venaient de se réveiller en lui-même, se leva avec enthousiasme : « Ah! madame, s'écria-t-il, » que Dieu vous entende, et puissé-je vivre » assez pour voir l'affranchissement de mon » pays! C'est mon seul vœu, c'est le rêve de

» toute ma vie, dût ce beau jour être le der-
» nier pour moi (1)! »

La grande-duchesse, si vive, si spirituelle, prenait grand plaisir à ces sortes d'entretiens, et presque chaque soir, la Grèce, ses malheurs et son avenir, étaient le sujet de la conversation.

J'allais quelquefois le matin causer avec cette si charmante grande-duchesse. Elle aimait tendrement sa cousine et son cousin, le prince Eugène. Elle sentait bien qu'elle devait toute son élévation à sa parenté avec les enfants de l'impératrice Joséphine, et sa reconnaissance envers l'empereur ne se démentait pas.

Une chose qui m'étonnait, c'était l'espèce de dédain que ses belles-sœurs manifestaient pour elle, tandis qu'elles étaient toutes charmantes pour la reine Hortense. Elle était pourtant la souveraine du pays où l'on se trouvait réuni. Son mari la soutenait et l'aimait tendrement; mais je crois qu'on eût voulu voir rompre ce lien. Ces princesses trouvaient très-bonnes pour elles les couron-

---

(1) Pauvre infortuné! il a le premier levé l'étendard de la délivrance, et l'a payé de sa vie.

nes qui leur avaient été données par l'empereur; elles pensaient qu'elles allaient très-bien à l'air de leur visage; n'importe la main impure de qui elles les tenaient, elles étaient nées pour cela. C'était leur droit. Mais la fille d'un gentilhomme français, d'un marquis de Beauharnais, ne pouvait pas décemment se croire l'égale des filles d'un marquis de Bade. Voici sans doute ce qu'elles pensaient; même celles habituées aux mœurs russes, oubliaient qu'on vit une servante d'auberge s'asseoir sur le trône impérial. Il est vrai que l'histoire n'est pas, je crois, ce qui intéresse beaucoup les princesses, et, souvent même aux princes, elle ne leur sert pas beaucoup de leçon.

Cette intéressante grande-duchesse me racontait qu'elle avait eu un moment bien pénible à passer, celui où l'empereur lui fit écrire de rentrer en France, quand les alliés se rapprochaient du Rhin et allaient envahir le territoire du grand-duché de Bade.

« J'étais épouse, mère et souveraine, di-
» sait-elle, je ne pouvais abandonner ainsi
» tous mes devoirs. J'osai désobéir à l'empe-
» reur, en restant dans le pays envahi. Que
» d'émotions diverses j'y ai éprouvées! J'ai

» vu traverser toutes ces armées innombra-
» bles qui allaient ravager toute la France!
» Un jour on vint me dire qu'une bataille ga-
» gnée par l'empereur renvoyait tous les al-
» liés en-deçà du Rhin. En effet, les fuyards
» arrivaient déjà presque jusqu'à nous! Quel-
» ques jours après, j'apprends la prise de Pa-
» ris et l'abdication de l'empereur! Il y
» avait pour en mourir, de tant de sensations
» diverses en si peu de temps. »

En pensant à la noble conduite de la grande-duchesse envers son époux, on ne peut s'empêcher de s'étonner que toute sa famille ait été si mal pour elle dans ce moment.

On assure même qu'au congrès de Vienne on fit beaucoup de démarches auprès du grand-duc, pour qu'il fît casser son mariage comme ayant été forcé.

Dans une de mes conversations avec la grande-duchesse, je lui racontai la visite de madame de Staël à Saint-Leu. Elle se plaisait à entendre parler de la société qui entourait sa cousine, et je m'amusai à lui peindre les personnes les plus distinguées que la reine voyait habituellement. Je nommai dans le nombre M. de Latour-Maubourg, et je dis à la grande-duchesse que je lui souhaitais un homme aussi loyal comme ambassadeur de France chez elle. Cette idée lui plut, et, d'après tout ce que j'ajoutai pour compléter l'éloge de M. de Latour-Maubourg, elle manifesta le projet d'en parler à son mari.

Je l'écrivis à M. de Latour-Maubourg, qui devait nous croire à Plombières d'après une lettre que je lui avais écrite de là. Il avait, comme moi, le goût des perroquets. La reine ayant permis que chacun prît à la Malmaison tous ceux qui faisaient plaisir, j'en avais prévenu M. de Latour-Maubourg pour qu'il en profitât. Je lui avais aussi envoyé un chapeau de paille de la part de la reine. C'étaient les premiers que nous voyions, et cela nous avait paru fort extraordinaire, mais assez commode pour que la reine en envoyât à ses connaissances de Paris. De notre temps il semblait qu'il y eût de la honte à se mettre à son aise. On craignait d'avoir l'air efféminé, et, quelque chaleur qu'il fît, on portait toujours un chapeau de feutre noir. Jamais ni casquette, ni chapeau de paille. Un homme n'aurait pas osé porter un parapluie, étant en uniforme surtout; il paraissait beaucoup plus simple de se laisser crotter et mouiller. C'était donc une espèce de plaisanterie que la reine avait faite aux messieurs de sa société que de leur envoyer à tous un de ces chapeaux de paille qu'elle trouva à Plombières. Voici la réponse de M. de Latour-Maubourg :

LETTRE DE M. DE LATOUR-MAUBOURG
A MADEMOISELLE COCHELET.

« Paris, 23 août 1814.

» Il me semble, mademoiselle, que j'ai beaucoup tardé à vous remercier de ce que vous n'avez pas du tout tardé à me répondre. Cette obligeance est appréciée de ma part autant qu'elle est aimable de la vôtre, et j'aurais dû vous la témoigner plus tôt. Des deux perroquets que je tiens de la bonté de madame la duchesse, l'un enchante tout le monde par son inaltérable douceur, et l'autre divertit tous ceux qui n'en sont pas victimes par la grâce qu'il met dans sa méchanceté. Mon père aime le premier avec faiblesse et il me l'a enlevé avec violence. J'ai été obligé de le céder. Voilà comment les passions se jouent de nous. Après avoir triomphé de notre résistance et nous avoir montré le peu que nous valons, elles nous inspirent une force qui surmonte tous les obstacles. Croyez que j'en ai opposé beaucoup avant de renoncer à la moitié du présent qui m'est venu de Plombières. Heureusement que le chapeau de paille n'a inspiré à personne des miens un goût aussi décidé, et je le possède en son entier. Je l'ai déjà mis deux fois pour aller à la campagne; mais je ne vais pas, je l'avoue, à l'Opéra avec, comme fait M. de Maillé. J'espère que la reine ne l'exige pas.

» Ma lettre va vous paraître bien ennuyeuse; mais ce n'est pas ma faute si elle est tout entière en remercîments, en expressions de reconnaissance. J'ai été bien touché de ce que vous me dites d'un établissement à Bade. Je sais, pour avoir connu tous ceux qui l'ont fait, tout ce qu'il a d'agréable, et le devoir aux soins et à l'intérêt de ceux qui vous entourent, ce serait pour moi en doubler le prix. Malheureusement il y a tant d'incertitude dans mes projets, que je ne puis répondre en ce moment à tant de bonté qu'en témoignant combien j'y suis sensible.

» Mes affaires m'obligent à désirer que mon séjour en France se prolonge encore. Je suis tout-à-fait contrarié qu'elles m'empêchent de profiter de la bienveillance qu'on daigne me montrer; mais si elles me causent du chagrin, veuillez bien m'en consoler un peu en faisant en sorte que mes regrets ne restent pas inconnus à la personne à qui j'aurais été bien heureux de faire assidûment ma cour, et que l'hommage de mon respect et de mon dévouement soit mis à ses pieds. Destiné, comme je le suis, à voyager, tôt ou tard, sans doute, je serai admis à l'honneur de lui être présenté, et je désire vivement qu'elle sache le prix que je mets à ses bontés.

« Toutefois, malgré ce respect et ce dévouement, je conspire en ce moment contre elle, en souhaitant que vous reveniez promptement ici. Rapportez-nous de bonnes nouvelles, et surtout quelque chose de satisfaisant pour les intérêts de ce prince, dont le caractère est un de nos plus beaux titres de gloire.

« On va toujours beaucoup à la Malmaison. Nous y sommes allés, Lascours et moi, avec une dame dont vous entendrez parler, qui est jolie, aimable, qui est venue d'Angleterre et qui y retourne dans deux jours. Son nom est lady Jersey. Elle est belle-fille de cette lady Jersey qui a été maîtresse du prince de Galles, et dont il est beaucoup question dans les Mémoires de la princesse Caroline.

« Vous vous êtes mise en colère parce que

mes perroquets m'avaient inspiré du sentiment. Aujourd'hui ils m'ont fait faire de la morale. Vous vous moquerez de moi, je ne m'en fâcherai pas, pourvu qu'à l'avenir vous veuilliez bien me comprendre parmi ceux qu'on a en vue, quand on dit qu'*il faut aimer ses amis pour eux-mêmes ;* comme vous n'avez pas voulu écrire dans votre lettre cette phrase avec le mot *ami*, parce qu'elle s'appliquait à moi, je ne crois pas qu'il me soit permis de finir autrement qu'en me disant, mademoiselle, votre très-humble et très-obéissant serviteur,

» Latour-Maubourg. »

XI.

Le roi de Bavière et sa soupe. — Son amour pour les confitures. — Rencontre de l'impératrice de Russie. — Je la sauve d'un grand péril. — Je reçois la visite de madame de Krudner. — Longue conversation et prédictions de madame de Krudner. Elle annonce que l'empereur Napoléon quittera l'île d'Elbe, en 1815. Portrait de l'inspirée. — Conversation entre madame de Krudner et la reine. — Jugement sur madame de Krudner par la reine Hortense.

Comme il l'avait promis, le roi de Bavière offrit *sa soupe* à la reine; mais comme il logeait à l'auberge et qu'il n'avait qu'un fort petit appartement, il n'y eut, à son dîner, que sa femme, sa fille, la princesse Auguste, le prince Eugène, la grande-duchesse et la reine Hortense.

La fameuse soupe devait être froide; on

était prévenu, aussi fut-elle trouvée très-bonne. C'était une espèce de glace avec des abricots; et si elle eût été pour le dessert au lieu de commencer le dîner, il n'y aurait eu rien à dire.

Ce qui manquait le plus à Bade, c'étaient les fruits. Il fallait les faire venir de Strasbourg. Chacun vantait son plat; et, voulant faire apprécier aux autres ses goûts, on parla des bonnes confitures françaises. Le prince Eugène fit valoir mon talent. On voulut le mettre à l'épreuve, et, avec toutes les peines du monde, on fit venir des groseilles et des framboises pour en faire de la gelée. J'indiquai la manière de la faire sans la cuire, ce qui leur conserve plus de goût; et j'étais un jour occupée à diriger ce grand travail, lorsque je fus surprise dans l'importance de mes fonctions par le roi de Bavière. Je crois en vérité qu'il venait avec l'intention de goûter de ma cuisine, et qu'il la trouva très-fort de son goût, car ce fut lui qui eut une bonne partie du résultat de mon savoir-faire, et j'en reçus de grands compliments.

Pour me remettre de la trop grande attention que j'avais mise à la réussite de mes confitures, je fus dans l'après-dîner rejoindre une des dames de la grande-duchesse pour faire avec elle une course en voiture. Toutes les jolies routes des environs de Bade nous étaient connues; nous imaginâmes, pour rendre notre promenade plus nouvelle et plus piquante, de prendre au hasard le premier chemin de traverse qui nous conduirait dans la montagne. Nous y avancions avec assez de difficulté, tombant d'une masse de pierres dans un trou bourbeux, lorsque nous aperçûmes une voiture à quatre chevaux qui allait se trouver encore plus embarrassée que nous. Elle descendait assez rapidement par sauts et par bonds la montagne vers laquelle nous nous acheminions. Pour ne pas compliquer les difficultés du chemin, qui était fort étroit, et de cette rencontre de deux voitures, nous nous arrêtâmes dans le meilleur endroit et nous mîmes pied à terre. Nous avions reconnu la livrée de l'impératrice de Russie. Nous nous acheminâmes près d'elle, et nous la rejoignîmes au moment où, dans un tournant trop court pour son attelage, la voiture se trouvait une roue sur un morceau de rocher et l'autre dans un trou rempli d'eau. L'impératrice était seule avec la reine de Suède; un valet de pied ouvrit la portière, et sa majesté, avec sa noble et belle tournure, était debout sur le marche-pied, hésitant si elle courrait la chance de verser ou si elle sauterait dans le bourbier. Par un mouvement rapide comme la pensée, et qui ne laissait le temps de la réflexion ni de son côté ni du mien, je m'élançai vers elle, je la pris dans mes bras et l'emportai à dix pas avant qu'elle se fût doutée de mon mouvement, ni qu'elle m'eût reconnue. Elle était muette de surprise.

Lorsque je l'eus posée à terre, elle me remercia gracieusement en me disant que je l'avait sauvée d'un véritable danger. Ce ne pouvais guère être que celui de se mouiller les pieds. Nous rîmes beaucoup de la manière dont je m'y étais prise pour l'y soustraire, et son enlèvement fut le sujet de mille plaisanteries durant le court trajet que nous fîmes ensemble pendant que sa voiture se dégageait du mauvais pas.

L'impératrice était plus remarquable par l'expression de sa physionomie et par le charme languissant répandu sur toute sa personne que par sa beauté, qui était renommée. Le son de sa voix, l'accent de chacune de ses paroles, tout en elle me mettait complétement sous le charme, et je regrettais que sa voiture l'eût rejointe si tôt.

Nous fîmes retourner la nôtre. Ce petit incident nous avait guéries, pour ce jour-là, de la manie des découvertes, et nous revînmes bien vite à la maison où j'avais grand besoin de me retrouver pour changer de chaussure et de vêtements, étant mouillée et crottée jusqu'à mi-jambe.

Les souveraines s'occupaient, comme on voit, de dîners, de promenades, tandis que leurs maris pensaient aux grandes affaires politiques, et s'apprêtaient à aller partager nos dépouilles au congrès de Vienne, qui avait été retardé jusqu'au mois de septembre. Jusque-là les vaincus ne savaient pas ce qui leur restait pour vivre. J'étais très-inquiète du sort du vice-roi. Si la loyauté devait être récompensée, qui plus que lui méritait des couronnes, ou du moins un sort tranquille et indépendant? Il l'avait, certes, bien gagné.

J'étais seule dans ma chambre à réfléchir tristement sur la position de ceux que j'aimais, quand je vis entrer madame de Krudner. Je me levai avec un cri de surprise et de joie. J'allais me jeter dans ses bras lorsqu'elle m'arrêta par un geste grave. Je ne l'avais pas revue depuis 1809, cette époque heureuse où elle avait gagné mon admiration et mon amitié, où nous causions des heures entières, où sa belle âme se montrait à moi avec simplicité, et sans qu'on pût la taxer d'exagération. Aujourd'hui son air inspiré, l'accent prophétique de sa voix, son attitude solennelle, tout en elle m'étonnait.

« Je viens voir votre reine, me dit-elle, il
» faut que je la sauve d'un danger qui la me-
» nace. Je voulais venir en apprenant son arri-
» vée, mais Dieu ne l'a pas permis. De plus
» malheureux qu'elle avaient encore trop be-
» soin de mes soins. »

— « Qu'avez-vous à lui dire? » m'écriai-je tout effrayée.

— « Je viens lui dévoiler ce que Dieu veut
» qu'elle sache. Vous savez combien je l'aime !
» Depuis 1809, je ne l'ai plus revue, mais j'ai
» prié pour elle bien souvent. Elle doit subir
» sa destinée. Elle est aimée de Dieu. La
» pauvre reine de Prusse, cette angélique prin-
» cesse, et la reine Hortense, voilà mes deux
» types célestes de femmes et de martyres.
» Dieu m'a donné la mission de les servir. Je
» vous ai écrit tout ce que j'ai été pour la pre-
» mière. Maintenant je sais toutes les douleurs

» qui attendent celle-ci. Depuis que je l'ai
» vue elle a perdu une couronne, une position
» brillante, une amie, une mère tendre! Je
» sais tout cela; mais Dieu l'aime et veut l'é-
» prouver; qu'elle se résigne, elle n'est pas
» encore au bout de ses peines!

— » Que savez-vous de tout cela, ma chère
» madame de Krudner? asseyez-vous, voyons,
» causons comme autrefois, et ne m'effrayez
» pas ainsi sur l'avenir d'une personne que
» vous aimez comme moi.

— » Oui, elle sera heureuse avec son âme
» si pure, si sublime! Mais qu'elle n'attende
» rien des hommes, Dieu seul sera son protec-
» teur. Surtout qu'elle ne retourne pas en
» France; qu'elle aille en Russie, l'empe-
» reur Alexandre sera le refuge des malheu-
» reux.

— » Mais vous m'épouvantez. Que peut-il
» lui arriver de plus malheureux que tout ce
» qu'elle vient d'éprouver?

— » Ah! vous ne savez pas combien 1815
» sera une année affreuse. Vous croyez que le
» congrès finira? détrompez-vous. L'empereur
» Napoléon sortira de son île. Il sera plus
» grand que jamais; mais ceux qui prendront

» son parti seront traqués, persécutés, punis!
» Ils ne sauront plus où reposer leur tête! »

Elle était restée debout tout en me parlant avec action. Sa petite taille mince, son excessive maigreur, ses cheveux blonds en désordre, ses yeux animés, tout en elle avait réellement quelque chose de surnaturel qui me glaça malgré moi d'une terreur dont je ne pouvais me rendre raison.

« La reine est sortie, lui dis-je, revenez
» demain. Je sais le plaisir qu'elle aura à vous
» revoir; mais si vous voulez lui parler de sa
» mère, vous la ferez pleurer, car elle ne peut
» entendre prononcer son nom sans fondre en
» larmes.

— » Qu'importent ses larmes, » me dit-elle en partant. « Dieu aime ceux qui pleurent, ce
» sont les prédestinés. Mais si la reine veut me
» voir, qu'elle soit chez elle, car je ne puis re-
» venir souvent. Je n'ai plus de volonté. J'ap-
» partiens à ceux auxquels Dieu m'envoie pour
» les soulager. Mais rappelez-vous ce que je
» vous dis: qu'elle ne retourne pas en France. »

En disant ces derniers mots, elle s'éloigna, me laissant tellement étourdie de tout ce qu'elle venait de me dire, que je ne savais pas si je veillais ou si je dormais; elle m'avait effrayée, et je tremblais sans savoir pourquoi.

J'avais peine à reconnaître l'auteur du roman de *Valérie*, qui, en peignant ses sentiments doux et tendres, avait un peu tracé son histoire, et qui, en 1809, avait encore, avec une profonde religion, tout le charme et la timidité d'une faible femme. Maintenant c'était l'assurance, le ton absolu d'une prophétesse, et elle n'en produisait que plus d'effet sur moi, car j'étais disposée à avoir une foi entière dans ses paroles (1).

MADAME DE KRUDNER A MADEMOISELLE COCHELET.

« Je n'ai qu'un seul moment, chère et aimable amie. Vous me permettrez ce nom, car vous avez bien voulu me donner tous les témoignages d'amitié qui m'autorisent à vous le donner. J'ai reçu votre lettre, si bonne, si aimable pour moi, il y a quelques semaines. Jugez de la joie qu'elle m'a faite en vous retrouvant telle que je vous avais quittée, en

(1) J'avais une lettre intéressante et remplie de détails sur la reine de Prusse, que madame de Krudner m'écrivit en 1809. J'ai eu tort de la confier à quelqu'un qui me l'a perdue. Je mets ici celle qu'elle m'écrivit de Riga.

voyant que, malgré les torts apparents que je devais avoir à vos yeux, vous n'étiez pas changée pour moi. Ah! que vous avez bien deviné mon cœur! Je ne puis vous exprimer tout ce qu'il y a de reconnaissance, de souvenir, de vœux dans ce cœur pour vous. Je ne sais vous dire tout cela que tout bêtement. Je ne puis même assembler mes idées; je voudrais vous écrire un volume, et il faut opter entre le plus nécessaire, le plus indispensable.

» Figurez-vous un courrier russe avec l'ambition d'aller aussi vite que le vent du nord, qui veut bien s'arrêter une minute, et qui, heureusement pour moi, a une voiture qui voudrait rester et qui s'est cassée pour un moment. Ce courrier est M. Divoff; il a le bonheur de vous connaître. Que je voudrais ainsi vous voir, ne fût-ce que pour quelques instants! Vous me dites que vous avez eu la bonté de m'écrire deux autres lettres; je les regrette bien; je ne les ai pas reçues. Je vous ai écrit aussi, mais je sais que mes lettres ne vous sont point parvenues, et vous expliquerai cela, j'espère, au premier moment. Que de fois j'ai pensé à Bade et à ces jours si aimables, à ces sites, à ces montagnes majestueuses, à ces ruines vivantes de souvenirs! Dans ce cadre si imposant, que de fois ai-je retrouvé le tableau d'une femme idéale (1), d'une reine que je sais aimer et respecter avec l'enthousiasme qu'elle mérite !

» Que de douleurs elle a traversées ! Mais l'aurore ne serait pas si belle si elle ne sortait ainsi resplendissante des ténèbres ; et sa vertu ressemble à la mer qui doit ses plus beaux effets aux orages.

» Je me rappelle avoir dit ceci plus d'une fois à cette femme angélique (2), morte à présent, et qui a versé tant de larmes sur un diadème. Vous me dites avoir senti quelque chose de ce que je devais avoir éprouvé ; eh bien ! je vous dirai que je suis bien consolée. Je l'aimais beaucoup, cette femme si supérieure ! je connaissais entièrement cette âme si peu faite pour le monde, et c'est cet amour trop pur par l'alliage de l'égoïsme qui m'a consolée ; elle a disparu ; elle ne m'est pas enlevée.

» Souvent à genoux, seule, sur ces froids rivages de la Baltique, je prie encore pour elle : je demande à Dieu ce qu'elle-même désirait si ardemment, qu'elle devienne toujours plus

(1) La reine Hortense.
(2) La reine de Prusse.

pure, plus susceptible, en se perfectionnant, de cette félicité céleste. Je la vois des yeux de la pensée, radieuse, calme, souriant à ses douleurs passées. Je pense comme, au lit de la mort, quand tout disparaît, quand les illusions s'effacent et que les plaisirs s'enveloppent de deuil; je pense comme elle a accueilli ses douleurs, comme les sacrifices, les amertumes de sa vie en l'environnant lui auront paru radieuses en se dévoilant, en lui disant : Nous avons paru terribles à vos yeux, mais nous étions des mensonges envoyés du Ciel pour vous purifier, pour vous détacher de tout ce qui est fragile et périssable, pour vous apprendre les vertus avec lesquelles on doit commencer à vivre sur la terre, pour ne pas être déshérité dans le ciel.

» La foi, la confiance en Dieu, la résignation, cet amour profond pour le Dieu magnifique qui ne veut qu'aimer, que combler de dons; ce besoin d'un Sauveur plein de miséricorde qui nous adopte et acquitte nos immenses dettes; tous ces biens auprès desquels les splendeurs du trône et des jours semés de fleurs ne sont que des misères; tous ces augustes secrets ne s'apprennent que dans les jours de l'adversité. — Chère amie, ce langage vous paraîtra austère, et ma lettre est bien sérieuse; la vie m'a tant dit; et je ne veux plus d'illusions. La vérité pour moi est le premier besoin, et la félicité du ciel habite depuis longtemps dans mon âme. Il faudrait donc cesser d'être moi pour ne pas peindre ce qui me domine. Je me transporte en idée auprès de cette reine que vous avez le bonheur d'approcher; je me rappelle ses touchantes bontés, et je me dis, si j'avais des trônes à demander au Ciel pour elle, la verrais-je heureuse? Non. Elle a besoin de bien plus. La haute souffrance, fille du Ciel, a éprouvé cette ame angélique; elle a presque succombé sous tant de douleurs amères. Je l'ai vue en idée séparée de ses enfants! et je la connais! J'ai senti tant de choses! — Mais aussi j'ai vu s'ouvrir devant elle les vastes domaines d'une félicité inébranlable.

» J'ai vu le même Dieu, qui a appelé celle qui n'est plus, lui dire : « Rien ne peut satisfaire » sur la terre un cœur créé pour des biens » immenses. J'enverrai la paix du Ciel dans » ce cœur agité par les hommes. » — Oh! que de fois mes pensées ont apporté à la reine les plus purs hommages! Daignez lui dire tout cela, et daignez me peindre à elle avec ce cœur qui a déjà tant senti, tant souffert, et qui n'est point épuisé; qui, après tous les biens de la vie et toutes les langueurs, a été retrempé dans cette religion consolatrice et vivante que je désire pour elle.

» Le temps presse, et j'ai encore tant à vous dire : il me reste à m'acquitter d'un devoir qui m'est sacré. Peu de temps avant la mort de la reine de Prusse je reçus d'elle une lettre. Je lui avais parlé avec enthousiasme de la reine de Hollande, je lui avais dit qu'elle avait en elle un être qui savait l'apprécier; voilà ce qu'elle me dit : « Ce que vous me dites de la » reine de Hollande m'a extrêmement inté- » ressée; tous ceux qui la connaissent l'aiment » et lui rendent justice : l'amitié qu'elle veut » bien avoir pour moi m'a bien agréablement » surprise, et je voudrais qu'elle sût le prix » que je mets à être distinguée par elle. »

» Je m'acquitte avec une joie extrême, chère mademoiselle Cochelet, de cet ordre. J'ai toujours attendu une occasion sûre pour vous écrire, j'espère qu'elles se renouvelleront; s'il me reste du temps, je vous expliquerai quelques passages bien frappants de la lettre que la reine m'écrivait.

» Maintenant je vous demande instamment de toujours m'aimer un peu, de m'écrire ou par la poste ou par des courriers, de me parler de la reine, de sa santé, du petit prince, de vous, de vos plaisirs ; je vous supplie, laissez-moi espérer cette faveur. Mon adresse est à Riga, j'y suis depuis quelques mois ; je soigne une mère âgée, et, entre elle et ma fille, je vis des jours ignorés et paisibles ; j'écris peu, j'en ai peu le temps. Il n'y a point ici de vallées solitaires, de nature riante ; la sombre Russie n'a rien d'enchanteur ; mais il y a partout dans l'âme de l'homme un univers, et le monde entier ne serait qu'une prison sans cette faculté qui fait rêver au-delà du monde. Il me reste encore une grâce à vous demander. Je le fais avec confiance, et je commence par l'exposition du fait que je vous prierai de mettre sous les yeux d'un ange.

» Cet été, avant de quitter Carlsruhe pour venir ici, j'appris qu'une femme, autrefois dans l'aisance, et placée par sa position dans le monde de manière à ne point prévoir les désastres qui lui arrivaient, se trouvait dans la plus triste situation. Veuve d'un ministre étranger, elle se voyait maintenant dans la misère, ses meubles vendus, ses biens saisis ; il ne lui restait que l'affreuse consternation d'une secousse terrible où elle s'était vue enlever dans six jours de temps son mari; et réduite à cette douloureuse situation... elle la supportait avec calme et résignation. Sa seule douleur était celle de ne pouvoir élever son enfant, car il ne lui restait rien, absolument rien.

» A la vue de cet enfant orphelin, d'une petite créature charmante âgée de six ans, mon cœur se brisa. Je pleurai amèrement, et peut-être l'Éternel lui-même m'inspira-t-il la pensée de recourir à la reine.—Je connais sa *générosité*, je dis générosité dans tout ce que ce mot comprend. Je pensai qu'heureuse mère elle-même, et angélique par son âme, elle pourrait être l'heureuse main dont Dieu se servirait pour sécher des larmes qui un jour invoqueraient l'éternel pour elle.

» Avec 300 florins de Hollande par an, cette femme pourrait garder son enfant et l'élever. Que de bonheur pour une âme comme celle de la reine ! Au reste, je ne puis qu'exposer le fait. Je sais qu'une âme aussi charitable que la sienne a de vastes dépenses, et que tout s'épuise; mais dans mes rêves j'osais espérer que peut-être elle pourrait effectuer cela ainsi, en présentant à l'impératrice Joséphine, dont je connais la bienfaisance, ce tableau qui la toucherait. — Je n'ose rien ajouter : si l'éternel m'inspire, il aura soin de son ouvrage, et je n'ai pas besoin d'excuses. — Cette femme est madame G....., femme du ministre de..... à Carlsruhe. — Il y a six mois que j'ai ceci comme un grand devoir sur le cœur, n'osant écrire par la poste. Si vous me répondez là-dessus, Paul vous fournira des occasions.

» Voilà douze pages, et j'écris encore. J'ai chargé autrefois M. de Norvins de vous dire tant de choses : l'a-t-il fait? Que fait-il? Où allez-vous cet été? La santé de la reine est-elle meilleure? J'ai vu ici la jeune impératrice de Russie, belle, bonne et malheureuse. J'ai peint la reine à ses yeux comme ces beaux tableaux de Raphaël qui appellent les regards.

» J'avais une malachite magnifique, déjà à Carlsruhe ; elle me parvint cassée, et je n'osai vous l'envoyer. J'en espère une de Moscou, que mon frère, qui a été prendre des bains en Asie, doit m'envoyer. Vous l'aurez, j'espère, avec le premier courrier. Parlez-moi un peu de la cour si vous en avez le temps. — J'ai vu la princesse Wolkonski à Bade, et lui ai beaucoup parlé de vous avec enivrement ; je vous écrivais une grande lettre à ce sujet ; elle est restée.

»Que fait l'impératrice Joséphine? J'ai pour elle de cette inspiration, de ce dévouement qui électrise; j'ai le besoin de son bonheur. Parlez-moi de Navarre. Mademoiselle de Macau est-elle avec elle? — J'ai vu un moment la charmante princesse Stéphanie... et nous avons parlé de la reine.

» J'attends de vos nouvelles; je vous conjure de m'en donner. Vivez heureuse, ma charmante amie; peu d'êtres vous chérissent autant. Conservez vos bontés à Paul (1), ayez un peu d'amitié pour lui, pour sa mère et pour Juliette.

» Puissé-je vous revoir un jour, puissé-je renouveler à la reine ces hommages d'un profond respect, ce dévouement chevaleresque du moyen âge que j'ai tracé dans mon *Othilde*. Oh! que vous aimeriez cet ouvrage! il a été fait avec le ciel. Voilà pourquoi j'ose dire qu'il y a des beautés.

» Adieu, adieu. Marie-Stuart d'Écosse disait en pensant à sa patrie : « Tant doux pays de » France! Mon cœur vous dit, à travers les » distances, vivez heureux sous ce beau ciel » et vivez pour l'immortalité; commencez ici-» bas ces jours paisibles arrachés à la fragi-

(1) Paul Krudener, son fils, attaché à l'ambassade de Russie.

» lité humaine ; donnez à Dieu tout ce qui est
» terrestre, et vivons de ces émotions heureu-
» ses qui vivent à jamais. » Pressez pour moi
respectueusement contre votre cœur ces mains
royales que je voudrais arroser de reconnaissantes larmes. — Je vous embrasse mille et
mille fois, aimable amie; à jamais votre toute
dévouée.

»B. Krudner.

» Riga, 10 décembre 1809.

» Mille amitiés à M. de Norvins, si vous le
voyez ; rappelez-moi à M. d'Arjuzon. — Par-
donnez-moi mon griffonnage. Juliette vient
de copier le passage de la lettre de la reine de
Prusse. Je joins ici ce monument de son âme
angélique. »

COPIE D'UN PASSAGE DE LA LETTRE DE LA REINE
DE PRUSSE.

« Cependant je dois à votre excellent cœur un
aveu qu'il recevra, j'en suis sûre, avec des
larmes de joie : c'est que vous m'avez rendue
meilleure que je n'étais ! Votre langage de
vérité, les conversations que nous avons eues
sur la religion et le christianisme, ont fait sur

moi la plus profonde impression ; j'ai réfléchi plus sérieusement sur des choses dont je sentais avant l'existence et la valeur, mais plutôt dans un état de vague que de certitude. Ces réflexions me valurent des résultats bien consolants ; je m'approchai toujours plus de Dieu, ma foi devint toujours plus grande, et c'est ainsi qu'au milieu des malheurs, des humiliations et de chagrins sans nombre, je n'ai jamais été sans consolation, ainsi, jamais tout à fait malheureuse.

» Joignez à ceci le bienfait réel de ce Dieu de bonté et d'amour, de n'avoir pas aigri mon cœur, de l'avoir laissé ouvert et plein d'amour pour mes semblables, sentant toujours le besoin de les secourir et de leur être utile ; vous comprenez que je ne puis pas devenir tout à fait malheureuse, ayant toujours des sources de plaisirs bien purs. — J'ai reconnu avec le coup d'œil de la vérité, la vanité de ces grandeurs terrestres, et combien elles sont peu de chose en comparaison des biens célestes. Enfin, je suis parvenue à une tranquillité d'âme, à une paix au dedans de moi qui me fait espérer que j'aurai la force de supporter avec résignation et la soumission d'une véritable chrétienne tous les décrets de la Providence, et toutes les épreuves par lesquelles elle voudra me faire passer pour me purifier, car c'est ainsi que je regarde tous les maux qui nous affligent ici-bas..........

» Je vais me retrouver sur le théâtre du monde; promettez-moi de me faire toujours entendre la voix de la vérité. »

La reine rentra avec son frère. Aussitôt qu'elle fut seule je m'empressai de lui faire part de la visite que j'avais reçue pendant son absence et de tout l'effroi que les prédictions de madame de Krudner me causaient.

« Je te reconnais bien là, me dit-elle, voilà
» ta tête vive partie. Je recevrai madame de
» Krudner avec plaisir, parce que c'est une
» excellente personne que j'aime beaucoup;
» mais pour la croire une prophétesse, c'est
» autre chose. »

Le lendemain j'introduisis madame de Krudner chez la reine, et je les laissai ensemble. En sortant elle me dit : « Quel ange que votre
« reine ! Dieu la récompensera. Mais qu'elle
» me croie, qu'elle ne retourne pas en France,
» qu'elle aille en Russie. »

Je revins près de la reine; je lui trouvai les yeux rouges. « Eh bien, madame, lui dis-je en lui baisant la main, elle vous a affligée? »

» — Comment cela pourrait-il être autre-
» ment? elle rouvre toutes les plaies de mon
» cœur en me parlant des pertes que j'ai faites;
» elle a une âme si tendre que sa parole pé-
» nètre par la sympathie qu'elle éprouve. Elle
» ne m'apprend rien de nouveau en me par-
» lant de résignation aux volontés de Dieu. Si
» elle ne sortait pas de cette route, on la croi-
» rait sans examen; mais quand elle se dit in-
» spirée et qu'elle veut prévoir l'avenir, elle
» arrête en moi tout sentiment de confiance;
» ma raison se refuse à la croire et ma religion
» aussi. Je ne vois plus qu'une femme exaltée;
» je la suppose malade : elle m'intéresse tou-
» jours, mais elle ne produit plus aucun effet
» sur moi.

» — Cependant, madame, elle est si par-
» faite, si détachée des choses de ce monde
» que l'on peut bien supposer qu'une âme
» aussi épurée est plus rapprochée de Dieu
» qu'une autre! Pourquoi ne s'en servirait-il
» pas pour appeler à lui d'autres âmes et pour
» avertir ceux qu'il aime des malheurs qui les
» menacent?

» — Cela ne peut être, pas plus pour elle
» que pour d'autres; car si on a foi dans ses

» propres inspirations, qui vous dit qu'il ne
» peut pas vous en venir de mauvaises?

» — On repousse les mauvaises comme ne
» venant pas de Dieu.

» — Le principe est donc détestable, puis-
» qu'il y a un choix à faire, et il ne serait
» sans danger que pour les bons; les méchants
» prendraient leurs haines pour des inspira-
» tions. La religion nous éclaire mieux; elle
» nous prescrit une route à suivre qui ne peut
» nous égarer, puisqu'elle nous dit d'aimer
» même nos ennemis et de leur faire tout le
» bien qui dépend de nous.

» — Mais au nom de la religion, on a com-
» mis bien des crimes.

» — Sans doute, parce que l'homme mêle à
» tout ses propres passions. Cependant, si en
» faisant le mal il s'abuse un instant lui-même,
» il ne peut abuser les autres; le bon sens de
» chacun peut juger à quel point il s'éloigne
» de ce que la religion commande. Mais une
» personne qui croit possible que Dieu veuille
» l'inspirer n'a plus de guide qu'elle-même;
» et qui peut répondre d'être tout amour,
» comme madame de Krudner? »

Alors la reine continuait à me sermonner pour
mon propre compte, et elle me répétait qu'elle

craignait beaucoup l'effet que pouvait produire sur moi l'exaltation entraînante de cette illuminée.

Elle avait raison : j'étais frappée et séduite par tout le charme qui environnait cette excellente femme. Quand je venais raconter à la reine tout le bien qu'elle faisait, les pauvres qu'elle avait secourus : quand je parlais de sa fille, aussi parfaite qu'elle, mais avec plus de modestie et de retenue, qui venait de veiller une pauvre malade pendant six semaines, et cela pour l'amour de Dieu et du prochain ; quand je faisais l'énumération de tant de vertus, et que réellement j'en étais dans l'admiration, la reine me disait : « Mon Dieu ! mieux
» que personne je respecte ces vertus-là ; il
» n'y a aucun danger à les voir, à les imiter ;
» mais je veux que ta raison sache discerner
» ce qu'il y a de bon là et ce qui s'y trouve de
» dangereux. Ce n'est pas que madame de Krud-
» ner me paraisse folle quand elle me dit : *Ne*
» *retournez pas en France;* elle a peut-être
» raison. A la tournure que prennent les
» choses, je vois que j'aurai de la peine à y
» vivre tranquille. Mais quand elle dit que
» je dois aller en Russie, que le congrès ne
» finira pas, que l'empereur sortira de l'île

» d'Elbe, et que ceux qui retourneront près
» de lui seront perdus, comment peut-elle sa-
» voir cela? Je lui ai répondu avec modéra-
» tion que je ne pouvais aller en Russie, que
» c'était même l'empereur Alexandre, qu'elle
» croit le sauveur universel, qui avait fixé mon
» sort en France; et j'ai ajouté que si l'empe-
» reur, comme elle l'assurait, revenait en
» France, je ne pouvais oublier que j'étais sa
» fille, et que, dût-il m'arriver tous les mal-
» heurs qu'elle prédisait à ceux qui se retrou-
» veraient près de lui, ma place était là, et
» que je ne la déserterais certainement pas. »

Je rapporte toutes ces conversations parce qu'elles m'ont paru curieuses en pensant à tous les événements qui ont suivi, et, comme je l'ai déjà dit précédemment, lorsque j'écrivais, le soir, seule dans ma chambre, les choses qui m'avaient frappée dans la journée, ma mémoire me trompait peu ; je ne pouvais changer qu'un mot tout au plus, et si je ne retrouvais pas l'expression juste que la reine avait employée, ou quand je n'étais pas contente du récit que j'en avais fait, je le lui montrais. Bien souvent elle s'est écriée : « Comment! tu me
» fais prononcer tel mot? je n'ai jamais pu me
» servir de telle expression ; tu t'es trompée. »

Alors elle changeait le mot ou la tournure de phrase, et de cette façon je me trouvais avoir exactement toute sa conversation.

Elle riait et se moquait de mon amour pour le griffonnage, et elle était, comme moi, bien loin de se douter que jamais j'aurais l'idée de faire des Mémoires, et qu'elle-même un jour dans la solitude, sans aucuns matériaux pris d'avance, sans autre secours que celui de sa mémoire, elle écrirait ses souvenirs, pressée par le besoin de rétablir le vrai au milieu de tant de faussetés qu'on débitait sur elle et sur les siens.

VII.

Madame de Krudner et sa fille. — Leur existence à Lichtenthal. — Retour sur 1889. — L'ambassadrice de Suède. — Long entretien. — L'impératrice de Russie et madame de Zuvza. — Madame de Krudner chez la reine. — Jugement de la reine sur madame de Krudner. — La prophétesse devant la princesse Auguste et son mari. Prédiction de grands malheurs. — Lettre de madame de Krudner à mademoiselle Cochelet. — Mort de M. de Lezay Marnésia.

Quoi que pût dire la reine sur l'exaltation de madame de Krudner, ses vertus si charitables lui plaisaient, et elle me laissa volontiers aller passer une journée entière près d'elle et de sa fille.

Cette dernière était une charmante jeune fille de 18 ans, blonde et peu colorée; sa peau était d'une finesse extrême. La petitesse de ses membres, la délicatesse de toute sa personne, faisaient penser qu'elle tenait de bien peu de chose à la terre, et la pureté et la douceur de son regard étaient le miroir bien exact de cette âme naïve et candide qui ne vivait que pour faire le bien. Initiée par sa mère aux joies sublimes et ineffables qui remplissent un cœur libre de tout attachement humain, et embrasée seulement de l'amour de Dieu et de la charité, elle traversait la vie sans s'y mêler en rien que pour soulager le malheur et l'encourager à la résignation pieuse qui fait regarder comme des biens toutes les afflictions que le ciel nous envoie.

Telle était la vie de ces deux angéliques créatures. Elles habitaient une maison modeste et isolée près de la vallée de Lichtenthal.

Je fus les y trouver le matin, et pourtant combien d'œuvres de charité avaient déjà rempli le temps écoulé depuis leur réveil ! C'étaient de pauvres infirmes qui venaient chercher des soins, des consolations et des secours; des âmes affligées qui venaient puiser dans l'éloquence évangélique de madame de Krudner la force de supporter leurs maux sans remèdes. De nombreux prosélytes avaient quitté leurs foyers pour la suivre, et sa fortune entière leur avait été distribuée à mesure que les besoins des nécessiteux s'étaient augmentés autour d'elle.

Une chambre, dont les meubles étaient plus que modestes, n'avait pour ornement qu'un énorme crucifix en bois, devant lequel madame de Krudner s'agenouillait, avec ceux qu'elle voulait fortifier dans cette foi vive qui brûlait dans son cœur, et que ses paroles entraînantes communiquaient avec tant de chaleur à ceux qui l'écoutaient. Je me sentais meilleure auprès d'elle, et ce fut avec ferveur que je joignis ma prière à l'onctueuse et simple prière qu'elle nous fit avant le repas, le plus frugal que j'aie fait de ma vie; et pourtant l'hospitalité n'y avait pas été oubliée. Un plat de viande, luxe inaccoutumé, témoignait du désir que l'on avait eu de me bien recevoir.

Je passai l'après-midi seule avec madame de Krudner et sa fille. Là elle redevint un peu de ce monde pour se rapprocher de moi, et je retrouvai nos causeries de 1809. Elle rappela tout ce que je savais déjà de sa vie brillante comme ambassadrice en Suède : sa beauté, ses succès, les passions sans nombre qu'elle avait inspirées, rien n'avait pu satisfaire ni remplir son cœur. Au milieu des jouissances du luxe, des enivrements de l'amour-propre, de la séduction, de l'entraînement des plaisirs, un vide profond lui faisait toujours comprendre le néant de tout ce qui occupait la vie. Elle sentait que son âme était faite pour un but meilleur et plus élevé. La grâce seule pouvait la remplir. Dieu la lui envoya, et alors seulement elle fut heureuse, et repoussa loin d'elle tout ce que, jusqu'à ce moment, elle avait entendu appeler le bonheur. Son âme, en s'épurant, en la rapprochant de Dieu, lui donnait les avant-goûts de ces joies célestes promises à notre faible nature dans un monde meilleur.

Tels furent les sujets de l'entretien que nous eûmes en faisant une promenade à pied, qui nous conduisit dans l'église du couvent de Lichtenthal. C'était l'heure de l'office du soir; l'orgue retentissait dans la nef, et les voix pures et mélodieuses des religieuses qui célébraient les merveilles de celui qui créa tout, ajoutèrent encore à l'impression profonde que me laissa cette journée.

Une chose qui m'étonna beaucoup dans ce que me dit madame de Krüdner, c'est qu'à cette époque elle connaissait à peine l'empereur de Russie. Elle ne le vit que plus tard, et je dirai comment. Elle avait même été un peu prévenue contre lui, ce qui ne l'empêchait pas de répéter que c'était près de lui qu'on se sauverait de tous les dangers. Elle me disait aussi que l'impératrice de Russie désirait la voir; que madame de Zuvza, dame grecque qui faisait partie de la cour de l'impératrice, venait souvent chez elle et l'engageait beaucoup à monter au château; mais qu'elle ne recherchait pas les grandeurs, que les malheureux et les pauvres avaient seuls besoin d'elle.

« D'ailleurs, ajoutait-elle, qu'irais-je faire
» là? Si on désire me voir, c'est par curiosité,
» c'est pour me faire parler. A moins pour-
» tant que Dieu ne leur inspire ce désir pour
» entendre exprimer par ma bouche tout le
» bonheur que procure cet amour divin qui
» m'embrase. »

Je rappelai à madame de Krudner tout le bien que l'on disait de l'impératrice de Russie. Je lui racontai la manière amicale dont elle avait agi envers la reine Hortense, et je lui dis qu'elle ne pouvait refuser une personne si distinguée et si charmante, que d'ailleurs elle connaissait déjà. Je fis si bien qu'elle se décida à aller au vieux château, et je la revis le lendemain de cette visite.

« Eh bien ! en avez-vous été contente ? — » Oui, me dit-elle, elle est digne d'entendre » les paroles inspirées par Dieu. Elle a souffert » aussi, son âme est grande et noble, et peut » s'élever à lui. Je lui ai parlé des devoirs » auxquels était appelé l'empereur son époux. » Je l'ai conjurée de l'encourager dans la » voie du Christ, la seule qui puisse sau- » ver. Je lui ai dit que 1815 serait terrible, » et qu'on devait s'attendre à de nouveaux » malheurs. Voilà tout ce qu'elle pouvait vou- » loir de moi, et je n'y retournerai plus. »

La reine, tout en me plaisantant sur *ma passion* pour madame de Krudner et sur l'intimité de mes relations avec elle, lui portait aussi de l'intérêt. Elle en parla à son frère, et lui inspira le désir de la voir. « Tu ne con- » nais pas madame de Krudner, lui dit-elle. » Il faut que ma sœur la reçoive. C'est une » pieuse femme qui s'est constituée sœur de » la Charité, et comme son exaltation est tout » amour de Dieu et du prochain, ta femme » sera peut-être curieuse de la connaître. »

Le jour fut indiqué, et j'amenai madame de Krudner, qui s'était un peu fait prier pour venir encore à une cour. Je restai dans le salon à attendre la fin de la visite, et la reine entra avec madame de Krudner dans la chambre de sa sœur. Un instant après, je la vis ressortir avec un fou rire qui me gagna sans que j'en connusse la cause.

« Mais que s'est-il donc passé ? lui deman-
» dai-je enfin. Je vois que cette bonne madame
» Krudner ne vous fait pas toujours pleurer,
» et que pour cette fois elle ne vous a pas
» attendrie comme à sa première visite. — Je
» me suis enfuie, me dit-elle, car je ne pou-
» vais plus y tenir, je n'étais plus maîtresse
» de moi. » Et un nouveau rire s'emparait encore d'elle en me disant cela. J'eus toutes les peines du monde à savoir ce qui avait provoqué ce rire qui était devenu réellement nerveux, et voici pourquoi :

Sans doute le prince Eugène, en parlant à sa femme de recevoir madame de Krudner, ne l'avait pas prévenue, et peut-être ne savait-il pas lui-même que cette exaltation qui s'emparait d'elle la portait à manifester ses sentiments de prime abord et à annoncer sans préambule ce que Dieu, disait-elle, lui inspirait. La princesse Auguste s'attendait donc à une présentation dans les formes, et selon qu'elle avait l'habitude d'en recevoir tous les jours. Pour expliquer mieux l'effet que celle-ci dut lui produire, je dois dire encore ce qui était arrivé deux jours auparavant. Une dame hollandaise, dont le mari avait eu une attaque d'apoplexie, était venue rendre ses devoirs à la reine, qui, n'ayant pas d'autre salon que celui de sa sœur, lui avait présenté ces Hollandais. Tandis qu'elles s'occupaient toutes deux à causer avec la mère et les filles, qui étaient fort aimables, le prince Eugène crut de la politesse d'aller parler au mari qui restait seul à la fenêtre. L'attaque d'apoplexie avait beaucoup influé sur les facultés du pauvre mari qui, il faut le dire, était en état d'imbécillité. Quand la famille fut partie, le prince reprocha à sa sœur de ne pas l'avoir prévenu, et de l'avoir laissé aller faire des frais auprès d'un tel idiot. Cette mystification, qui n'était pas préparée, avait beaucoup amusé la reine, qui, d'ailleurs, lorsqu'elle se trouvait avec son frère, reprenait près de lui tout l'enfantillage qu'elle avait naturellement dans le caractère. Dans sa jeunesse, et avant que tant de malheurs fussent venus l'accabler, peu de personnes avaient plus qu'elle de cette gaieté, de cet enjouement qui animent tout ce qui entoure une personne de cette humeur. Un rien l'amusait, la faisait rire; et il a fallu bien des coups répétés pour donner à sa physionomie toute la mélancolie qu'elle a eue depuis.

Pour en revenir au fou rire que causait maintenant madame de Krudner, se figure-t-on cette prophétesse s'avançant gravement auprès de la princesse Auguste qui, la saluant avec sa grâce ordinaire, voulait la faire asseoir près d'elle? Pas du tout, elle s'arrête, se grandit, lève les yeux et les bras au ciel en parlant avec emphase de résignation, de malheurs plus grands encore que ceux qu'on éprouve et qui doivent les frapper! Au lieu d'en gémir, il faut qu'ils en remercient Dieu, qui les leur envoie parce qu'il les aime!.... La princesse Auguste ne comprend rien à cette façon de faire une visite, et reste la bouche béante et les yeux étonnés. Le prince Eugène, qui n'y comprend pas davantage, se rappelle l'imbécile que sa sœur lui a livré deux jours avant, et il pense qu'en ce moment c'est une folle qu'elle lui amène. La reine, qui les devine tous deux, trouve cette position si comique qu'elle ne peut plus y tenir, et les abandonne dans cette situation critique pour ne pas éclater devant eux. Voilà du moins ce que j'étais parvenue à savoir au milieu de ce fou rire qui m'avait aussi gagnée moi-même. La reine parvint enfin à reprendre assez de sérieux pour aller délivrer sa sœur d'une prophétesse qui prophétisait de si tristes choses, et la pauvre madame de Krudner fut éconduite bien vite pour qu'elle ne s'aperçût pas de l'effet qu'elle avait produit.

La vice-reine, si exemplaire, si religieuse, taxait madame de Krudner de folie, et ne pouvait comprendre une piété qui se montrait avec tant d'éclat; et sa sœur, qui se reprochait d'avoir ri, voulait pourtant lui faire admirer les vertus qu'elle aimait dans madame de Krudner, et qu'elle trouvait réellement admirables, tout en pensant qu'il y avait en elle trop d'exaltation pour qu'on pût encourager un tel genre de religion.

Je crois devoir placer ici une lettre que je reçus de cette angélique personne quelques mois plus tard. C'est pour ne plus y revenir pendant cette année, où tant de choses graves allaient faire diversion à ses prédictions. D'ailleurs je ne pourrais pas la peindre mieux qu'elle ne se peint elle-même; car cette lettre montre ses idées, ses sentiments dans toute leur pureté et dans toute leur exaltation.

LETTRE DE MADAME DE Krudner
A MADEMOISELLE COCHELET.

« Strasbourg, 19 octobre 1814.

» Il y a longtemps, chère amie, que je voulais vous écrire; bien des choses m'ont occupée, et c'est un sentiment bien vrai qui me lie à vous. J'ai passé quatre mois au Banc de la Roche (1). C'est cette vallée dont je vous parlais. J'y ai écrit votre nom et j'ai chargé de saintes femmes de prier pour vous. C'est dans ces montagnes, environnée des plus sublimes leçons et du bonheur le plus pur, que j'ai passé des moments bien utiles et que le

---

(1) La Dame de la Roche est un coin reculé des Vosges, ainsi nommé à cause de la nature de son sol. Les malheureux qui végétaient sur cette terre ingrate loin du commerce des hommes étaient plongés dans un état d'abjection, de rudesse et d'ignorance dont il serait impossible de retrouver un second exemple dans nos contrées. Sans foi, sans religion, sans mœurs, sans industrie, ces misérables n'avaient de commun avec la société, dont ils étaient censés faire partie, que les vices.

Un homme de Dieu leur fut envoyé comme ministre, et en peu d'années il changea leurs cœurs et l'aspect du pays. Il leur apprit à aimer Dieu, à défricher leurs montagnes, et ils lui durent en même temps leur bonheur et leurs vertus. Cet homme respectable se nommait Oberlin; vécut de longues années au milieu des bénédictions de ceux qui lui devaient tous leurs biens dans ce monde et ceux qu'ils espéraient dans l'autre.

monde ne connaît pas. Oh! ma chère et aimable amie, qu'il est heureux, l'être débarrassé des vanités, de connaître le néant de tout et de puiser dans le sein de Dieu même la plus pure félicité! Puissiez-vous l'éprouver comme moi, revenir au Christ, le sauveur de toutes les âmes, être bien persuadée qu'on ne sacrifie rien en l'aimant, que la vie ne commence pour nous qu'alors, qu'il reste une inépuisable richesse qu'on n'a jamais abordée même quand on a tout possédé sur la terre! Que reste-t-il à l'homme fatigué par tous les mécomptes de la vie, accablé par toutes les injustices des hommes, par toute la fragilité et par toute l'insuffisance des plaisirs? Que lui reste-t-il, dis-je? tout à posséder encore dans cette ligne élevée que l'on ne devine pas même au milieu du monde. Il est des ravissements que la terre ne peut donner, des pensées que les hommes du torrent n'ont jamais eues, une magnifique révélation qui se manifeste chaque jour et nous peint l'immense charité d'un Dieu; enfin des trésors, devant lesquels nous passons comme des mendiants déshérités, quand même nous aurions eu des trônes. Oui, la vie m'a tout révélé, j'ai tout possédé, et l'ennui et la langueur ont dévoré des jours enviés.

» J'assistai tour à tour aux fêtes de la vie, et d'un deuil éternel je les voyais frappées. Et moi aussi proscrite, et moi aussi le cœur flétri, je n'avais pour bonheur que quelques vanités.

» Ah! combien tout est changé pour moi! je ne puis plus supporter même les fastes de la vie. Les hommes brillants me paraissent des imbéciles, d'ennuyeux ouvrages que je sais par cœur quand à peine j'en ai lu la première page. Les arts ne me montrent rien qui atteigne l'idéal des pensées célestes que je trouve en moi. Les plaisirs que les hommes poursuivent me paraissent de ridicules et bas escamotages d'un temps qui pourrait produire les plus célestes jouissances, agrandir, ennoblir sans cesse la destinée.

» Enfin la vérité seule, simple et ravissante, fait tout l'attrait de ma vie. Je sentais que c'était là cette noble soif qui me tourmentait au milieu de tous les enchantements de l'existence. Dieu m'a donné d'abord le breuvage. Ensuite, en apprenant à aimer au pied de la croix celui qui ne dédaigna pas de mourir pour une race ingrate, je sentis que lui seul était digne de remplir ce cœur plus grand que la terre; et sa volonté devint le but et l'attrait de ma vie. Aimer ce qui seul est aimable, vouloir l'aimer, du moins, fut désormais la pensée de toute mon existence. Un céleste repos remplit mon âme au milieu de tous les tumultes ; et, lancée souvent encore au milieu des tristes passions, je vis les misères et les infortunes avec le regard du chrétien qui connaît l'infinie miséricorde. J'appris dès lors quelque chose de ce langage qui, à l'oreille de celui qui souffre, est une mélodieuse harmonie. Je lui parlais de ce Dieu qui m'avait ramassée au milieu des délices du monde, et consolée quand je ne méritais que d'être rejetée. Oh! chère amie, y a-t-il quelque chose de plus doux que des jours dont nous abandonnons la trame à l'amour divin? Y a-t-il quelques émotions plus vives et plus délicieuses que celles de pénétrer dans le secret du malheur, quand on peut enseigner ces grands secrets du plus magnifique amour, et quand nous obtenons par nos prières d'immenses faveurs? Que de choses j'apprends, que de voiles se soulèvent pour moi et pour ceux qui ont jeté loin d'eux le monde et ses illusions! Mais aussi quel appel à crier aux malheureux qui traversent la vie sans connaître l'importance et l'obligation où ils seront de rendre compte de chaque moment! Quel appel à les exhorter à profiter de ce temps de grâce et à chercher la miséricorde du Sauveur et un cœur nouveau! Oh! ma chère amie, jetez-vous tout entière dans ce cœur qui est un océan de charité, et demandez tous les jours à aimer *Christ*, le Dieu vivant. Il vous accablera de grâces ; vos prières, courtes au commencement, vous paraîtront toujours plus douces. Chaque jour vous lui ferez le sacrifice de quelque habitude. Il a la main légère et ne vous fera pas mal. Il vous enlèvera peu à peu ce que vous devez quitter, et vous donnera par sa grâce ce que vous devez acquérir.

» Marchez dans la royale route de l'âme, et apprenez à confesser celui qui a dit que si on le confesse devant les hommes il nous confessera devant le père céleste. N'est-il pas notre souverain? La patience, l'humilité, le silence quand nous voudrions parler de choses inutiles; la pleine confiance pour celui qui dispose de tout pour notre plus parfait bonheur ; la pureté de la moindre pensée, la charité dans tout, dans les jugements comme dans les actions; enfin, l'envie de le glorifier dans tout ce que nous faisons : voilà ce cœur nouveau, cette vie de chrétien à laquelle vous aussi, chère amie, êtes appelée. La prière vous apprend à tout demander, la foi à tout obtenir.

» De terribles désastres approchent de cette France si coupable, mais une grâce abondante appelle à la repentance tous ceux qui veulent et qui peuvent être sauvés. Devenez pour tant d'êtres qui vous sont chers un moyen de leur obtenir des grâces par vos prières et l'abandon de votre cœur tout entier. Dites-leur que l'homme sans foi tombe dans les plus terribles châtiments.

» Je viens encore de voir une de ces scènes où le monde n'a rien à offrir que l'amertume de ses regrets, ou les stériles conseils d'un philosophique raisonnement, et où le chrétien, environné des splendeurs de la foi, se jette tout entier dans l'éternité.

» La mort vient de frapper un homme cher à toute une province. Tout distinguait M. de Lezai, préfet de Strasbourg (1) : de grands ta-

(1) M. de Lezai-Marnésia était depuis nombre d'années préfet du Bas-Rhin, lorsqu'en 1814 M. le duc de Berri vint visiter ce département. Faisant avec S. A. R. une tournée pour lui faire connaître avec détails les lieux confiés à son administration, les paysans qui l'adoraient voulurent conduire eux-mêmes la voiture du préfet et l'attelèrent de leurs plus beaux chevaux. Ceux-ci s'emportèrent, la voiture fut renversée et cassée. Le pommeau de l'épée de M. Lezai-Marnésia

lents, de grandes vertus ; mais tout cela disparaissait auprès de cette sublime religion du chrétien, qui l'a fait mourir comme un saint. Descendant de saint François de Sales, il semblait qu'il marchait sur les traces de cet homme illustre. Laissant loin de lui tous les hommages de ceux qui devaient le pleurer, s'approchant tranquillement de ce moment où tout nous quitte pour ne rien regretter, il se jeta dans le sein de la miséricorde, implora le sang du Sauveur, déclara qu'il n'espérait qu'en lui. Quand on voulait lui parler de ses œuvres, il sentait toute l'insuffisance des vertus humaines ; il disait qu'elles étaient toutes souillées par l'orgueil, et il ne voulait entendre parler que de l'amour qui nous reçoit comme des pécheurs. Il demanda comme une grâce que le département ne lui fît point d'oraison funèbre, et, au milieu de tant d'hommages du plus profond attachement, il n'eut de larmes que parce qu'il n'aimait pas assez le Dieu qui l'avait aimé assez pour expirer pour lui aussi sur une croix d'ignominie.

» Je suis un pénitent bien jeune », disait-il, oubliant les terribles douleurs de son corps

---

lui entra dans les côtes, qui en furent brisées, et il ne survécut que peu de temps à cet accident.

tout froissé; et, quand il craignait que la patience ne lui échappât, quand les souffrances aiguës l'atteignaient, il posait ses mourantes lèvres sur le crucifix qu'on lui présentait. Et, n'oubliant pas les principes de notre divin maître, sa bouche et son cœur ne respiraient que paix. Il assembla ses gens, leur demanda pardon s'il ne leur avait pas toujours donné un meilleur exemple, les exhorta à vivre chrétiennement, pria avec eux. Toujours calme et se sentant mourir, il demanda à l'ange de sa vie, à sa femme, de lui dire la prière des agonisants. Il expira pour aller vivre un jour au pied de celui qui est la résurrection et la vie. Oui, il est préparé pour les grandes félicités, enlevé comme une victime à cette ville, attestant la profonde miséricorde qui a couronné par une mort sublime une repentance sincère. Il a eu le bonheur de donner un grand exemple à notre triste siècle. Avec le génie de l'administration, avec le courage le plus élevé, il avait l'âme la plus tendre, la charité, l'amour des pauvres, la noblesse de l'antique caractère français; la beauté de l'humilité et la foi qui ne sont pas de la terre, mais qui viennent du ciel. Sa femme, grande comme lui, est digne d'être sa veuve; et cet amour si tendre, si rare, qui les unissait, continue, et la sépare à jamais du monde.

» Je vois que ma lettre est bien longue ; mais que j'aurais de choses à vous dire encore ! Présentez, je vous prie, mes respects à la reine, et conservez-moi un peu d'amitié. Mes vœux bien tendres s'attachent aux jours de cette femme si faite pour le plus pur bonheur, et que vous aimez si profondément. Oh ! puiss-t-elle être heureuse de tout le bonheur de l'éternité ! Ma fille et moi vous embrassons et vous sommes bien dévouées.

« B. KRUDNER. »

MADAME KRUDNER A MADEMOISELLE COCHELET.

« Bade, 2 janvier 1815.

» Ma chère et aimable amie,

» Je vous écrivis, il y a deux mois et plus, une grande lettre de Strasbourg qui contenait beaucoup de détails sur la mort du préfet. Je voudrais que vous me dissiez, seulement par deux mots, si vous l'avez reçue. Dites-moi aussi ce que vous faites, chère amie, comment va votre santé, comment va votre âme, où il y avait des mouvements si grands et si heureux.

» Je désirerais bien savoir si ma lettre vous est parvenue, afin de savoir si elle est tombée en d'autres mains. Nous sommes venues passer ici quelques jours de solitude. Bade est toujours beau. Le repos m'est bien nécessaire, car je n'ai quelquefois pas un moment pour me recueillir. Malgré cela nous avons tant d'occupations qu'à peine je puis répondre à une partie des lettres qui me viennent. Etant très-pressée par le courrier, je finis en vous priant instamment de me dire un mot de vous. Ne vous gênez pas avec moi, vous savez que je ne suis nullement exigeante. Je désire la félicité véritable de ma chère amie. Je désire la voir aller à ces sources d'eaux vives qui seules désaltèrent.

» Je vous le répète, nous approchons des plus terribles crises. Malheur à celui qui n'est pas converti à Christ, et n'a pas cette foi vivante qui lui assure le pardon de ses péchés. Un jugement effroyable l'attend. Oh! ma chère amie, qu'il est délicieux d'avoir dans son cœur cette paix divine, cette harmonie entre Dieu et nous! Commençons à goûter la félicité que rien n'a pu nous donner. Allons journellement aux pieds de Christ quelques moments. Allons avec humilité et confiance ;

parlons-lui, demandons-lui de nous adopter par ce sang précieux qui coula pour nous, et donnons-lui notre cœur en entier pour qu'il en ôte ce qui lui déplaît, pour que son Saint-Esprit le régénère, et que nous ayons un cœur nouveau. Chaque jour apportera des forces. Le goût de la prière viendra bientôt. Prier sera pour vous une chose délicieuse. Quelle conversation que celle qu'on a avec le meilleur des amis, le maître de tout l'univers, le Dieu qui nous aima jusqu'à s'immoler pour nous !

» Pardon si je vous dis toujours cela ; mais je voudrais vous voir heureuse, je le suis tant ! Vous avez une âme vaste, un esprit distingué, il vous reste une carrière immense, et le monde a si vite tout dit ! Que nous reste-t-il de lui ? des amertumes ; et auprès de Dieu, sans cesse de nouveaux trésors.

» Si vous le pouvez, écrivez-moi un mot. Vous savez, je vous le répète, que je ne veux aucune forme, aucune gêne ; vous me prenez, vous me laissez là. Vous savez qu'il y a un cœur bien à vous et enlevé à chaque intérêt mondain.

» Que fait cet ange que vous aimez si bien,

et auquel mon cœur porte un si respectueux dévouement?

» Nous voyons beaucoup de prodiges ignorés du monde, de grandes conversions, de grandes merveilles et des torrents de grâces accordés à ces temps où Dieu ne se lasse pas d'inviter encore les hommes à venir à lui avant que l'abîme s'ouvre. Heureux ceux qui en profitent. Les guerres, les désolations seront terribles. Pensez à l'an XV, il sera mémorable.

» Le vice-roi doit, s'il est à Vienne, apprendre bien des choses. La paix ne pourra pas s'arranger; et l'on voit bien que ce ne sont pas les hommes qui ont le pouvoir de la faire.

» Heureux ceux qui donnent la gloire à celui-là seul à qui elle appartient; qui savent qu'il châtie les peuples, leur envoie des fléaux; qu'il est le Dieu fort qui ne veut qu'employer l'amour, et dont la voix est toujours tendre; qui ne punit que pour corriger, et qui, s'il envoie des orages quand on ne veut jamais l'écouter, est encore prêt à pardonner, à sauver qui veut être sauvé. Dites-moi, je vous prie, si Ducis, le poëte, va mieux; il était malade : je l'aime beaucoup.

» Votre bien dévouée,
» B. KRUDNER. »

» Adressez-moi votre réponse à Carlsruhe, chère amie. Juliette et moi vous embrassons tendrement.

» Votre bien dévouée,
» B. Krudner. »

La reine ne voulait pas prolonger son séjour à Bade; il lui tardait trop d'aller revoir ses enfants; et, comme les bains de mer qu'elle avait à peine eu la force de supporter l'année précédente avaient pourtant produit, après, un assez bon effet sur ses nerfs, son médecin avait exigé qu'elle y retournât cette année pour en prendre encore quelques-uns.

VIII.

Une fête chez la grande duchesse de Bade. — Départ pour la France. — Le prince Eugène reconduit sa sœur. — Singulière rencontre d'officiers. — Des prisonniers des guerres près de la reine. — *Vive le roi de Rome et son petit pape.* — Vive la reine Hortense. — Un arc de triomphe pour le duc de Berri étrenné par la reine. — Fermeté de caractère de la reine. — Mépris des injures journalières.

Le 25 août était le jour de la fête de la fille aînée de la grande-duchesse de Bade, qui, pour la célébrer, donna un grand dîner à la Favorite, l'une de ses campagnes près de Bade, et il ne fut pas permis à la reine de partir avant. Comme c'était ma fête aussi, le matin, au déjeuner, je trouvai à ma place un bouquet et des bracelets charmants. Le prince

Eugène, qui n'avait pas oublié que je m'appelais Louise, était l'auteur de cette aimable attention. Madame de Krudner me donna une petite bague avec un crucifix dessus. Je passai encore une heure avec elle et sa charmante fille, puis je vins rejoindre la reine, qui alla avec toutes les princesses dîner à la Favorite. Il y avait au moins soixante personnes.

Les adieux employèrent les jours qui suivirent, et le 28 nous partîmes pour la France. La reine avait le cœur bien gros de quitter son frère. Pour moi, j'ignore si madame de Krudner m'avait tourné la tête; je le crois vraiment, car j'étais poursuivie par les plus noirs pressentiments. Il me semblait que ma pauvre reine entrait dans un guêpier.

Son protecteur naturel, ce frère qu'elle chérissait tant, allait quêter une position, une existence à ce congrès où chacun se disputait les dépouilles de la France. Il n'avait donc aucune retraite à proposer à sa sœur. A elle, sa patrie lui restait au moins, elle ne lui était pas encore fermée, et c'était pourtant en retournant dans ce seul refuge qu'il fallait qu'elle tremblât. Elle allait se retrouver au milieu de ses plus cruels ennemis. Elle ne le jugeait pas alors ainsi, étant bien loin de croire à l'inimitié de personne. Mes sentiments de terreur étaient si vagues que je n'aurais pu les lui exprimer; d'ailleurs elle m'eût jeté en avant ma superstition et ma croyance dans les visions de madame de Krudner. Aussi en quittant Bade voyageâmes-nous longtemps fort silencieusement; seules dans cette voiture, sans nous rien dire, nous étions toutes deux livrées à de profondes réflexions.

Le prince Eugène était venu à cheval accompagner sa sœur jusqu'à une ou deux lieues, et ses derniers mots à la reine avaient été: «Je » vais réclamer à Vienne ce qui m'est promis » par les traités; et quand j'aurai un coin tran- » quille tu viendras y vivre avec nous. » Cette idée de se revoir bientôt avait adouci ce triste moment de séparation; puis, se tournant de mon côté, il m'avait serré la main en me disant: «Mademoiselle Cochelet, vous aurez bien » soin de ma sœur,» et il s'était éloigné au galop. Cet excellent prince! je sens mes yeux se mouiller de larmes à son souvenir, qui me sera toujours précieux. Quel peuple heureux que celui qui eût été appelé à être gouverné par lui! Son cœur, son caractère, ses moyens, tout était en accord pour donner le bonheur à tout ce qui l'entourait; sa loyauté si connue l'avait fait reconnaître pour être le modèle des hommes destinés à gouverner. Il n'y avait en lui aucune faiblesse que la méchanceté pût atteindre, et toujours ce cœur qui sentait le besoin de la félicité des autres était son premier guide.

Nous ne devions pas nous arrêter pendant tout notre voyage, et nous ne fîmes que changer de chevaux à Strasbourg. Vers le soir nous arrivâmes à la poste de Saverne. Pendant qu'on changeait de chevaux nous entendîmes parler assez haut et prononcer le nom d'*Hortense*. La reine s'enfonça dans la voiture pour qu'on ne la remarquât pas. « Ce ne sont pas des » officiers français qui pourraient ne pas re- » connaître la reine Hortense, » dit une voix qui se fit entendre plus distinctement. « Dis » au courrier qu'on se dépêche, me dit la » reine doucement, je ne veux pas rester ici » plus longtemps, puisque je vois qu'on me » reconnaît. »

Nous partîmes aussitôt, et elle respira plus à son aise; car elle n'aimait pas à faire effet, et elle craignait qu'on ne se réunît autour de sa voiture. Il faisait un temps superbe; nous allions au pas; je proposai à la reine de monter la montagne à pied. « Cela vous fera du bien,

» madame. » Elle accepta, et nous marchions lentement, suivies des deux domestiques, en nous arrêtant de temps en temps pour regarder la vue qui est magnifique en cet endroit et admirer cette belle route. « C'est encore un
» ouvrage de l'empereur, me disait la reine :
» on oublie tout cela à présent, et on l'appelle
» un tyran; c'est bien injuste. »

Elle finissait à peine ces mots que nous entendîmes une petite carriole qui venait derrière nous plus vite que notre grosse voiture, et nous en vîmes descendre quatre officiers qui s'avancèrent vers nous avec empressement. Je les reconnus pour les personnes qui avaient nommé la reine à la poste, et je le lui dis. Il n'y avait pas moyen de les éviter. Les voitures étaient en avant, les valets de pied seuls nous suivaient. La reine, avec sa présence d'esprit ordinaire, s'arrêta et leur demanda avec grâce et dignité ce qu'ils désiraient d'elle. « Vous ser-
» vir d'escorte, s'écrièrent-ils à la fois. Vous
» êtes notre reine, nous n'en voulons pas
» d'autre. —Comme femme, j'accepte votre
» secours jusqu'au haut de la montagne, leur
» dit-elle; mais vous avez d'autres souverains
» que moi, et je ne puis accepter des honneurs
» qui ne m'appartiennent plus.—Comment! qui

» ne vous appartiennent plus ! dit l'un d'eux.
» Croyez-vous que nous reconnaissions l'ab-
» dication de notre empereur? Elle a été for-
» cée.—Non, dit la reine, il a cédé aux circon-
» stances. Mais vous avez d'autres devoirs au-
» jourd'hui, d'autres serments.

» — Des serments pour des gens ramenés
» par les cosaques !

» — Il faut savoir se résigner et jouir à pré-
» sent de la paix qui était si nécessaire à la
» France ; vous avez eu assez de gloire pour
» avoir maintenant besoin de repos.

» — C'est une honte que ce repos ! s'écria
» un autre officier plus âgé que ses compagnons
» et qui marchait près de moi. Tel que vous
» me voyez, madame, je suis resté six ans sur
» les pontons en Angleterre ; j'y ai beaucoup
» souffert ! eh bien ! je préférerais y retourner
» à l'instant plutôt que de revoir mon pays
» aussi abaissé qu'il l'est. »

La reine ne savait plus que répondre. Elle voulut changer la conversation, et leur demanda comment ils avaient pu la reconnaître. Le premier lui dit qu'il sortait des chasseurs de la garde ; qu'il était de service et en faction le jour même où son fils avait été baptisé à Saint-Cloud par le pape ; qu'il avait assisté à

toute la cérémonie, dont les détails étaient restés gravés dans sa mémoire; que l'ayant vue cette fois-là de fort près il l'avait promptement reconnue. « Comment se porte notre empe-
» reur? s'empressa-t-il d'ajouter; ne le tue-
» ront-ils pas? — Non, dit la reine, le sort
» seul l'a trahi, et le repos lui est aussi néces-
» saire qu'à tout le monde. — Il reviendra, et
» il nous trouvera tous prêts à le recevoir; il
» ne peut nous abandonner ainsi. — Ne pen-
» sez plus à cela, messieurs; songez que si
» vous êtes restés attachés à l'empereur, d'au-
» tres ont changé de sentiment; et le plus
» grand malheur d'un pays étant la guerre ci-
» vile, tout homme raisonnable doit se résigner
» plutôt que d'entretenir des idées qui amè-
» neraient un tel fléau. — Que dites-vous,
» madame? Nous sommes tous du même sen-
» timent. Le 15 août dernier, tous les offi-
» ciers de notre régiment se sont réunis pour
» fêter la Saint-Napoléon; qui aurait pu nous
» empêcher de le faire? Et croyez-vous que
» nos soldats n'ont pas bu aussi à la santé de
» notre empereur? Seulement ils crient tout
» haut *Vive le Roi*, et ajoutent tout bas *de*
» *Rome, et son petit papa.* »

Tout en parlant ainsi, nous étions arrivés

au haut de la montagne. Nous y vîmes un arc de triomphe magnifique. La reine demanda ce que c'était. « On attend le duc de Berri
» ces jours-ci, répondit celui qui paraissait le
» plus empressé de parler ; et c'est pour lui
» qu'on a préparé toutes ces fleurs. Cela en
» vaut bien la peine pour des gens revenus
» dans les fourgons ennemis ! Mais il n'aura
» pas été inutile, cet arc de triomphe, ce sera
» pour vous, et vous y passerez la première. »

En achevant ces mots, ils prirent la reine par la main et l'entraînèrent malgré elle sous l'arc, en agitant leurs chapeaux en l'air et en criant : « *Vive la reine Hortense !* »

Nos voitures étaient arrêtées en cet endroit ; les postillons, et quelques ouvriers qui étaient près d'une petite maison, furent les seuls qui les entendirent, et sans imaginer ce que ce pouvait être.

La reine, assez contrariée, remonta promptement dans sa voiture, et leur dit seulement : « Ah ! messieurs, je vois avec peine
» que vous n'êtes pas raisonnables ! Songez
» qu'il faut aimer la France avant tout ; je
» vous en donne l'exemple. — Rappelez-vous
» de nous ! s'écrièrent-ils ; nous sommes capi-
» taines de tel régiment. Un seul mot de vous,

» et nous sommes à vos ordres ! » Ils nous saluèrent, nous partîmes, et nous les vîmes encore nous dépasser dans leur petite voiture et se diriger sur Phalsbourg. En passant près de nous ils agitèrent encore leurs chapeaux en l'air en criant : « *Vive la reine Hortense !* »

« Mon Dieu ! me dit la reine, pourvu qu'ils
» n'aillent pas avertir leur régiment. La nuit
» va bientôt venir ; au lieu de m'arrêter dans
» cette petite ville, je n'y resterai que le temps
» nécessaire pour changer de chevaux. Je pré-
» fère aller toute la nuit, car je vois que la
» tête de ces officiers ne s'est encore guère
» pliée aux circonstances.

» Croirais-tu, continua la reine après un
» moment de silence, que ces démonstrations
» d'attachement m'attristent au lieu de me
» consoler ? Comment un pays peut-il rester
» tranquille lorsqu'il paraît aussi divisé ? Je
» me souviens encore de ces cris, de cet en-
» thousiasme pour les Bourbons. Les femmes
» mêmes se sont oubliées au point d'aller au-
» devant de nos ennemis, dans l'espoir de ra-
» voir cette dynastie. S'il reste un parti aussi
» violent à l'empereur, cela amènera néces-
» sairement une guerre civile, et cette idée
» est affreuse pour moi. Je ne puis supporter

» la pensée de voir des Français se battre les
» uns contre les autres. Cela me paraît le pire
» de tous les maux. »

Il faisait nuit lorsque nous arrivâmes à Phalsbourg. Notre courrier avait déjà fait préparer les chevaux, et, d'après l'ordre de la reine, je faisais presser autant que possible le moment de nous remettre en route. Mais il n'y eut pas moyen d'éviter nos officiers. A la vue de nos voitures qui allaient partir, ils s'écrièrent qu'ils ne souffriraient pas que leur reine allât ainsi la nuit seule, et ils coururent chercher leurs chevaux pour nous servir d'escorte.

La reine était fort contrariée. « Je ne veux
» pas absolument qu'ils viennent, me disait-
» elle. — Et comment votre majesté fera-t-elle?
» — On trouve toujours le moyen de se faire
» obéir. » Alors elle les appela et leur dit :
« Messieurs, je suis certainement touchée des
» preuves d'attachement que vous me donnez,
» c'est pourquoi je compte que vous me lais-
» serez maîtresse d'en disposer comme je l'en-
» tends. Les Bourbons ont bien voulu me lais-
» ser en France, je me dois donc à moi-même
» de ne rien faire qui puisse les inquiéter. Les
» marques de votre dévouement nuiraient à

» ma tranquillité, et j'exige qu'à l'instant vous
» me laissiez seule continuer ma route. »

Ce peu de mots dits avec fermeté furent écoutés en silence. Ils nous saluèrent et restèrent comme pétrifiés à leur place. Nous partîmes, et depuis nous n'avons jamais entendu parler d'eux. Cependant j'ai écrit leurs noms que j'ai conservés.

Nous ne nous arrêtâmes nulle part, et nous arrivâmes à Saint-Leu le 30. Nous trouvâmes les enfants pleins de santé et plus charmants que jamais. La reine était si heureuse de les revoir qu'elle ne se sentait plus le courage de les quitter encore. Son médecin l'exigea; il voulait absolument qu'elle prît quelques bains de mer, et après une ordonnance aussi expresse tout le monde se réunit, même les enfants, pour décider la reine à partir. Elle fut donc forcée de se rendre au désir de chacun. Elle ne se reposa à Saint-Leu que trois ou quatre jours, et en profita pour faire des réformes dans sa maison.

Je ne puis dire à quel point cela me perçait le cœur de voir toujours diminuer le petit nombre des serviteurs dévoués qui l'entouraient encore. Les enfants comprenaient très-bien que le sort leur avait été contraire, et déjà ils mettaient en pratique les préceptes que leur mère s'était plu à leur inculquer. L'aîné me dit un jour. « Je vois bien que nous » n'avons plus de fortune, et je cherche sou- » vent avec mon frère comment nous pour- » rions faire pour ne rien coûter à maman. » Est-ce que je ne pourrais pas donner des » leçons de latin dans les villages, si on trouve » que je suis encore trop jeune pour me faire » soldat? Louis, qui n'a que six ans, tient tou- » jours à ses bouquets de violettes ; ainsi tu » vois que nous saurions très-bien gagner » notre vie. » Ces chers enfants ! J'étais atten- drie plus que je ne saurais l'exprimer. Pour quelles destinées ils étaient nés ! héritiers de tant de trônes, leur naissance avait été fêtée avec enthousiasme par tous les pays sous la do- mination de leur oncle. Le canon avait retenti pour eux de la mer Baltique à la mer Médi- terranée, depuis l'Adriatique jusqu'à l'Océan. Quel contraste à présent ! on leur contestait même la validité de leurs titres. On voulait les faire regarder avec dédain par la nation qui les avait placés si haut. Cette fermeté de caractère qui se déployait en eux, au lieu de me réjouir en me faisant juger de ce qu'ils présa- geaient être un jour, me faisait éprouver une peine affreuse de les voir instruits de leur infortune. Je blâmais la reine d'avoir voulu que si jeunes encore ils partageassent des malheurs qu'ils pouvaient ignorer. Je lui en parlai dans ce sens. « Non, me dit-elle, c'est une bonne » école pour mes enfants. Il faut qu'ils en pro- » fitent. On ne se fait une âme forte que par » les revers, et je serais au contraire bien cou- » pable de ne pas profiter des tristes circon- » stances qui nous accablent pour donner à » mes fils une leçon qu'ils n'oublieront jamais. » Les peuples seraient mieux compris, mieux » gouvernés, si tous les princes avaient pu être » malheureux dans leur jeunesse. »

Je ne concevais pas dans la reine cette énergie qui la portait à ménager si peu ses enfants, elle qui n'aurait voulu causer à personne au monde un moment d'inquiétude ou de peine. Je sais bien qu'elle leur avait répété sans cesse qu'on valait mieux par soi que par ce qu'on était, et elle leur avait donné par là l'habitude de se croire plus malheureux en faisant mal qu'en étant trahis par la fortune. C'était son système pour elle-même, et c'est ce qui, au milieu de toutes les calomnies dont elle a été l'objet, lui a fait supporter avec courage les outrages dont on l'a accablée. Que de

fois, en lisant des injures dans des journaux ou dans des pamphlets, je l'ai vue sourire et dire avec une sorte de légèreté : « Heureu-
» sement, ce qu'on dit là n'est pas vrai; j'aime
» bien mieux qu'on le dise et que cela ne soit
» pas. Je serais bien plus à plaindre si cela
» était vrai, lors même qu'on l'ignorerait. »

IX.

Départ pour le Havre. — La reine dans une petite maison à trois étages. — Différence entre le Havre et Dieppe. — Les femmes du Havre. — *Réné* et *Atala* jugés par la reine. — Portrait de madame du Deffant. — Comparaison entre Marie Leckzinska et la reine. — M. de Chateaubriand. — *Wallace, ou les chefs Écossais.* — Un jour à la côte d'Ingouville. — Nous trouvons des amis.

Nous partîmes pour le Havre le 6 septembre, à trois heures après midi, et nous y arrivâmes le 8, à dix heures du matin. La reine, qui s'était plu souvent à voyager incognito, avait voulu que cette fois-ci surtout il fût des plus complets. Les ordres les plus sévères avaient été donnés au peu de domestiques qui l'accompagnaient, pour qu'aucune imprudence ne la fît reconnaître. Aussi arrivâmes-nous au hasard dans une mauvaise auberge où rien n'était préparé. Je vis tout le beau courage de la reine prêt à lui manquer, parce qu'il y avait une odeur épouvantable dans la seule chambre, fort sale, que l'on mît à sa disposition, des Anglais qui venaient d'arriver s'étant emparés de tous les meilleurs appartements. « Oh ! je » ne pourrai jamais demeurer ici, me dit la » reine. J'aime mieux aller dans une chau- » mière que de rester au milieu de cette af- » freuse odeur. J'en serais malade. » Que faire ? Nous n'avions pas une lettre de recommandation, nous ne connaissions personne au Havre; et comme je l'ai dit, en se souvenant de la rencontre de Saverne, la reine mettait un prix infini à ne pas être reconnue. Toutes les autres auberges étaient, comme celle-là, déjà envahies par les Anglais. Nous restions toutes les deux à nous regarder sans savoir que décider. Le valet de chambre courrier était debout devant nous à attendre des ordres, et les femmes de chambre étaient très-disposées à ne pas déballer les voitures pour s'installer dans un si triste appartement. Je voyais le moment où nous allions retourner à St. Leu, quand tout à coup la reine dit à son valet de chambre :

« Allez dans la rue qui vous paraîtra la plus
» belle, ou plutôt sur le quai, car enfin il doit
» y avoir un quai au Havre; frappez à toutes
» les portes des maisons jusqu'à ce que vous
» en trouviez une où l'on consente à vous
» louer un appartement pour deux dames. Ce
» serait avoir du malheur que dans la ville
» du Havre il ne se trouvât pas une maison
» hospitalière. Dites que c'est pour une per-
» sonne malade. — Non, madame, m'écriai-je,
si on nous fait malades on ne voudra pas nous
recevoir. — Hé bien! simplement indisposée,
» dit la reine en riant, et sans aucune maladie
» contagieuse. »

Le courrier partit très-disposé à attaquer toutes les maisons de la ville. Nous attendions dans la plus grande perplexité, et tout en nous bouchant le nez, le résultat de cette expédition.

Au bout d'une demi-heure, nous vîmes arriver Rousseau, tout hors d'haleine et bien fier d'avoir réussi dans sa mission. Après avoir frappé à plusieurs portes que l'on refermait à l'instant, il était enfin arrivé dans une petite maison qui était comme un bâton de perroquet. Un petit vieux à perruque, et une petite femme aussi vieille que lui, rangeaient tout dans la maison, et se disposaient à en fermer la porte pour aller s'établir à leur campagne. « Deux dames qui ne trouvent à se » loger nulle part cherchent un appartement; » consentiriez-vous à leur louer votre maison » pour quinze jours? leur dit Rousseau.—Sûre- » ment, avait répondu la vieille, pourvu que » ce soit à des personnes honnêtes! Me l'assu- » rez-vous? — Oh! très-honnêtes, je puis vous » en répondre, » avait dit Rousseau. En peu de mots l'accord avait été fait, et il accourait bien vite pour nous tirer de peine. Nous nous rendîmes à pied dans notre nouvelle demeure, et ce fut avec une véritable joie que nous en montâmes l'escalier.

Le salon avait deux fenêtres sur la rue, qui formaient toute la façade de la maison. Au-dessus du salon était la chambre de la reine, et au-dessus de sa chambre, encore à un étage plus haut, était la mienne.

La reine remercia le vieux couple, qu'elle appelait Philémon et Baucis, comme si réellement elle recevait d'eux un véritable service. Ces bonnes gens, qui s'appelaient M. et madame Dubuc, furent si reconnaissants de ses manières gracieuses et amicales, qu'ils demandèrent la permission de revenir de leur campagne pour s'informer de l'effet des bains de mer sur la santé d'une personne qui paraissait si bonne et si affable. Ils se chargèrent d'envoyer chercher le médecin des bains, auquel ils la recommandèrent.

Ils revinrent quelques jours après, et furent très-bien reçus. Ils prièrent la reine de venir goûter, à la côte d'Ingouville, dans leur petite campagne, et le jour fut pris pour cette fête.

Nous nous trouvions tous les jours mieux de notre installation dans notre petite maison, qui était très-jolie, et qui avait le grand mérite de la propreté. Le matin, la reine allait prendre son bain. Heureusement que ce n'était pas comme à Dieppe ; car il y avait de quoi en mourir, que d'être ainsi lancée sous la vague comme on le fait là. Ici, c'était une petite voiture que l'on roulait dans la mer. Il y avait quelques marches par lesquelles on descendait dans l'eau pour s'y plonger à volonté, et l'on remontait de même pour faire sa toilette dans cette voiture, qui était un petit cabinet.

Tout cela n'était pas si merveilleux que ce pavillon de Dieppe, construit exprès pour la reine Hortense, avec cette garde, ce mouvement, toute cette population réunie sur la grève pour la voir prendre son bain. Si tout maintenant n'était pas aussi brillant, elle s'y trouvait pourtant plus à son aise.

Nous déjeunions à onze heures; puis nous allions à pied toutes les deux seules, suivies d'un domestique sans livrée, nous promener sur le quai pour voir arriver les paquebots. Ils étaient toujours remplis d'Anglais et d'Anglaises, et c'était pour nous un grand plaisir que de les voir débarquer. Leurs tournures nous paraissaient si extraordinaires que j'en ris encore quand j'y pense. La reine, comme peintre, trouvait des figures de femmes charmantes, et aurait voulu faire le portrait de chacune. Pour moi, je riais de bon cœur de les voir ainsi fagottées. Des corsages longs d'une aune sans un pli aux jupes. Leurs tailles pincées, comme dans un étui, dessinaient la gorge comme si elle avait été nue, ce qui me paraissait d'une indécence choquante. Nos robes à tailles courtes, que je ne prétends pas défendre, laissaient voir du moins la femme comme elle est faite; mais ici les corsets abaissaient les hanches contre nature, en les comprimant comme cela se fait encore. Mais comme les robes n'avaient aucun pli, la nature féminine faisait l'effet d'un être tout particulier qui n'avait pas de jambes. Leurs petits chapeaux, qui ne leur couvraient pas le bout du nez, me paraissaient aussi forts singuliers. Au reste, en fait de toilette, les yeux s'habituent à tout, et chaque mode à son tour paraît la plus jolie.

Que de fois ai-je entendu la reine affirmer que, sous aucun régime, une femme française n'a été indécemment mise comme on veut bien le répéter aujourd'hui en parlant du temps de la révolution. « Le peuple, qui a toujours
» de la moralité, en eût fait justice, disait-
» elle, mais les yeux s'étaient habitués à voir
» une femme en paniers; on passait sans au-
» cun intermédiaire à la voir à la grecque
» avec des plis en mousseline au lieu de bro-
» cart qui se tenait tout seul, et l'on disait
» qu'elles étaient nues! On portait alors des
» bas et des souliers en soie couleur de chair,
» avec de petits anneaux dans lesquels on pas-
» sait un ruban de couleur qui figurait un
» cothurne, et vous voyez écrit partout que
» les femmes allaient jambes nues. C'est ab-
» surde, et cela me fâche quand je vois que
» ce sont des Français qui écrivent comme cela.
» Voilà comme on se livre réciproquement,
» à la critique finissait-elle par dire, dans ce

» pays de l'esprit où il ne manque que l'esprit
» corps. » Mais revenons à nos Anglaises.

La longue séparation que la guerre avait mise entre les Anglais et nous, leur avait conservé un costume à eux seuls en Europe; c'est ce qui nous le faisait paraître si bizarre. Il s'est bien vite fondu avec le nôtre. Nous avons allongé nos tailles, ils ont grandi leurs chapeaux, et tout le monde y a gagné quelque chose. Mais alors c'était vraiment comique que d'observer la différence qui existait entre deux peuples si voisins l'un de l'autre.

Après avoir ainsi flâné, nous revenions nous placer à la fenêtre de notre salon, et, tout en regardant la mer et les bâtiments, je faisais la lecture à la reine. Je n'avais avec moi que *René*, de M. de Chateaubriand. Elle l'avait lu fort jeune, et elle me disait que ce roman que je lui vantais, lui avait extrêmement déplu. Je me récriais là-dessus : « J'ai
» été choquée, me disait-elle, de voir le senti-
» ment le plus pur, le plus vrai, le plus con-
» solant de la vie placé sous un aspect qui ne
» peut lui appartenir. L'amitié d'une sœur
» pour son frère, c'est de l'amour sans dou-
» leur, c'est de la joie sans mélange; on aime
» tout ce qui aime son frère. Ah ! il ne faut

» pas toucher à tout ce qu'il y a de plus pur,
» de plus désintéressé dans le cœur de l'homme.
» — Mais, madame, dis-je à la reine, le mé-
» rite de ce roman est dans la manière dont il
» est écrit, dans les sentiments qui s'y trouvent
» peints. — Eh bien, relisons-les, dit la reine,
» je sens qu'à présent je fais plus de cas de la
» manière distinguée et élégante dont on dit
» les choses, mais autrefois je n'y faisais au-
» cune attention. Je ne recherchais que le
» sentiment, et il ne pouvait me plaire que
» s'il était bon. »

Nous lûmes donc ce roman, et à chaque mot
la reine s'écriait : « Ah! que c'est bien dit,
» que c'est bien senti! je n'avais pas fait at-
» tention à tout ce talent quand je l'ai lu au-
» trefois. Je voudrais connaître M. de Cha-
» teaubriand, il doit avoir de l'âme. — Hélas!
» madame, il vient de prouver qu'il avait de
» la haine, car il a écrit des articles contre
» l'empereur dans le *Journal des Débats*, que
» vous avez lu, je crois. — Comment! cet article
» où l'on va jusqu'à dire que l'empereur était
» poltron? Mais c'est un libelle, et certaine-
» ment ce n'est pas de M. de Chateaubriand.
» Il n'y a qu'à lire ce roman pour en être per-

» suadé, et là où il y a de l'esprit, il ne peut
» y avoir de la sottise. »

Je dois avouer que la reine se sentait toujours de l'entraînement pour tout ce qui avait de l'esprit; c'était son faible. Beaucoup de personnes ont pensé comme moi qu'on aurait pu lui adresser le portrait que madame du Deffant faisait de Marie Leckzinska, qui lui ressemblait en beaucoup de choses. L'application m'en semble si parfaite en le relisant, que je ne puis me dispenser de le placer ici.

Portrait de ....., par madame du Deffant.

« Thémire a beaucoup d'esprit, le cœur sensible, l'humeur douce, la figure intéressante. Son éducation lui a imprimé dans l'âme une piété si véritable qu'elle est devenue un sentiment pour elle, et qu'elle sert à régler tous les autres.

» Thémire aime Dieu, et immédiatement après tout ce qui est aimable; elle sait accorder les choses agréables et les choses solides; elle s'en occupe successivement et les fait quelquefois aller ensemble.

» Ses vertus ont pour ainsi dire le germe et la pointe des passions.

« Elle joint à une pureté de mœurs admirable une sensibilité extrême. A la plus grande modestie, un désir de plaire qui suffirait seul pour y réussir.

« Son discernement lui fait démêler tous les travers et sentir tous les ridicules; sa bonté, sa charité les lui font supporter sans impatience et lui permettent rarement d'en rire.

« *Les agréments ont tant de pouvoir sur Thémire qu'ils lui font souvent tolérer les plus grands défauts. Elle accorde son estime aux personnes vertueuses; son penchant l'entraîne vers celles qui sont aimables. Cette faiblesse, si c'en est une, est peut-être ce qui rend Thémire si charmante.*

« Quand on a le bonheur de connaître Thémire, on quitterait tout pour elle; l'espérance de lui plaire ne paraît point une chimère.

« Le respect qu'elle inspire tient plus à ses vertus qu'à sa dignité; il n'interdit ni ne refroidit point l'âme et les sens. On a toute la liberté de son esprit avec elle, on le doit à la pénétration et à la délicatesse du sien; elle entend si promptement et si finement qu'il est facile de lui communiquer toutes les idées qu'on veut, sans s'écarter de la circonspection que son rang exige.

« On oublie, en voyant Thémire qu'il puisse y avoir d'autres grandeurs, d'autres élévations que celle des sentiments. On se laisserait presque aller à l'illusion de croire qu'il n'y a d'intervalles d'elle à nous que la supériorité de son mérite; mais un fatal réveil nous apprendrait que cette Thémire si parfaite, si aimable, c'est...

———

Je disais un jour à la reine le rapport parfait que je trouvais entre elle et ce portrait; mais je lui reprochais aussi l'espèce de fascination que produisait l'esprit sur elle. « Je pré-
» fère de beaucoup le caractère, me répondit-
» elle; j'aime toutes les supériorités, celles de
» l'âme, de l'esprit, de la beauté, voilà les
» distinctions que l'on recherche dans la vie;
» mais c'est avec l'esprit qu'on joue dans un
» salon, et tu vois que c'est encore l'esprit de
» M. de Chateaubriand qui nous amuse dans
» notre isolement. »

Nos soirées se passaient comme nos matinées, en lisant (elles étaient courtes, car nous nous couchions à neuf heures, et sans avoir vu un chat pendant toute la journée). Un jour la reine me dit : « Tu ne devinerais pas ce qui me

» passe par la tête? c'est l'envie de faire un
» voyage à Londres. Ces paquebots qui en ar-
» rivent en douze heures me font voir la pos-
» sibilité d'y aller passer huit jours. J'ai tou-
» jours eu grand désir de connaître l'Angle-
» terre seulement huit jours; personne ne
» saura qui je suis; on dit qu'il n'y a pas be-
» soin de passeport, et cela me fera un plaisir
» extrême. »

Je combattis fortement ce projet. « Deux femmes seules ! cela n'est pas possible, madame. — C'est bien cette raison qui me re-
» tient, ce serait une folie, mais j'aimerais
» bien à faire une folie une fois dans ma vie.
» — Et sans savoir un mot d'anglais, madame,
» nous irions en Angleterre! —Ah? pour cela la
» difficulté n'est pas sans remède; je l'ai su un
» peu avant mon mariage et je m'y remettrais
» bien vite. Envoyons chercher une grammaire
» anglaise et tu verras que nous en saurons
» bientôt assez pour nous tirer d'affaire. »

En effet, après avoir achevé la lecture de *Wallace ou les Chefs écossais*, qui avait succédé à *René*, et qui nous amusa aussi beaucoup, nous en fûmes réduites pour toute littérature à l'étude de la grammaire anglaise; le soir, moi qui ne savais pas un mot d'anglais, je faisais répéter à la reine tous les dialogues qu'elle avait appris par cœur le matin.

Je commençais à m'effrayer sérieusement de voir son projet mis à exécution, tant par moment elle m'y paraissait décidée; puis un instant après elle disait : « Non, je ne veux pas » même perdre huit jours loin de mes en- » fants; » et son empressement à les revoir fut, je crois, la seule raison qui l'empêcha de faire cette équipée qui lui souriait beaucoup, et dont on aurait sans doute tiré de grandes conséquences lors du retour de l'empereur ; cependant les faussetés n'ont pas manqué; sans ce voyage qui eût pu y donner lieu ?

Lorsqu'elle eut renoncé à ce voyage, qui me paraissait si imprudent, les leçons de grammaire n'en allèrent pas moins leur train. « Cela » me servira peut-être plus tard, disait-elle ; » d'ailleurs, il vaut toujours mieux appren- » dre quelque chose que de rester à rien » faire. »

Quand le dimanche arrivait, notre vieille madame Dubuc venait nous prendre pour nous conduire toutes les deux sous son patronage entendre la messe dans une tribune dont elle avait la clef. C'était une chose vraiment curieuse que ce changement si subit de position.

Nous semblions les deux filles de cette bonne vieille, et la reine n'avait pas l'air du tout étonnée de se voir ainsi *chaperonnée*. Il semblait qu'elle n'eût pas été autrement toute sa vie, et je crois qu'elle y trouvait un certain charme. Elle s'oubliait, ainsi que ses grandeurs et ses chagrins.

La reine avait assez bien supporté les premiers bains; cependant un froid vif qui était survenu l'avait forcée à les suspendre un moment; mais notre fenêtre était notre grande ressource. Des vaisseaux prussiens, des bricks anglais, les paquebots, les vents, les tempêtes et les émotions qu'elle nous donnaient lorsqu'elles rendaient plus difficile la rentrée de quelque bâtiment dans le port, et, avec tout cela, la grammaire anglaise. Il y avait bien là de quoi nous faire passer le temps.

Le jour de goûter à la côte d'Ingouville arriva pourtant. Nous nous y rendîmes à pied, vêtues de robes de percale blanches toutes les deux coiffées de chapeaux de paille d'Italie. Nos ombrelles à la main, et assistées d'un beau soleil, nous parvînmes non sans fatigue à la petite campagne de nos hôtes. Ce vieux ménage, que la reine nommait Philémon et Baucis,

à moi me rappelait beaucoup les deux acteurs qui figurent le menuet dans la *Danse interrompue*, nous fûmes reçus avec grands de témoignages de joie. La société était composée d'un vieux voisin et du fils de la maison avec sa femme. Tout en cheminant vers le lieu où la fête était préparée, la reine me dit à demi-voix : « Je n'ai pas pensé à une chose. Ce vieux mé-
» nage est peut-être royaliste. Si cela est, je
» leur vole leur goûter, car dans ce cas ils ne
» me l'offriraient probablement pas. »

Nous fûmes bientôt rassurées à cet égard. En entrant dans la salle du festin, dont la vue, qui s'étendait sur la mer, était magnifique, nous vîmes un superbe Hortensia au beau milieu de la table : « C'est la fleur de la reine Hortense, » nous dit notre bon vieux en nous faisant admirer ses belles boules d'un coloris si doux. La reine me regarda d'un air inquiet; elle eut peur d'être reconnue, et je voyais que cette crainte allait gâter tout son plaisir. Mais la gaieté sans gêne qui se manifesta pendant le goûter la rassura promptement.

« Est-ce que vous connaissez la reine Hor-
» tense? » demandai-je tout simplement à celui qui l'avait nommée. — « Oh! mon Dieu non,

» mais on dit qu'elle est bien bonne, qu'elle
» ressemble à sa mère. »

L'émotion de la reine à ce nom chéri fut sur le point de la trahir. La femme reprit : « Elle » doit être probablement la marraine de » mademoiselle Hortense de Rovigo, qui est » venue prendre ici des bains de mer ; nous » l'avons connue alors parce qu'elle logeait chez » nous. » La conversation n'alla pas plus loin sur ce chapitre.

Après le goûter nous nous mîmes la reine et moi à dessiner quelques vues de la mer et de la ville du Hâvre. Ces excellentes gens nous avaient prises dans une si grande tendresse qu'ils ne voulaient plus nous laisser partir. Ils s'en fussent bien étonnés eux-mêmes s'ils eussent été bourbonnistes comme le croyait la reine ; mais ce n'était pas probable.

Malgré les beaux châteaux qui environnaient leur humble maison si jolie, si simple, si propre, je suis sûre que, même dans toute sa puissance, la reine eût encore préféré revenir dans la modeste habitation où on lui avait montré tant de cœur. Elle voulut être polie en ne partant pas trop tôt après le goûter ; nous retournâmes un peu tard, à la chute du jour. Je ne sais si ce fut l'humidité du soir ou la fatigue de notre course, mais la reine fut obligée de passer le lendemain dans son lit, avec ses horribles douleurs de tête.

X.

J'écris à l'empereur Alexandre. — Lettre de M. Bethman sur l'empereur Alexandre. — Une visite de madame Ferray. — Deux filles charmantes. — Un pèlerinage à Saint-Adresse. — Une journée à Orcher. — M. Oberkam. — Messieurs Los Rios. — Souvenirs sur l'empereur. — Désir d'un voyage à la Martinique. — M. de Rougemon, banquier. — Souvenirs de l'enfance de la reine. — Une visite à Col-Moulin. — Retour à Saint-Leu. — Dévouement de M. de Labédoyère. — Souvenir sur Coppet. — Éducation royaliste de M. de Labédoyère. — Messieurs de Damas et de Chastellux.

Nous étions au 15 de septembre; notre vie se passait comme je viens de le dire. Nous recevions habituellement des nouvelles des jeunes princes. M. Boutiakin m'écrivit pour me prévenir du départ d'un courrier russe; il me demandait si je ne voulais pas en profiter pour écrire à l'empereur Alexandre comme ce prince m'avait autorisée à le faire.

Ma lettre ne dut pas beaucoup intéresser l'empereur; c'était une véritable jérémiade. Je ne puis jamais exprimer que ce que je sens, et je ne sentais que de la tristesse de voir le sort de la reine et de ses enfants si peu assuré. Je parlais aussi à l'empereur de notre séjour à Bade et de la manière aimable dont l'impératrice sa femme avait été pour moi. Elle imitait en cela les bontés de son mari, sans les connaître sans doute. Je savais bien que de Paris l'empereur avait écrit à l'impératrice Élisabeth et lui avait beaucoup parlé de la reine; mais bien probablement il n'avait pas fait mention de moi.

J'étais réellement restée sous le charme que m'avait laissé le souvenir de cet empereur. Ses soins fraternels pour la reine et pour le prince Eugène, au moment de la mort de leur mère, me revenaient sans cesse et me touchaient profondément. Il valait beaucoup comme souverain, mais plus encore comme homme. C'était un type à part que cet assemblage de grâce, de politesse et de simplicité que réunissait l'empereur Alexandre. On voyait de l'âme dans tout ce qu'il faisait. Il a fallu qu'une intrigue bien habile soit parvenue à le tromper assez, pour que cette belle âme lui ait autant manqué plus tard, et d'une manière si peu digne de lui et de celle qu'il voulut obliger malgré eux. Ces mêmes obligations, en excitant la jalousie, devinrent autant de poignards levés sur un être aussi pur qu'inoffensif; mais n'anticipons pas sur les événements.

Je n'étais pas la seule à m'enthousiasmer pour l'empereur Alexandre; tous mes amis avaient pour lui la même admiration. Je n'en citerai qu'un, M. Bethman, riche banquier de Francfort, pour lequel j'avais une estime toute particulière, car c'était un excellent homme; il m'écrivit une lettre qui, après avoir été renvoyée de Bade à Saint-Leu, m'arriva au Havre. Je la place ici pour suivre autant que possible la marche des événements.

LETTRE DE M. BETHMAN A MADEMOISELLE
COCHELET.

Francfort, 9 août 1814.

« Il y a peu de jours, mademoiselle, que votre lettre du 1er juillet m'est parvenue. J'ignore à quoi attribuer ce retard. Si je me sentais mériter les reproches que vous me faites je n'aurais pas le courage de vous adresser ces lignes.

» Assurez-vous bien, mademoiselle, que personne n'a pu partager plus vivement que moi la douleur que vous avez éprouvée par la mort de l'impératrice; M. de Labédoyère aurait pu vous le dire. Je lui avais plusieurs fois exprimé le désir d'aller vous voir à Saint-Leu; sa manière de me répondre m'a fait craindre de commettre une indiscrétion. Les affaires ni les plaisirs n'ont jamais eu assez d'empire sur moi pour absorber ma sensibilité. Vous trouverez toujours mes sentiments les mêmes pour vous.

» Je sais parfaitement, mademoiselle, combien l'incomparable, l'irrésistible empereur Alexandre a été aimable et attentif pour vous et pour tout ce qui vous entoure. Éblouie, absorbée par ce puissant monarque, c'est encore par discrétion que je ne vous ai point fatiguée de mes visites pendant mon dernier séjour à Paris; mais je vous promets que je m'en vengerai à la première occasion, et lorsque je ne rencontrerai pas d'empereurs sur mes pas.

» Au reste, vous savez que je l'aime bien autant que vous et qu'il ne cherche point à m'éviter. A son dernier retour de Carlsruhe il a reposé quelques heures à ma chaumière, a soupé à table ronde; il était d'une gaieté, d'un abandon séduisant. Son séjour à Londres ne l'avait point rendu injuste envers Paris. J'espère le revoir en octobre à Vienne, après les couches de ma femme, que j'attends dans le mois de septembre.

» Ma mère, à la vue près, jouit d'une bonne santé; mais sa cécité la rend fort triste et m'afflige beaucoup.

» Le prince primat est à Ratisbonne. Je vous envoie ci-joints quelques cahiers pour les fils de madame la duchesse de Saint-Leu, et vous prie de lui faire agréer mes hommages.

» Ma mère et ma femme vous présentent leurs amitiés.

» J'attends M. Labouchère; il conduit son fils aîné à Genève; il est décidé à se fixer en Angleterre.

» Recevez, mademoiselle, l'expression de tout mon attachement. »

Un soir, nous étions comme à l'ordinaire; la grammaire anglaise à la main, je faisais répéter sa leçon à la reine, quand on vint me dire qu'une dame voulait absolument me parler. « Ah! c'est fini, dit la reine tristement, » l'incognito est détruit. » La personne qui me demandait était madame Ferray, que je connaissais particulièrement ; elle venait d'apprendre que la reine était au Havre, et elle accourait lui offrir ses services.

La reine la reçut fort bien, mais elle la pria en grâce de ne dire à personne qui elle était. Elle n'admit dans le secret que les filles de madame Ferray, qui étaient de jeunes personnes charmantes, remplies de talents; elles furent seules exceptées (1). Sans ces dames, nous eussions quitté cette ville sans connaître ni le Havre, ni aucun de ses environs. Les jeunes demoiselles Ferray venaient nous voir le soir avec leur mère, apportaient leurs guitares dont elles s'accompagnaient en chantant, ce qui rendait nos soirées plus agréables. Madame Ferray ne cessait de s'étonner et de se fâcher de notre isolement ; elle voulut absolument que la reine connût au moins les sites des environs. Nous allâmes avec elle visiter la délicieuse vallée de Saint-Adresse où elle avait un petit ermitage. C'est une vallée de la Suisse ayant pour lac l'océan. On voit un coin de la ville, l'embouchure de la Seine et les côteaux de la basse Normandie, formant en-

---

(1) L'une est madame de Salvandy, l'autre madame Champlouis.

semble le plus magnifique panorama. Ensuite nous allâmes aussi avec toute la famille Ferray à Orché. C'est une terre superbe qui domine la mer à l'embouchure de la Seine. Il y a une terrasse d'un quart de lieue de longueur, placée sur une côte toute boisée, d'où l'on découvre Honfleur, le Havre et la pleine mer, et de l'autre côté des vallées ravissantes. Nous y passâmes une journée charmante par le plus beau temps du monde, et remplissant nos livres de dessin de toutes ces vues incomparables.

La première fois que madame Ferray vint passer la soirée avec nous, c'était le 16. Au grand regret de la reine, la politique fut mise sur le tapis pour la première fois, et avec une personne dont le royalisme était des plus exaltés et des plus exagérés. Madame Ferray était la fille d'un homme honorable, M. Oberkam, riche fabricant. Comme c'est une excellente personne, on voyait qu'elle se souvenait de la manière aimable avec laquelle la reine l'avait reçue aux eaux d'Aix en Savoie. Elle rappelait avec reconnaissance ce que la reine avait bien voulu faire pour ses amis malheureux, messieurs de Los Rios qui, emprisonnés pour les affaires d'Espagne, avaient besoin d'être secourus de toutes les manières. La reine a encore des petits objets travaillés en paille, faits par eux, un grand livre d'Hogart acheté par elle pour leur être utile. Ses recommandations au duc de Rovigo et ses prières à l'empereur avaient témoigné de son intérêt pour eux. Madame Ferray prouvait bien qu'elle n'avait pas perdu la mémoire de tout cela ; mais elle avait totalement oublié les bontés de l'empereur pour son père. Allant un jour visiter les manufactures de Joui, et, voulant honorer les fabricants comme il honorait ses braves, l'empereur détacha de sa boutonnière sa croix de la Légion-d'Honneur, et la plaça lui-même sur la poitrine de M. Oberkam. Plus tard, quand la prolongation de la guerre fut au moment de causer du désordre dans les affaires de ce digne homme, ce fut encore l'empereur qui le sauva de la ruine qui le menaçait, par un prêt de plusieurs millions pris sur le trésor particulier de sa majesté. Nous savions tout cela, la reine et moi, et nous nous regardions avec étonnement, quand cette bonne madame Ferray, avec un entraînement et un enthousiasme qui lui empêchait de peser ses paroles, nous parlait en pleurant des malheurs passés des Bourbons, en oubliant complétement les malheurs présents de celle qu'elle avait devant les yeux.

Dans la vivacité de son émotion, elle sortit de son sac et nous lut un petit ouvrage qui avait été fait autrefois, et qu'elle attribuait à la duchesse d'Angoulême. Quand madame Ferray fut partie, je dis à la reine : « Je con-
» nais très-bien cette petite brochure sur le
» Temple; elle a été faite par M. de Treneuil,
» et cela a été très-répandu dans le temps,
» ainsi qu'une pièce en vers sur la douleur
» d'une sœur (1). »

La reine me répondit : « Si ce n'est pas la
» duchesse d'Angoulême qui a écrit ces sou-
» venirs du Temple, ils n'en sont pas moins
» intéressants ; car on lui prête des sentiments
» qu'elle a dû avoir, et jamais position n'a été
» plus pathétique que la sienne. Je t'assure
» que lorsque madame Ferray lisait les lar-
» mes me sont venues aux yeux, et je conce-
» vais son attendrissement. — Moi aussi, ma-
» dame, le malheur m'attendrit toujours ;
» mais madame Ferray, qui sait ce qui la tou-
» che là dedans, car elle n'a plus de malheurs

(1) J'ai appris depuis que c'est la princesse de Hohenzollern-Sigmaringen, née princesse de Salm-Kyrbourg, qui est l'héroïne de ces vers, sous le titre d'*Amélie ou l'Amour fraternel.*

» à déplorer pour les Bourbons. — Les fem-
» mes, reprit la reine, cherchent leur politi-
» que dans leur cœur; elles sont toujours
» du parti où se trouvent leurs sentiments;
» elles ne mettent jamais leurs intérêts dans la
» balance; car sans cela pourquoi madame
» Ferray serait-elle royaliste? Pour M. de
» Montmorency, cela se conçoit beaucoup
» mieux. — J'ai bien peur, madame, que ce
» ne soit l'amour de ce qui règne. Il est si na-
» turel de se tourner du côté du soleil levant. »

J'avais tort, car madame Ferray est amie dévouée et ce n'est pas la puissance qui l'attire. J'en fis l'expérience au retour de l'empereur de l'île d'Elbe; elle m'écrivit un mot qui a été répété dans Paris, et qui, à tort, fut attribué à une autre dame. « Je ne remet-
» trai plus le pied dans l'hôtel que vous habi-
» tez, m'écrivait-elle, tant que les Bourbons
» ne seront pas de retour à Paris. » J'avais bien envie de lui écrire : « Adieu donc pour
» toujours! » Mais je me contentai de ne rien répondre du tout.

A cette époque, je parlai à un homme fort spirituel de ce grand désespoir que je ne comprenais pas dans une personne comme madame Ferray. « Ne voyez-vous pas, me dit-il, qu'elle

» a été élevée avec la duchesse de Raguse qui
» était mademoiselle Perregaux, comme elle
» était mademoiselle Oberkam; l'une est res-
» tée bourgeoise et l'autre est devenue du-
» chesse. »

Je fis remarquer à mon malin critique que
ce n'était pas une bonne raison, car le retour
des Bourbons n'élevait pas davantage la bourgeoise qui n'allait pas à la cour. « Non certes,
» me répondit-il; mais au moins il n'y aura
» plus de bourgeoises faites duchesses qui
» pourront y aller, et c'est un motif de con-
» solation. Chacun dorénavant restera dans
» son état, et il n'y aura plus de jaloux. » Il
y avait plus de profondeur que je ne pensais
dans cette remarque qui peignait bien les
deux causes. J'y ai souvent pensé depuis;
alors elle ne me parut qu'une maligne plaisanterie qui me fit rire.

Nous ne pensions plus à notre voyage de
Londres, et heureusement il n'avait pas été
entrepris. La fièvre jaune venait, disait-on,
de se déclarer en Angleterre, et l'on forçait
tous ceux qui en venaient à faire quaran-
taine au Havre. « Eh bien! madame, disais-
» je à la reine, qu'eussions-nous fait toutes les
» deux seules si nous n'avions pu revenir en

» France ? — Cela prouve, me répondit-elle,
» que l'on fait toujours bien de suivre la rai-
» son, car c'eût été une véritable folie, mais
» j'en avais bien envie. »

Un petit bâtiment partait pour les îles; nous allâmes le visiter. » Que j'aimerais à faire un
» voyage à la Martinique, me dit la reine.
» J'avais quatre ans quand je vins dans ce port
» avec ma mère qui voulait aller revoir encore
» une fois sa patrie. Nous nous embarquâmes
» au Hâvre, et je me souviens qu'un vent fu-
» rieux pensa nous faire périr à l'embouchure
» même de la Seine. Je me rappelle très-bien
» les terreurs de ma mère, mais j'ignore où
» nous étions logées. » Elle me racontait, assise dans ce bâtiment, ses souvenirs des îles où elle resta jusqu'à l'âge de sept ans; elle me décrivait les lieux où était placée l'habitation de sa grand'mère; elle n'avait pas oublié les esclaves qui la portaient en palanquin, ni ces pauvres noirs que l'impératrice ne voulait jamais qu'on punît.

Nous continuions à causer tout en rentrant, lorsque nous rencontrâmes monsieur et madame Dubuc sur le seuil de la porte. Ils n'osaient plus avancer. Ce n'était plus cette protection presque maternelle que la bonne vieille avait pour nous quand elle nous menait à la messe. Le mari et la femme se tenaient honteusement serrés à côté l'un de l'autre comme des criminels. « Qu'avez-vous? leur dit la reine. » Montez-donc avec moi pour me faire votre » visite. — Ah! madame, dit timidement la » bonne vieille, comment nous excuserez-» vous? Nous n'osions plus nous présenter » devant vous. Mon mari et moi, nous igno-» rions qui vous êtes ; nous venons de l'ap-» prendre, et nous craignions tant de vous » avoir offensée par notre familiarité, par no-» tre manque d'égards. — Comment donc! » s'écria la reine, vous m'avez traitée comme » je désire l'être, et je vous en conserverai » toujours une grande reconnaissance. »

Elle les fit asseoir, et leur parla de ses souvenirs du Havre qui étaient bien vagues et bien anciens.

« Hélas! madame, lui dit la vieille madame » Dubuc, c'est ici que vous avez logé avec » votre mère, il y a bien longtemps. M. de » Rougemont, banquier, avait retenu cette » maison pour elle, et c'est dans ce même » salon, où je vous vois à présent, que je vis » votre excellente mère, qui me reçut avec la » même grâce que vous. »

Ces souvenirs, ce rapprochement dû au hasard, nous attendrirent tous. « Vous sou-
» venez-vous, leur dit la reine, sur quel bâ-
» timent nous partîmes? — Certainement; le
» capitaine du navire est encore ici. Votre
» mère devait s'embarquer sur un bâtiment
» de l'état qui ne devait partir que quinze
» jours plus tard. Impatiente, et brave
» comme elle l'était, et malgré les remontrances
» de tout le monde, elle profita du premier
» bâtiment qui mettait à la voile. Elle a man-
» qué périr par un coup de vent affreux
» qu'elle essuya en sortant du port. Elle se
» trouvait sur une si frêle embarcation que
» le danger était des plus grands; le capi-
» taine nous a souvent raconté son courage.
» — Je vous en prie, dit la reine, amenez-
» moi ce capitaine; je serais bien aise de le re-
» voir. » Le lendemain il fut présenté à la
reine qui ne cessait de le questionner sur son
voyage. Tous ces souvenirs de son enfance,
joints à ce hasard qui nous avait conduites
sous le même toit après tant de grands et terribles événements, tout cela anima et occupa
nos derniers moments au Havre. Il tardait à
la reine de se retrouver enfin près de ses enfants pour ne plus les quitter. Notre départ

fut fixé au 18 septembre, après la messe.

Je me souviens que la veille, au soir, le fils de M. Dubuc, qui avait, je crois, une petite place, vint prier la reine de le protéger auprès de ses chefs. « Vous ne savez donc pas les évé-
» nements? Je ne puis plus être utile à per-
» sonne. — Ah! cela n'est pas possible, répli-
» qua le demandeur, qui pourrait vous refu-
» ser? la fille de Napoléon doit toujours con-
» server sa puissance. »

En quittant le Havre, nous allâmes avec la famille Ferray visiter Col-Moulin. C'est un endroit délicieux, et qui, dans ce moment, était à vendre. Le château est entièrement boisé et parqueté en bois des îles. La vue s'étend sur la mer et sur une vallée charmante. Nous en étions dans l'enchantement, et à chaque pas nous trouvions un nouveau dessin à prendre. Nous admirâmes surtout la vue de Harfleur qui est en face; et tout nous plut, jusqu'à un magnolia en pleine terre qui était énorme et qui attira notre attention, en souvenir de ceux que l'on soignait avec tant de peine à la Malmaison.

La Reine s'enchantait de plus en plus de ce beau lieu, et faisait ses plans pour l'acheter. « Tout ce que je désire, c'est de posséder cette

» terre, me dit-elle. Je viendrai y demeurer
» avec mes enfants, loin de Paris, loin des
» intrigues, et je serai enfin tranquille et
» heureuse. Mais il faut pour cela qu'on me
» rende ce qu'on me doit, et j'achète Col-
» Moulin. »

Nous quittâmes enfin ce charmant séjour; et sans nous arrêter nous arrivâmes à Saint-Leu le 19 septembre, à neuf heures du matin. Chacun fut étonné et enchanté de nous revoir, car on ne nous attendait pas si tôt. Les princes étaient à merveille; et dans son bonheur de se retrouver auprès d'eux leur mère me disait : « Enfin, je vais donc être heureuse;
» je n'aurai plus qu'à m'occuper de mes en-
» fants; ma santé est un peu meilleure et ne
» me forcera plus à les quitter; je serai loin
» du monde : ceux qui me rechercheront dans
» ma nouvelle position deviendront mes amis.
» Au milieu de toutes mes grandeurs, étais-je
» bien sûre d'en avoir? c'est une épreuve fort
» douce à faire; cela seul embellit la vie, que
» de pouvoir croire à l'amitié. »

Aussi, la reine apprit-elle avec une grande sensibilité que plusieurs personnes étaient venues pendant ses deux absences voir ses enfants. Madame de Boubers et l'abbé Bertrand lui dirent les larmes aux yeux, car ils en étaient fort attendris, que M. de Labédoyère, entre autres, n'était jamais resté plus de deux jours sans venir à cheval de Paris les visiter; qu'il passait presque la journée entière avec eux, qu'il avait l'air de s'y amuser, tandis qu'il était bien facile de voir que c'était dans l'intention de servir de sauve-garde à ces jeunes princes, en cas qu'ils courussent quelques dangers; lui, si bien fait pour plaire à Paris, il quittait tout pour remplir un devoir qu'il s'était imposé et auquel il ne manquait pas.

Cette preuve de dévouement émut d'autant plus la reine, qu'elle s'adressait à son bien le plus cher au monde, ses enfants. Quoique M. de Labédoyère ne fût nullement possédé de la passion de la chasse, elle lui trouvait de la ressemblance avec le farouche Hippolyte; dans le salon, il parlait peu, il ne se mettait jamais en avant; sa belle figure si expressive prenait seulement l'air du dédain, quand on disait quelque chose qui lui semblait puéril ou inconvenant; fidèle au rôle d'observateur, il imposait à tout le monde; car lorsqu'il voulait bien parler c'était avec force, avec vivacité, et il frappait rudement sur ceux qui n'étaient pas dans ses bonnes grâces.

Il avait pour la reine un de ces dévouements respectueux, concentrés, que toute princesse doit avoir le désir d'inspirer; quelquefois, en me parlant d'elle, il me disait : « Moi, je mé-
» prise toutes ces paroles de salon, ces com-
» pliments fades; je ne suis pas aimable, je le
» sais; mais quand j'ai reconnu de la supério-
» rité dans une femme, quand je retrouve l'i-
» déal de tout ce que j'ai rêvé de parfait,
» j'aime, j'estime, et je donnerais ma vie pour
» celle qui me semble la mériter. J'ai un ca-
» ractère qui ne doit pas plaire; aussi je m'é-
» loigne dans les temps ordinaires; mais quand
» on a besoin de moi, on me retrouve tou-
» jours. »

Je ne puis parler de cet excellent homme, si distingué, si dévoué, sans que les larmes me viennent aux yeux; il avait pour moi une amitié dont je m'honore et une grande confiance qu'il me témoignait en toute occasion. Il n'était jamais bien à son aise avec la reine, tandis qu'avec moi il ne se gênait pas. « Con-
» cevez-vous, me disait-il souvent, qu'on m'a
» élevé à être Bourbonniste et que je détestais
» l'empereur. Lorsque j'allais à Coppet et que
» je jouais la tragédie avec madame de Staël,
» cela ne diminuait pas mon antipathie pour

» celui qui la tenait en exil. J'étais bien jeune
» alors. On me força d'entrer au service. J'ar-
» rivai à être placé comme aide-de-camp du
» maréchal Lannes, puis du prince Eugène.
» Je vis le divorce; j'en fus outré; abandon-
» ner une si excellente femme pour épouser
» une archiduchesse d'Autriche!... Je crois
» que j'aurais tué l'empereur de ma propre
» main, tant je me sentais de haine contre lui !
» Plus tard, j'ai vu nos malheurs, j'ai appris
» à connaître les projets des ennemis de la
» France; j'ai étudié notre histoire en même
» temps que j'ai étudié ce héros, et j'ai senti
» qu'en cet homme seul résidaient nos gloires,
» nos destinées; ceux qui abandonnent sa cause
» abandonnent sans s'en douter celle de la
» France. Aussi, tout blessé que j'étais, et
» l'ayant pour ainsi dire à peine approché à
» l'armée, j'ai été me ranger près de lui à Fon-
» tainebleau. Si chacun eût pensé comme moi,
» il n'eut pas abdiqué, et c'est encore lui seul
» qui peut sauver notre patrie. La reine nous
» parle toujours de paix, de tranquillité. Un
» peuple soumis, humilié peut-il rester tran-
» quille? ce n'est pas moi toujours qui y con-
» sentirai. J'ai été blessé en chargeant à la
» tête de mon régiment; je n'y suis pas re-

» tourné depuis. Il a fait sa soumission sans
» moi. On me l'a laissé, grâce à mon alliance
» avec tous les Damas, les Chatellux. Je n'ai
» prêté aucun serment, et je me crois très-
» libre d'appartenir au parti qui me convien-
» dra. Je suis républicain par caractère; mais
» toute la vieille république française est morte
» ou devenue la plus lâche partie de l'empire;
» d'eux tous je n'aime que Carnot; pour Fou-
» ché, il me paraît un faiseur d'intrigues. Je
» ne vois donc que notre génération qui puisse
» dignement venger notre abaissement pré-
» sent, et je ne manquerai pas de saisir le mo-
» ment lorsqu'il se présentera. »

M. de Labédoyère me sachant poltronne, riait souvent de mes frayeurs et aimait surtout à les augmenter; aussi je ne lui supposais que ce désir en me parlant ainsi de troubles, de réactions et de révolutions; d'ailleurs, je croyais les Bourbons si bien établis, qu'il ne me serait pas venu à l'idée que rien pût troubler leur puissance; et quand il me revenait que quelque chose les avait effrayés, je riais de mon côté de les trouver encore plus poltrons que moi.

XI.

Retour à Saint-Leu. — L'institut d'Écouen. — Sa protectrice. — Les Bourbons jugés par M. de Labédoyère. — Garneray une fois par semaine à Saint-Leu. — La reine fait les portraits des amis de la maison. — M. de Ségur, M. de Flahaut, M. de Labédoyère, M. Beaugard, M. Lavallette, le général Colbert, M. Molé, la belle des belles. — Madame Dulaunoy. — M. de Canouville. — Rétablissement de la reine. — Projets du roi Louis sur ses enfants. — Transaction cruelle. — Anxiété de la reine. — Madame de Boubers.

Le lendemain de notre arrivée, cette si bonne et si aimable madame Campan vint à Saint-Leu voir la reine et lui ramener mademoiselle de Courtin. Elle supportait avec courage son malheur. Le bel institut d'Écouen venait d'être supprimé pour qu'on pût rendre le château au prince de Condé ; cela faisait pitié de voir détruire un établissement magnifique qui avait tant coûté à fonder, où les enfants de toutes les illustrations de France étaient assurés de recevoir la meilleure éducation possible; et il fallait voir tout cela s'écrouler pour rendre un ancien château à un vieux prince qui en retrouvait déjà tant d'autres plus beaux !

Nous nous en affligions pour madame Campan et pour toutes ces jeunes filles dont la reine était la princesse protectrice. Mais nous nous étonnions tout autant de voir des princes qui allaient jouir d'une fortune considérable, reprendre un ancien domaine inhabitable pour eux, et qui ne craignaient pas de prouver par là que le principe des ventes de biens nationaux ne serait guère respecté.

M. de Labédoyère, quand il vint à St.-Leu, répondait à l'étonnement que nous manifestions de cette suppression impolitique d'Écouen : « Mais c'est tout simple; cela vous
» étonne? ah ! vous en verrez bien d'autres.
» Les peuples qui se rendent, qui n'ont pas la
» persévérance de se défendre, méritent de
» supporter toutes les conséquences de la dé-
» faite. Vous croyez donc qu'on vous a rendu
» les Bourbons pour le bonheur de la France !
» Détrompez-vous; les ennemis ne sont pas si
» bêtes ; ils vous ont donné un foyer de dis-

» cordes pour des siècles ; et tout en vous leur-
» rant de la liberté, vous reprendrez des chaî-
» nes. On vous rendra les dîmes ; les paysans
» n'apprendront plus à lire, de peur qu'ils
» n'aient l'audace de redevenir maréchaux de
» France ; cela leur paraît assez lourd à la cour,
» de supporter ceux qui y sont déjà, et qui
» sont assez bêtes, eux aussi, pour aller prê-
» ter à rire à de plus bêtes qu'eux. — Ah !
» M. de Labédoyère, s'écriait la reine, soyez
» donc indulgent ! nos armées se sont bien bat-
» tues ; le peuple a fait des efforts inimagina-
» bles pour conserver son indépendance et
» soutenir l'empereur. La guerre a été si lon-
» gue qu'on était épuisé à la fin ; il ne faut
» pas faire un crime de la faiblesse. » — « Je
» ne fais pas un crime de la faiblesse, madame,
» mais nous n'étions pas faibles, sans la trahi-
» son. » — « Ah ! la trahison n'appartient
» qu'à quelques individus ; n'attaquez pas la
» nation entière, qui jusqu'au dernier mo-
» ment a fait tant de sacrifices. » — « Elle de-
» vait encore en faire davantage, madame,
» au lieu de se décourager ; quand la masse
» devient inerte, on peut se plaindre d'elle ;
» ou du moins, comme c'est elle qui souffrira,
» elle n'aura à s'en prendre qu'à elle-même. »

« — Tenez, ne parlons plus politique, mon-
» sieur de Labédoyère, cela attriste trop, et
» vous voyez tout en mal. Lisez-nous plutôt
» une tragédie de Racine ou de Shakspeare;
» vous lisez si bien. »

En effet, il avait un talent remarquable pour la déclamation, et disait les vers comme un ange. Alors nous nous mettions à dessiner, chacune de nous ayant une table arrangée à cet effet; les enfants jouaient sans faire de bruit dans un coin du salon, et M. de Labédoyère, avec cet organe magnifique, cette expression qui jetait du feu de ses yeux, lisait tout haut un des chefs-d'œuvre des poëtes français ou étrangers. Après le dîner, nos visiteurs retournaien à Paris.

Une fois par semaine, Garnerey venait nous donner une leçon de dessin, qui se passait comme je viens de le dire. Il faisait ainsi que la reine les portraits de toutes les personnes qui se trouvaient là. Tantôt on voyait poser M. de Ségur, M. de Flahaut, M. de Labédoyère, M. de Baugard, tantôt M. de Lavallette, le général Colbert, M. Molé. Un jour, la belle des belles, madame Dulauloy, arriva de Paris faire une visite à la reine. Chacun aurait voulu nous voir faire son portrait, c'eût été faire celui de Calypso; mais pour une demi-heure de séance la reine ne le voulut pas, elle craignait de n'avoir pas le temps de rendre les femmes assez jolies. « Je ne veux » pas sacrifier les beautés de mon temps, di- » sait-elle, en faisant d'elles un laid petit cro- » quis, c'est bien assez de sacrifier les hommes; » car je m'aperçois bien quand ils regardent » mon ouvrage qu'ils ne se trouvent jamais as- » sez beaux; s'ils sont ainsi coquets, que se- » rait-ce donc des femmes ? »

Je me souviens encore d'un jour où c'était le tour de M. de Canouville de poser devant Garnerey. « Mon bon petit M. Garnerey, lui disait le patient, je vous en supplie, ne me faites pas trop laid. »

La duchesse de Frioul vint passer quelques jours avec la reine, dont elle était toujours l'amie. Elle avait sur un petit corps une figure espagnole des plus expressives, et par cela des plus difficiles à faire. En l'honneur de son titre d'amie, la reine était impitoyable et la faisait poser et reposer sans cesse; elle n'était jamais contente de son ouvrage, parce qu'elle ne saisissait pas toute la finesse de sa physionomie; c'était toujours à recommencer; la duchesse s'y prêtait de la meilleure grâce du monde, et pour consoler la reine, elle lui disait : « On m'a toujours faite épouvantable. »

Quand l'heure du travail était terminée, on allait faire un tour de parc dans le grand char-à-bancs; et, après le dîner, lorsque la partie de billard était finie, et que les visiteurs de la journée étaient retournés à Paris, nous faisions une lecture autour de la table ronde; puis, à onze heures, on allait se coucher. Les enfants qui faisaient toujours partie essentielle du salon se retiraient à neuf heures avec l'abbé Bertrand; et c'était moi, enfant comme eux, qui d'habitude les amusais toute la soirée. Je les aimais si tendrement que souvent je préférais causer avec eux, leur raconter des histoires, plutôt que de me fatiguer à soutenir une discussion métaphysique. La reine aimait beaucoup à en mettre de ce genre sur le tapis, pour éviter que la politique devînt le sujet de la conversation.

Le calme de cette vie produisait une amélioration marquée sur la santé de la reine. « J'étais faite pour une vie tranquille, me
» disait-elle un jour; l'absence d'émotions est
» devenue pour moi du bonheur. Je me fais
» un reproche de me trouver plus heureuse
» que je ne l'ai jamais été quand la fortune

» accablait la France et ma famille de toutes
» ses faveurs. Je ne demande à Dieu que de
» rester comme je suis. »

Dieu ne l'exauça pas, car le jour même où elle invoquait, avec tant de modération, la tranquillité pour tout bonheur, elle allait être frappée au cœur par le côté qui lui était le plus sensible.

Un jeune homme en habit noir, avec un air sec et absolu, arriva un matin à Saint-Leu, et demanda à voir la reine de la part du roi son époux. Il venait enlever à la malheureuse mère ses fils que leur père désirait avoir près de lui, en Italie, où il s'était retiré.

Le coup de la mort n'aurait pas été plus sensible. « Que faire? disait la reine au dés-
» espoir, à madame de Boubers et à moi.
» J'aurais peut-être le courage de me séparer
» de mes enfants si c'était pour leur bien,
» parce que je ne vis que pour eux; mais qui
» les soignera jamais comme moi? Un homme
» peut enseigner beaucoup de choses; c'est à
» une femme seule qu'il appartient d'impri-
» mer dans le cœur tout ce qui est noble et
» bien. Ils ont besoin de moi, et de moi seule.
» Cette idée me donnera le courage de sup-
» porter toutes les conséquences d'un refus. »

Et puis elle pleurait, elle se désespérait ; et, en peu d'instants, disparut tout le bon effet des bains, tout le bon résultat de la vie tranquille qu'elle menait depuis un mois. Sa maladie de nerfs revint dans toute sa force, et sa vie n'allait plus être qu'une agitation continuelle, mêlée des plus vives douleurs physiques et morales.

Dans toute sa conduite qui suivit ce moment si terrible, elle n'eut plus qu'un but unique, celui de conserver ses enfants près d'elle. « Eh, que m'importent les duchés, » la fortune ! disait-elle ; je ne tiens à rien de » tout cela ; et pourtant qu'on fasse valoir ces » avantages, si l'on veut, pourvu que j'élève » mes enfants et qu'ils ne me soient pas enle- » vés. Moi seule je sais l'éducation qu'il leur » faut. »

Nous l'écoutions en silence ; personne ne pouvait lui donner un conseil. On ne pouvait que gémir avec elle ; car, d'un autre côté, il allait paraître juste à tout le monde qu'un père, qui jouissait d'une si belle réputation, désirât avoir au moins un de ses fils auprès de lui. C'était ce qu'après diverses lettres et discussions, il avait fini par accorder en se contentant de *ne demander* que l'aîné pour *le moment*.

Mieux que personne, je comprenais l'anxiété de la reine. . . . .
. . . .
Elle s'était fait un devoir sacré de la maternité. L'éducation d'un prince, d'un Napoléon lui semblait devoir imposer encore de plus grandes obligations. Livrer cette noble tâche
. . . . . ɪ . . . .
et avec cette énergie qu'elle retrouve toujours quand elle s'est dit : « C'est un devoir à remplir ! » je la vis résignée, mais résolue. « J'ai
» mesuré tout l'abîme où je me jette, me dit-
» elle. Dans ma position, l'oubli le plus grand
» pouvait seul me convenir et me laisser tran-
» quille en France. Les ennemis du nom que
» je porte vont s'emparer de tout cet éclat pour
» abaisser ce nom, pour me déchirer, moi, la
» mère de ces deux Napoléon ! Mais n'importe,
» j'ai mis dans la balance le bien et le mal ; je
» suis résignée d'avance. Ce mal ne doit re-
» tomber que sur moi, et le bien sera pour
» mon fils. S'il est élevé par moi, quand il
» sera grand il me blâmera peut-être aussi ;
» mais ce que j'aurai fait, il en pourra jouir
» sans savoir jamais tout ce que cela m'aura
» coûté. »

Alors, avec cette conscience que la reine a

besoin de mettre dans tout ce qu'elle fait, elle fit appeler son fils aîné, et, d'une question qu'elle regardait comme toute d'intérêt moral, elle en fit une question toute d'intérêt matériel, pour ne pas nuire à un père dans l'esprit de son fils : « Mon enfant, lui dit-elle,
» ton père désire t'avoir près de lui; il t'aime
» tendrement. J'ai pensé qu'il était utile
» pour toi de conserver le duché de Saint-Leu
» qui te permet de rester en France. J'ai peut-
» être tort; mais quand tu seras grand, tu
» jugeras toi-même et tu pourras choisir et
» abandonner facilement cette position. Je
» fais dans ce moment une chose très-mal,
» mon enfant, je résiste à l'ordre de ton père
» qui devrait m'être sacré. Il doit en résulter
» beaucoup de chagrin pour moi. J'aurai des
» ennemis nombreux qui se déchaîneront
» contre moi; mais tu te souviendras, quand
» tu entendras dire du mal de ta mère, qu'elle
» a cru agir dans ton intérêt; que si elle s'est
» trompée, c'est par amour pour toi! »

Madame de Boubers et moi nous étions présentes à cette scène, nous connaissions si bien les vrais motifs de la reine, ...
. . . .
. . . . et nous pouvions mieux

juger que personne de la modération qu'elle mettait en instruisant son fils du procès qu'elle allait subir. Nous pleurions en silence et nous cachions toute notre sensibilité à la vue d'une telle abnégation de soi.

Des hommes d'affaires modérés, honnêtes gens, peuvent souvent concilier des intérêts qui, divisés sur un point, sont pourtant les mêmes dans l'ensemble. Mais des hommes remuans, avides de faire effet, c'est l'éclat qu'ils cherchent, et ils excitent au lieu de retenir. C'est ce qui arriva. Un M. Briatte, jeune homme qui se présentait toujours avec une tenue grave et loyale, tout référendaire de la cour des comptes qu'il était, ne paraissait pas fâché de représenter un roi, même sans royaume. Il avait l'air de se complaire dans son rôle, et à peine s'il voulait donner le temps de respirer et de s'entendre. M. Decazes, destiné à être le favori du roi Louis, devenu secrétaire des commandements de Madame-mère, et resté en relations intimes avec notre roi Louis, avait refusé la mission dont M. Briatte s'acquittait avec une conscience si exagérée.

Je regrettais ce refus de M. Decazes ; car, avec son caractère doux et conciliant, je ne doute pas que, quand une malheureuse mère demandait enfin, en dernière cause, quelques mois de répit, l'hiver seulement! et qu'elle promettait d'aller au printemps mener elle-même son fils en Italie! je ne doute pas que M. Decazes n'eût obtenu qu'on évitât ce pénible procès.

La reine était dans son lit, malade de toutes ces émotions; j'étais auprès d'elle lorsque l'abbé Bertrand me fit demander.

— « Savez-vous les nouvelles qu'on débite
» déjà sur la reine? me dit-il; cette pauvre
» femme ne pourra donc jamais avoir un mo-
» ment de repos? Le curé de Saint-Leu sort de
» chez moi; il arrive de Paris; il a vu des
» braves gens, des ecclésiastiques respectables,
» qui lui ont appris qu'à Saint-Leu il se tra-
» mait les conspirations les plus condamnables;
» qu'il y avait une réunion dangereuse autour
» de la reine, et que le gouvernement, instruit
» de ces menées, s'apprêtait à sévir contre
» elle. Croyez-vous qu'il faille prévenir la
» reine? C'est à vous à en juger. Cela va peut-
» être augmenter son mal? »

— « Au contraire, dis-je à l'abbé, cela la
» distraira de pensées plus pénibles et plus
» sensibles. »

J'allai donc conter à la reine ces nouvelles absurdités. — « Ah! c'est trop fort! me dit-elle; que les hommes sont faux! que leur ai-je donc fait pour s'acharner ainsi contre moi?..... Mais que mon fils ne me soit pas enlevé, et je supporterai le reste avec courage. »

Les personnes qui faisaient partie de la société de la reine n'étaient certes pas des conspirateurs, excepté le fougueux Labédoyère, qui en disait pourtant plus qu'il n'en faisait. Il ne s'y trouvait même pas des gens habiles en affaires, ce qui lui eût été très-nécessaire dans ce moment.

J'ai nommé ceux qui venaient le plus souvent; je dois y ajouter monsieur et madame de Saint-Aignan, monsieur et madame Alexandre de Girardin. Passé cela, tout le reste de ses connaissances était dispersé, ou ne venait plus souvent à Saint-Leu : une visite une fois faite, on ne reparaissait pas.

Le prince et la princesse Aldobrandini n'y vinrent qu'une seule fois; il est vrai qu'ils furent reçus *fraîchement*. La princesse avait été dotée et mariée par l'empereur, par suite de sa parenté avec la reine, dont elle était cousine issue de germain. Étant née Larochefoucault, sa mère était cousine germaine d'Alexandre de Beauharnais, père de la reine. Quelle fureur lui avait donc pris à elle? Dame du palais de l'impératrice Marie-Louise, bonne mère de famille, spirituelle Française! qui, si elle ne conservait pas de reconnaissance des bienfaits reçus, aurait dû au moins se souvenir de ce qu'elle se devait à elle-même!........ n'avait-elle pas été se montrer au bal donné à Saint-Cloud, dans ces mêmes salons où un souverain qu'elle devait bénir avait signé son contrat de mariage?... Hélas! il y avait foule et on dansait!.....

Et cet empereur Alexandre, qui était séduisant par nature, ne se faisait-il pas l'ami de la maison de l'impératrice Joséphine, quand il venait à la Malmaison et qu'il disait d'un air attristé: « Eh! bien, cela m'a fait de la » peine de voir là la princesse Aldobrandini! » Elle, parente de l'impératrice Joséphine, as- » sister au bal donné par un étranger dans le » palais de Saint-Cloud. »

C'est qu'il avait de l'élévation et de la délicatesse, cet empereur; c'est pourquoi il charmait tant.

Mais il faut être juste, il s'en est trouvé des femmes, belles, gracieuses, recherchées dans le monde, quoiqu'elles ne comptassent pas autant d'aïeux dans leurs familles, et qui ont su s'identifier à la douleur nationale et la respecter.

La duchesse de Bassano est restée fière et noble dans nos revers, ainsi que la duchesse de Rovigo. La duchesse de Frioul, la duchesse de Vicence, madame du Châtel, et mille autres que je pourrais citer, dans tout l'éclat de la beauté, de la jeunesse et des succès.

Elles ont senti qu'on ne pouvait séparer l'empereur Napoléon de la patrie.

Voilà donc ma pauvre reine sans conseils, sans soutiens, recevant de Vienne des lettres de son frère qui l'engageait à ne pas résister aux volontés de son mari, à faire le sacrifice de son fils, et qui devinait déjà tout ce que le bruit qui allait en résulter soulèverait de malveillance contre elle.

L'empereur Alexandre partageait les mêmes sentiments, il était du même avis. La reine, seule contre tous, se désole, pleure ; mais elle veut garder son fils, et elle est décidée à tout supporter pour cela. — « On dira du mal de
» moi, dit-elle : eh bien ! mes amis sauront
» que cela n'est pas vrai. Mais je ne sais même
» pas le nom d'un avocat, d'un homme d'af-

» faires qui puisse me guider dans cette triste
» circonstance ! En connais-tu, toi ? »

J'avais vu chez ma mère M. Bonnet, mais je n'osais prendre sur moi de déterminer le choix qu'elle pourrait faire de lui. Je proposai à la reine d'aller trouver M. de Sémonville, qui professait pour elle un grand dévouement. Comme il était président de la chambre des pairs, il connaissait les lois, et ses conseils pouvaient être aveuglément suivis. La reine y consentit. J'ignore encore si, bien innocemment, je ne la jetai pas dans un guépier, mais mes intentions étaient bonnes. Je courus donc à Paris. J'arrivai au Luxembourg, et je fus reçue à merveille par M. de Sémonville. « Cette
» intéressante princesse, me dit-il : qui ne
» serait heureux de la servir ? » Nous cherchâmes ensemble les avocats qu'il fallait prendre, la manière de les engager, ceux qu'il ne fallait avoir que comme consultants, etc. Et, comme j'avais carte blanche pour approuver tout ce que proposerait M. de Sémonville, j'amenai de la meilleure foi du monde à la reine tout ce qui se trouvait de plus ennemi de son nom, et cela sans m'en douter, ni elle non plus. Mon conseil peut-être avait trouvé que c'était le meilleur moyen de réussir. Tout

aussi ignorante que la reine sur les antécédents de MM. Bellard, Chauveau-Lagarde, Bonnet, Laborie, ce ne fut que long-temps après que nous apprîmes ce qu'ils avaient été. Mais une fois pris il fallut bien les garder. Il faut vraiment se rappeler l'âge que la reine avait alors, son inexpérience, la haute position où elle avait été placée, et le complet éloignement des affaires où l'empereur tenait avec intention toutes les femmes de sa famille, pour concevoir son ignorance sur tous les intérêts matériels de ce monde. Habituée à protéger toujours, elle ne savait pas où chercher les moyens de défense dont elle se trouvait avoir besoin.

J'eus à cette époque de bien vives angoisses pour ma mère; elle tomba dangereusement malade; j'accourus à Paris pour la soigner. Je faillis la perdre, et je ne pus retourner à Saint-Leu de quelque temps. Pendant sa convalescence, je vis chez elle plusieurs de ses amis, entre autres un vieux M. Belair, qui avait été autrefois simple gentilhomme de la chambre du roi, et qui avait repris son habit et son service avec amour et bonheur.

Si je fusse restée à Saint-Leu, je ne me serais jamais doutée que nos innocentes occupations pussent effrayer qui que ce fût. J'appris par M. Belair et par d'autres les bruits qu'on faisait courir sur la reine, sur son séjour à Saint-Leu. J'avais beau dire le peu de monde qu'elle recevait et nommer tous ceux qui y venaient, on ne me croyait pas. C'étaient, disait-on, tous les anciens ministres de l'empereur, tous les anciens conseillers d'état, qui, par parenthèse, n'y mirent jamais le pied. N'importe, les espionnages qu'on s'était cru obligé d'envoyer là avaient besoin de justifier de leur utilité, et pour cela donnaient l'assurance d'un grand complot. Et il fallait des noms marquants. Quels étaient les agents employés par la police d'alors? des chouans qu'on avait fait venir et qu'on avait enrégimentés. Ainsi, sans que la reine s'en doutât, sa tranquille demeure, l'asile de ses enfants, était entourée de ces assassins de diligences, des ennemis naturels de leur nom. Ses enfants, qui sortaient toujours conduits seulement par leur vieux et bon abbé Bertrand, qui allaient sans suite visiter les chaumières, secourir les infortunés; ces chers enfants se trouvaient sans cesse à la merci de pareils bandits! C'était un danger réel; la reine le sentit.

Elle m'avait toujours dit qu'elle devait une visite à Louis XVIII, puisqu'il lui avait permis de rester en France, qu'il avait signé le traité du 11 avril et les lettres-patentes du duché de Saint-Leu. « Je me donnerais un tort
» de ne pas lui faire une visite de remer-
» ciements, et, dans ce moment, elle devient
» nécessaire à ma sécurité. Ceux qui inven-
» tent sur moi de pareils contes, c'est qu'ils
» croient faire plaisir à la cour, dont ils me
» supposent l'ennemie acharnée. Quand on
» saura que j'ai vu le roi, ils n'oseront plus
» parler ainsi et je serai oubliée. D'ailleurs
» cette démarche prouvera à la famille des
» Bourbons que, si j'avais voulu intriguer
» contre eux, je ne serais pas restée en France
» à leur merci, et que, puisque je me décide
» à les voir, c'est que je suis incapable de leur
» nuire. — Et l'empereur de Russie, madame,
» qui a été si mécontent du peu de grâce qu'on
» a mis envers vous, et qui m'a expressément
» chargée de vous le dire en me remettant les
» lettres-patentes, vous ne suivez guère son
» conseil. Il m'a dit positivement : *Dites à la*
» *reine qu'elle ne fasse aucune démarche, au-*
» *cuns remerciements. Ils ne la recevraient*
» *pas convenablement; ils n'ont pas eu la no-*

» *blesse d'être ce qu'ils devraient être pour elle.*
» Ce sont ses propres expressions, que je me
» rappelle très-bien, madame.

» — Tu sais que je ne suis jamais aveuglément
» les conseils de personne (et cela était bien
» vrai); je n'ai qu'un seul conseiller, ma con-
» science : fais-je bien, ou fais-je mal? Lors-
» que j'ai pu me dire: je fais bien, tout ce qui
» peut en résulter me devient égal; ou du
» moins j'ai la force d'en supporter les consé-
» quences. Dans cette circonstance, c'est l'em-
» pereur de Russie qui s'est intéressé à moi,
» qui m'a arrangé un sort en France que je
» n'eusse pas accepté sans ma triste position
» particulière, sans l'amour de ma patrie, sans
» les désirs de ma mère!.... Mais c'est du roi
» de France dont l'empereur de Russie a usé
» pour m'être utile, de gré ou de force, cela ne
» me regarde pas. C'est lui qui a signé l'engage-
» ment de me conserver en France, c'est donc
» lui que je dois remercier. Je ne veux jamais
» me donner l'apparence d'un tort vis-à-vis de
» qui que ce soit, et je ne trouve pas les con-
» seils de l'empereur de Russie conséquents.
» C'est lui qui me fait contracter des obliga-
» tions, et qui ne veut pas que j'en remercie.
» Il craint que je ne sois pas reçue convena-

» blement. Que m'importe? s'il y a la plus
» petite inconvenance, je me retire, et ce ne
» sera plus moi qui aurai tort, mais bien ceux
» que je voulais remercier et qui auraient
» cherché à me manquer. »

La reine étant une fois décidée, elle fit demander une audience particulière au roi, et l'obtint à l'instant. Je l'accompagnai aux Tuileries et je restai à l'attendre. Elle entra seule dans ce cabinet du roi, naguère celui de l'empereur. C'était le même. En retrouvant tout ce qu'elle avait vu autrefois dans les mêmes lieux, hors celui qu'elle regardait comme son père, et à sa place celui qui était son ennemi, le cœur dut lui battre fortement; car moi, qui n'allais pas à la cour, j'étais émue plus que je ne puis l'exprimer. Pendant que j'attendais, je fus accablée de politesses par tous les messieurs qui étaient là. Je ne connaissais que M. de Bongars, qui était écuyer de service et qui venait habituellement depuis longtemps chez la reine ; mais, pour rendre justice à chacun, je dois dire que tout ce que je voyais là était d'une galanterie achevée. Je me disais : de notre temps les hommes n'étaient pas si galants, ni si occupés des dames. Il est vrai qu'ils avaient aussi autre chose à faire. Quand la reine reparut, toutes les politesses se portèrent vers elle, on l'entoura. — « Eh bien ! madame, lui dit le duc de Grammont, avez-vous été contente de notre roi? » — « Extrêmement, » dit la reine; et tous les visages s'épanouirent, tout le monde se précipita pour la reconduire jusqu'à sa voiture.

Lorsque je m'y retrouvai avec elle, je m'informai bien vite si elle avait été réellement contente du roi : « On ne peut pas plus, » répondit-elle. «Il a été excessivement poli, galant
» même pour moi. Il était fort embarrassé d'a-
» bord; j'ai dû lui parler la première; mais quand
» on n'a qu'un remerciement à faire, rien
» n'est plus facile. Il m'a fait l'effet d'un bon
» homme. » — « Pourtant, madame, il a la
» réputation d'être bien faux. » — « On me
» l'avait dit ainsi, et je n'ai pas trouvé qu'il en
» eût l'air; au contraire, c'est peut-être qu'un
» homme âgé, infirme, inspire toujours de
» l'intérêt quand il prend l'air paternel. C'est
» peut-être son air d'embarras qui m'a mis
» de suite à mon aise; mais je m'y suis sentie
» beaucoup plus qu'avec l'empereur Napoléon.
» Cela n'est pas étonnant, la grandeur per-
» sonnelle impose à tout le monde, et même
» à moi, qui étais sa fille. Je n'osais jamais lui

» parler que quand il m'adressait la parole.
» Tout en causant avec le roi, il m'a paru
» pourtant qu'il désirait m'insinuer de faire
» une visite à la duchesse d'Angoulême. C'est
» sans doute une personne respectable, inté-
» ressante; mais je n'ai aucune raison pour y
» aller. Je ne devais qu'une politesse au sou-
» verain reconnu par le pays que j'habite, et
» je lui ai bien manifesté mes intentions de
» retraite absolue. Quand il m'a parlé du plai-
» sir qu'il aurait à me revoir, je lui ai répondu
» que je ne me regardais plus comme faisant
» partie de ce monde, et que la retraite la plus
» grande était tout ce qui me convenait. Il
» m'a parlé aussi de ma mère, de mon frère,
» dont il a fait l'éloge avec amabilité ; mais on
» dit sa famille si remplie de haine contre tout
» ce qui tient à l'empire, que je ne ferai cer-
» tainement aucune démarche auprès d'elle. »

Il est vrai que tout ce qu'on disait sur cette haine n'était pas rassurant : à part les choses les plus sérieuses, on avait raconté à la reine que tous les ouvriers qui étaient brevetés par l'empereur ou par les princesses, et qui avaient à cet effet leurs armes pour enseignes, avaient sollicité la même grâce de madame la duchesse d'Angoulême. On lui avait apporté ces armes aux Tuileries pour qu'elle puisse juger de ce qu'on réclamait de la bonté des nouveaux souverains.

Les rires, les plaisanteries avaient été sans fin chez la duchesse d'Angoulême : sans doute on trouvait bien ridicule que des parvenus osassent prendre des armes, et, qui plus est, un aigle, un lion, et surtout une couronne impériale et royale. C'était pénible certainement pour celles qui avaient des lis. Mais après une révolution comme la nôtre, cela n'était pas risible. Aussi, lorsqu'on avait raconté ces rires à la reine, elle me dit :

— « C'est non-seulement de mauvais goût,
» mais cela montre qu'on n'a pas étudié les nou-
» velles institutions du pays, et qu'on croit le
» trouver comme on l'a laissé ; il faudra bien
» que l'on s'habitue à l'émancipation de la
» France, si l'on veut y régner. »

Cela me rappelle une autre histoire qu'on racontait dans ce même temps : toute la nouvelle noblesse de l'empire avait pris des armes où il y avait des plumes.

On assure que madame de Serrant, dame d'honneur de la duchesse d'Angoulême, avait trouvé un expédient ingénieux pour éclairer les sympathies de la princesse, afin de l'aider à distinguer, parmi les dames qu'elle lui présentait, celles qui méritaient un froid salut de celles qui étaient des naturelles du pays de cour. Au nom de chaque dame de l'empire, elle ajoutait tout bas, dans l'oreille de la princesse, *à plume*. Ce nom de *madame à plume* restait comme un sobriquet à la nouvelle noblesse.

Toutes les personnes de la société de la reine vinrent s'informer avec intérêt si elle était satisfaite de la démarche qu'elle venait de faire, et qui avait dû tant lui coûter. Elle affirma ce qu'elle m'avait dit, qu'il était impossible d'être plus aimable que Louis XVIII ne l'avait été pour elle. « Eh bien, » s'écrièrent plusieurs personnes qui étaient des plus virulentes dans leur opposition, « s'il est franchement bon pour » vous, s'il est loyal, s'il veut réellement res- » sembler un peu à son aïeul Henri IV, il nous » ramènera à lui. »

M. Alexandre de Girardin, qui était présent, dit à la reine que le duc de Berri avait un grand désir de la connaître, et qu'il lui avait même demandé si elle avait l'intention de faire une visite à toute la famille, car alors il serait heureux de venir chez elle. La reine lui répondit : « Maintenant, la retraite est « tout ce qui me convient. »

En effet, elle était retournée tout de suite à Saint-Leu.

La voilà de nouveau croyant du moins avoir assuré par cette démarche la tranquillité à laquelle elle aspire; elle ne voit plus de raison qui permette qu'on l'attaque, et elle a bien assez de ses tourments particuliers pour l'occuper, sans croire qu'on puisse encore la supposer capable de fomenter des révolutions en France. Mais qui croirait que cette démarche dont elle attend du calme va produire tout le contraire, et qu'elle va avoir, ameutées contre elle, les jalousies excitées par les éloges que le roi fera d'elle?

Cette crainte qu'elle inspire lui sera encore plus funeste; c'était bien assez de la haine que lui avaient attirée les égards de l'empereur de Russie; c'est encore plus sérieux cette fois-ci. N'est-on pas assez fou pour supposer qu'elle pourrait avoir quelque ascendant sur Louis XVIII? Il faut avoir vu cela de ses propres yeux, avoir suivi tous les détours de ce labyrinthe de vanités, de craintes, de turpitudes qui entourera la reine, pour se faire une juste idée de tout ce qui va l'assaillir dans cette patrie qu'elle aime tant, où elle n'a fait que du bien, et où elle reste isolée comme une brebis au milieu des loups.

Je retournai voir M. de Sémonville. « Ah! me » dit-il, vous savez la nouvelle ! votre reine a » tourné la tête au roi Louis XVIII; il ne parle » que d'elle; il est enchanté de son esprit, de » son tact, de toutes ses manières, enfin on le » plaisante au château. *Arrangez le divorce,* » lui dit-on dans sa famille, *et épousez-la,* » *puisque vous la trouvez si charmante !* »

Boutiaquin vint en toute hâte chez moi me conter ce qui s'était passé à l'audience de la ville au matin. Le roi avait interpellé tout haut M. Pozzo di Borgo, et lui avait dit : « J'ai » vu la duchesse de Saint-Leu avec grand plai- » sir; elle est charmante ! » M. Pozzo avait appuyé sur cet éloge, et Boutiaquin, qui en était enchanté, était bien vite venu me conter ces paroles bienveillantes. Il n'était pas jusqu'à mon vieil ami M. Belair qui n'eût appris à la cour que la reine Hortense avait eu le plus grand succès auprès du roi Louis XVIII.

Mais voilà madame Campan qui arrive à Saint-Leu, et qui vient à son tour donner aussi son avis sur ce *succès* si prodigieux. « Il faut que vous sachiez toute la vérité, dit-elle à la reine. Un gentilhomme de la chambre (qu'elle nomma, mais dont j'ai oublié le nom) était au coucher du roi; c'est un de mes anciens amis, ajouta-t-elle, et voici la conversation qu'il a entendue. « Le roi fit un éloge complet de vous : *Je m'y connais, disait-il, et je n'ai pas vu de femme qui réunisse à tant de grâce des manières aussi distinguées.* Chacun écoutait en silence. — « *Oui*, reprit M. le duc de Duras, c'est une personne que tout le monde s'accorde *à trouver charmante; mais il est bien malheureux et peut-être bien à craindre qu'elle ne soit entourée que de gens connus pour être les ennemis acharnés de votre Majesté.* » Il se tut. Le roi ne dit pas un mot et congédia tout le monde. Soyez donc bien prudente, mon cher ange, continua madame Campan! il n'y a rien de plus dangereux que d'être vanté par les rois lorsqu'ils n'ont aucune raison de nous soutenir; ils suscitent des ennemis par la jalousie qu'ils font naître, et rarement ils s'occupent de nous défendre contre ceux dont ils nous ont attiré l'animosité; je sais mieux que personne quel talent ont les ennemis de cour, et je ne saurais trop vous supplier de vous en garantir. » — « Vous avez peut-être raison, » Madame; mais que puis-je craindre d'eux? » je n'ai envie ni de le supplanter, ni de le

» voir. Je le défie de trouver dans ma conduite
» un point où leur calomnie puisse m'atteindre,
» et ce qui n'est pas vrai tombe facilement. »

La reine ne pouvait comprendre la haine ; et madame Campan avait raison, il n'y a pas de conduite si pure qui puisse en garantir. Mais que fallait-il faire ? Malgré sa raison, son esprit calme, mésuré, elle dut y renoncer ; la lutte était trop forte. Je raconterai en détail toutes les plus petites choses qu'elle a mises en usage pour rassurer sur elle sans y parvenir. « Engage de ma part, me dit-elle un jour, le » bon ménage de Boufflers à venir me voir à » Saint-Leu. J'espère qu'on n'ira pas jusqu'à » prendre ces bons vieux pour des conspira- » teurs. » J'avais déjà écrit à madame de Boufflers, et j'avais reçu des lettres d'elle ; les sentiments du mari et de la femme y sont si bien exprimés, et ils leur font trop d'honneur, surtout à cause du moment où ils parlent de leur reconnaissance, pour que je ne place pas ici les trois lettres que je reçus d'eux à différentes dates.

« Ce 18 août 1814.

» Il est temps, plus que temps, chère belle, de nous rappeler, par votre souvenir, au souvenir de notre trop aimable duchesse. Nous n'avons pas cessé un moment de penser à elle, et c'est uniquement par discrétion si nous ne lui avons pas demandé encore la permission d'aller nous-mêmes lui présenter tous nos hommages à Saint-Leu. Elle ne sortira pas plus de notre mémoire que de notre cœur, et, jusqu'à la mort, je me ressouviendrai de la grâce et de la sensibilité avec laquelle elle a bien voulu adoucir toutes mes inquiétudes et toutes mes peines. Dites-le-lui bien, je vous en prie, et jamais vous ne pourrez le lui dire comme je le sens. »

MONSIEUR DE BOUFLERS A MADEMOISELLE COCHELET, DANS LA MÊME LETTRE.

« Madame de Bouflers, à qui l'idée de la charmante duchesse et de son aimable amie fait tout oublier, ne songe pas seulement à vous dire que j'ai été, que je suis sérieusement malade; que depuis plus de cent nuits j'en ai à peine dormi la valeur d'une; que je ne respirais plus; que j'avais les jambes enflées, la parole embarrassée, et, par-dessus tout cela, le chagrin d'être à la médecine pour toute nourriture. Que de nouveautés pour moi, chère demoiselle ; et depuis combien de temps cela dure, sans que l'habitude même puisse m'y accoutumer! Au reste, je sens qu'une bonne petite visite à Saint-Leu sera pour moi une vraie prise de contre-poison. Elle ne sait pas, elle ne saura jamais, cette divine bienfaitrice, tout ce qu'elle est pour nous !

» Puisse-t-elle savoir au moins qu'elle n'a pas semé en terre ingrate, et que, ma femme et moi, nous avons reçu de la nature de quoi sentir ce charme indéfinissable qui se mêle à toutes les actions, à toutes les paroles, aux moindres mouvements de madame la duchesse, et qui fait de sa bonté une grâce de plus.

» Ne nous oubliez pas, chère demoiselle, et daignez annoncer mon beau-fils qui brûle de se jeter aux pieds de sa libératrice.

» Adieu donc; nous ne vous disons pas combien nous vous aimons, parce que nous n'en dirons jamais assez. B. »

LETTRE DE MADAME DE BOUFLERS A MADEMOISELLE COCHELET.

« Cejourd'hui 25 octobre 1814.

» Nous ne recevons qu'à présent votre lettre du 13, chère belle, à soixante lieues de vous, et vous devez juger de nos regrets, parce que cette absence nous coûte : nous aurions été bien heureux de pouvoir nous rendre à l'aimable invitation de la plus aimable duchesse. Nous ne cessions de désirer le moment où nous pourrions la voir et lui porter les assurances de tout l'intérêt qu'elle inspire, et de tous les sentiments de reconnaissance et d'attachement qu'elle fait si bien faire éprouver, et que nous lui devons à tant d'égards. Faites-lui toutes nos excuses, chère bonne et belle : parlez-lui de tous nos regrets; elle n'en doutera pas si elle rend justice à des sentiments qui n'auront de fin que notre vie. Nous n'aurons rien de plus pressé à notre retour que de solliciter un dédommagement, soit à Paris, si elle y est revenue, soit à Saint-Leu, si elle y est encore. Dans huit ou dix jours à peu près nous serons à Paris; ne nous oubliez pas d'ici là, et puissiez-vous nous aimer comme nous vous aimons. B. »

MADAME DE BOUFLERS A MADEMOISELLE COCHELET.

« Sans doute, très-aimable, vous vous doutez bien des raisons qui nous privent du plaisir d'aller voir notre intéressante et bien chère duchesse. L'état déplorable de M. de Bouflers en est la seule cause. Depuis plusieurs mois il souffre, il languit, et s'affaiblit à faire peur. La semaine dernière surtout le mal avait fait des progrès effrayans. Aujourd'hui il est mieux; il a passé une nuit tranquille, et l'espérance me donne la force de vous écrire. Si vous aviez quelques moments à perdre, vous seriez bien aimable de nous procurer le plaisir de vous voir; car le moyen de vous aller chercher, de quelque temps, ne nous est pas donné, et c'est une bien grande privation pour nous. Mon fils aussi s'était flatté d'aller porter ses hommages à l'aimable duchesse, à qui nous avons dû tant et tant d'adoucissements dans des jours si déplorables. Le jour pris, notre pauvre Bouflers était si mal qu'il n'a pu nous quitter. Mon fils avait écrit à M. Després (1) pour le prier d'en témoigner tous ses regrets. J'espère qu'il aura reçu sa lettre, et qu'il lui sera permis de s'en dédommager dans des moments plus heureux.

» Nous avons appris toutes les tribulations de cette adorable personne; nous faisons des vœux bien sincères pour qu'il lui soit accordé ce qu'elle demande, et nous comptons sur vo-

(1) Secrétaire de la reine.

tre amitié pour nous faire part des bonnes nouvelles qui seront le résultat de ce que nous espérons. Adieu, ma belle, aimez-nous un peu, parce que nous vous aimons beaucoup.

» B. »

Dans la même lettre.

« Mon cœur a tressailli à la vue de votre écriture, bonne et chère demoiselle; elle me rappelle à la fois tant et tant de choses, dont les unes seraient bonnes à oublier, et les autres ne s'oublieront jamais ! de ces dernières sont les bontés, les grâces, l'esprit de celle que vous admirez comme moi, et que j'ose presque aimer comme vous ! Ne croyez pas non plus, chère Cochelet, que vous ne soyez pas toujours présente à ma pensée; cette bonne petite chambre où je vous ai si souvent entretenue de mes longs chagrins, et où vous n'étiez jamais plus aimable pour moi que quand j'étais plus triste avec vous; ces conversations si douces qui me faisaient oublier toutes les amertumes dont je m'abreuvais, cet empressement, cette exactitude à vous charger et à vous acquitter de mes tristes commissions, et à me rapporter toujours des réponses consolantes..... Voyez après cela, chère Cochelet, si je n'aurai pas toujours raison de vous aimer à la folie.   B. »

XII.

Existence de la reine à Saint-Leu. — La maison de J.-J. Rousseau. — Les habitués de la maison. — MM. de Lascours. — De Latour-Maubourg. — De Colbert. — Durosnel. — Cadet de Vaux. — M. le comte Molé et M. Sosthène Larochefoucault. — Deux partis en présence. — Un Villarsau du temps de Louis XIV. — La reine justifie M. Sosthène. — Un drapeau pour un autre. — M. de Lavallette et le petit Poucet. — Nos adieux aux sœurs de Charité. — Les Anglais chez la reine Hortense. — Salon de madame de Girardin. — Le salon de la reine et MM. de Forbin, Philippe de Ségur, Delagrange et de Broglie. — Madame Gazani. — Les belles duchesses. — Lord et lady Kinair. — Lettre de la princesse Walkonski.

La vie uniforme que menait la reine à Saint-Leu aurait dû cependant tranquilliser sur son compte. Lorsque sa santé le lui permettait, elle montait à cheval avec son fils aîné : tantôt elle allait visiter la maison de J.-J. Rousseau, tantôt les autres endroits agréables dans les environs, et souvent elle payait un peu de fatigue ou un petit surcroît de tourment en passant deux ou trois jours malade dans son lit.

C'étaient toujours à peu près les mêmes personnes qui venaient la voir à Saint-Leu, MM. de Lascours, de Latour-Maubourg, de Colbert, une fois M. Durosnel. M. Cadet-Devaux venait aussi recommencer encore ses expériences des bouillons d'os. La reine, malgré la perte de sa fortune, avait toujours conservé son institution de charité, dans l'espérance qu'on lui rendrait au moins ce qu'on lui avait promis par les traités; et ses réductions sur ses actes de bienfaisance étaient celles auxquelles elle ne voulait se résigner qu'à la dernière extrémité.

Un jour que M. Molé était venu faire une visite à Saint-Leu, on annonça un instant après M. Sosthène de Larochefoucault. M. Molé ayant été un des plus favorisés par l'empereur, ces deux messieurs devaient donc, par la vivacité de leurs opinions, personnifier les deux partis auxquels ils appartenaient. A cette époque, il y avait dans le parti bourbonniste une telle horreur pour tous ceux qui avaient été ministres de l'empereur, que la mine de M. Sosthène me parut comique à observer. Ces messieurs se rencontrèrent pour la première fois, et le grave magistrat ne perdait rien de son air distingué et fier à côté de M. Sosthène, qui me semblait un Villars au du temps de Louis XIV.

Au reste le bon ton de ces messieurs, et le tact de la maîtresse de la maison, firent que la gêne de se voir si près l'un de l'autre fut tout ce qu'on put observer de la diversité de leurs opinions. Il n'en eût peut-être pas été de même si M. de Labédoyère, par exemple, se fût trouvé là. Il était tranchant et montrait son inimitié sans détour. Il ne pouvait pardonner à M. Sosthène d'avoir fait disparaître la statue de la colonne de la place Vendôme, et ce qui semblera une chose assez curieuse, c'est que la reine le défendait. — « M. de La-
» rochefoucault n'a jamais servi l'empereur,
» et nous ne pouvons accuser de trahison que
» ceux qui, après avoir été comblés de ses
» bienfaits, l'ont ensuite lâchement aban-
» donné. Lui, il a été toujours franchement
» royaliste; ce n'est pas sa faute si sa cause
» s'est trouvée être tellement celle des étran-
» gers que chacun de nos trophées sur eux
» leur devenait un objet de haine. C'est un
» reproche qu'on peut faire à tout son parti. »
« — Mais, madame, comment ose-t-il venir

» chez vous? — « Je m'en vais vous le dire,
» répondit la reine. Je l'ai vu à Aix, à une
» époque bien pénible de ma vie. Il était avec
» sa femme, et l'un et l'autre ils m'ont mon-
» tré un touchant intérêt dans le moment où
» je perdais une fidèle amie !...... Depuis,
» M. de Larochefoucault, tout en ne me ca-
» chant pas qu'il avait été élevé dans la reli-
» gion de la légitimité, a pourtant cherché
» à m'être utile. Lors de la prise de Paris, il
» s'est informé de moi, dans l'intention de
» veiller à ma sûreté, et j'en ai été recon-
» naissante. En venant me voir après les évé-
» nements, il m'a expliqué, avec de bonnes ou
» de mauvaises raisons, le but de sa con-
» duite.

» Les alliés, près desquels les royalistes ré-
» clamaient le retour des Bourbons, leur ré-
» pondaient : *Qu'on se prononce, que le peu-*
» *ple prouve qu'il veut changer de dynastie ;*
» *ce n'est pas à nous à en imposer une à la*
» *France.* C'est alors que M. Sosthène dut,
» dans l'intérêt de son parti, payer avec de
» l'argent cette démonstration, et non pas
» agir lui-même, quoiqu'on lui ait imputé
» cette action. C'était ôter un drapeau pour
» en placer un autre. Voilà ce qu'il a cru

» faire, et en cela il ne trahissait pas ; il n'y a
» de traître que celui qui livre son pays et
» parjure ses serments. Ce qu'il a fait, lui,
» qui ne devait rien à l'empereur, continua la
» reine, prouve qu'il est franchement d'une
» cause ennemie de la mienne, mais ne
» prouve pas un malhonnête homme. Je me
» suis fait une loi de ne repousser que les mal-
» honnêtes gens ; et puisqu'on dit que nous
» conspirons ici, je suis au contraire bien aise
» qu'une personne à laquelle je crois de la
» probité, et qui est aussi dévouée au gouver-
» nement, puisse juger combien sont faux tous
» les bruits absurdes qu'on fait courir sur
» mon séjour ici. J'y tiens d'autant plus, qu'il
» ne s'agit pas seulement de ma tranquillité,
» mais de celle de tous ceux qui veulent bien
» encore venir chez moi. »

Dans tout ce que faisait la reine, il y avait toujours une bonne intention ; mais, par une fatalité qui semblait s'attacher à elle, la médisance n'en allait pas moins son train. Elle sentit qu'il n'y avait plus moyen d'habiter la campagne, une retraite aussi profonde la mettait trop à la merci des espions subalternes. D'ailleurs, la triste discussion qui se continuait pour son fils l'obligeait de quitter

Saint-Leu. Elle renonça donc à son projet de s'y établir définitivement.

« On verra mieux à Paris ce que je ferai, me » dit-elle : la raison est de savoir se plier aux » circonstances. »

Elle fixa le 16 novembre pour aller avec ses enfants habiter son hôtel de Paris.

M. de Lavalette, qui était avec nous à Saint-Leu, y passa les derniers jours que nous y restâmes. Conçoit-on qu'il nous proposa de lire le *Petit-Poucet* et *Peau-d'Ane*, que nous ne connaissions que par les récits de nos bonnes? Nous en rîmes comme des enfants ; voilà quelles étaient nos redoutables conspirations !

Le 15 novembre était le jour de la fête de la reine. Nous voulûmes la fêter, et, pour y réussir, il fallait que les enfants en fussent. M. Després leur composa un petit proverbe qu'ils apprirent par cœur et qu'ils dirent avec beaucoup d'intelligence. Il fit aussi une ronde pour nous que devaient apprendre le matin même madame Riouf, la duchesse de Frioul, et MM. de Lavalette, de Labédoyère, de Flahaut, de Canouville ; à cet effet, nous laissâmes la reine toute seule pendant cette longue journée. Elle se douta bien qu'on s'occupait de sa fête, et quand tout fut fini, elle nous

dit : « Je vous en prie, une autre fois mettez-
» moi parmi ceux qui préparent la surprise ;
» car, pour m'en faire jouir, vous avez com-
» mencé par me mettre en pénitence : j'ai passé
» la journée entière toute seule ; je ne veux
» plus être fêtée ainsi. »

J'allai le lendemain dire adieu aux sœurs de Charité ; je menai les enfants avec moi, et je les conduisis ensuite dans l'église de Saint-Leu, où reposait leur frère mort en Hollande. Tandis qu'ils joignaient leurs mains innocentes et que leurs âmes pures s'élevaient vers Dieu, sans comprendre cette pensée de la mort révélée par le marbre noir sur lequel ils s'agenouillaient, je demandais à Dieu de les sauver de tout malheur dans cette ville immense où nous allions nous retrouver, et où leurs amis n'osaient plus se montrer.

Aussitôt qu'on sut la reine à Paris, une foule d'Anglais se pressa pour demander l'honneur de lui être présenté. Elle ne voulait recevoir personne, et s'en tint au petit nombre de ses anciennes connaissances qui, s'étant donné la peine de faire souvent dix lieues pour aller la chercher à Saint-Leu, méritaient bien de ne pas être exclues de son salon de Paris. La distance étant moins grande et plus facilement franchie, ils finirent par prendre l'habitude de venir passer presque toutes leurs soirées chez la reine. Malheureusement, pendant son séjour à la campagne, ils avaient contracté dans la capitale d'autres habitudes qu'il fallut rompre, ce qui fut fâcheux pour bien du monde, surtout pour la reine.

C'était chez madame de Girardin que nos messieurs allaient le plus ordinairement le soir. On causait là entre amis à cœur ouvert; et les amis de madame de Girardin, qui n'étaient pas trop d'accord avec les amis de Monsieur, se trouvaient entraînés par un attrait indéfinissable à revenir tous les jours se disputer ensemble.

C'était bien plus piquant, bien plus amusant de faire de jolies minauderies au beau Labédoyère, au beau Flahaut, que de rester chez de grands parents à discourir avec de vieux voltigeurs sur l'inopportunité de la liberté de la presse; et puis c'eût été un beau succès que de ramener des caractères récalcitrants, de rendre bourbonnistes enfin ceux d'assez mauvais goût pour rester encore bonapartistes. Erreur pardonnable pour le peuple, mais pour des gens bien élevés cela n'avait pas le sens commun. Ce que plusieurs séduisantes dames du noble faubourg avaient déjà tenté, celles qui fréquentaient le salon de madame de Girardin l'essayèrent. Elles savaient très-bien que l'amour peut amener de grands changements en politique, et mettaient tous leurs moyens de séduction en usage, ayant du reste tout ce qu'il fallait pour réussir.

Réunis autour d'une table ronde, on faisait des caricatures, on allait même, tout en plaisantant, jusqu'à faire celle de Louis XVIII ; on causait avec animation; et quand M. de Labédoyère s'approchait de madame Alfred de Noailles, et lui disait avec malice : « Est-ce que vous ne craignez pas de voir arriver le moment où tous vos amis paieront de leur tête tout ce qui se passe d'absurde et d'anti-français aujourd'hui ? » avec tout l'esprit qui la caractérise, madame Alfred répondait : » Vous êtes un jacobin, et Louis XVIII vous fera couper le cou. » On se disputait, on se raccommodait, et on se quittait en riant. Le matin, ces dames, qui voulaient ramener les bonnes manières d'autrefois, et à cet effet se mêler de la politique, s'écrivaient entre elles des billets doux ainsi conçus: « Empêchez donc votre ami de se prononcer pour la liberté de la presse, c'est une chose absurde; moi, je me charge de faire agir mon ami. » Et après avoir employé la journée à ces graves intrigues, on allait vite le soir essayer de séduire ce qui restait encore de pur et de fidèle au souvenir de l'empire. Et, sans s'en douter, probablement, on prenait un bien grand plaisir à exercer cette distinction, qui était toutefois pour l'amour de la religion, de la morale et de la légitimité.

Tel était l'état des choses quand nous arrivâmes à Paris. Aussitôt, le salon de madame de Girardin se trouva fermé, car elle vint aussi chez la reine, qui ne sortait jamais le soir, et qui se trouvait ainsi entourée de tous les hommes qui composaient cette société; ils quittèrent tous leurs habitudes pour revenir assidûment chez elle.

Jamais désappointement ne fut semblable à celui qu'éprouvèrent ces dames lorsqu'elles n'eurent plus le pouvoir de séduire, ni le plaisir de disputer avec de si aimables ennemis.

Aussi leur haine en retomba-t-elle avec plus de force sur l'innocente cause de ces changements. Lorsque j'apprenais quelque méchanceté, je m'écriais : « Que ne restait-elle à la campagne! Là, elle n'avait à craindre que des mouchards qui, pour gagner l'argent qu'on leur donnait, la représentaient sans doute comme formant des conspirations; mais son arrivée à Paris lui valut pire encore. Les propos les plus inconvenants et les plus haineux furent tenus sur elle par la fine fleur des salons de Paris et du petit château; toutes les belles désappointées y portaient leur fiel à l'envi l'une de l'autre. »

Le salon de la reine s'était augmenté de M. de Forbin, de M. Philippe de Ségur, M. de la Grange et de M. de Broglie. La duchesse de Bassano y venait souvent, mais sans son mari, qui n'y vint qu'une seule fois dans tout le courant de cette année, quoique bien des gens, même ceux qui se croient des historiens impartiaux, aient dit qu'il y conspirait tous les jours. Madame Gazani y venait aussi, et elle et la duchesse de Bassano étaient encore plus belles que jamais.

La duchesse de Raguse, qui s'était séparée de son mari, et qui avait bien fait, restait toujours dévouée à la reine, ainsi que la maréchale Ney, la duchesse de Frioul, et madame Desbassins. C'était encore une réunion fort remarquable que celle de toutes ces femmes belles et aimables, surtout lorsque la belle duchesse de Vicence quittait pour un jour la terre où son mari s'était exilé, et venait augmenter par sa présence le nombre de ces débris si distingués de l'empire. Toutes les personnes que je viens de nommer, sans oublier madame Dulauloy et la duchesse de Rovigo, formaient encore à cette époque la réunion la plus éclatante de beauté et de jeunesse qu'un salon peut contenir.

La reine me dit un jour qu'elle ne voulait plus résister aux pressantes demandes qu'on lui faisait de tous côtés pour lui présenter quelques Anglais distingués. « Quoiqu'il soit
» fort simple que je ne sois entourée que du
» petit nombre de gens attachés au souvenir
» de l'empire, je m'aperçois pourtant, disait-
» elle, que mon salon est trop exclusivement
» bonapartiste. J'empêche bien qu'on y parle
» politique, mais par la réunion des person-
» nes qui s'y trouvent, on pourrait croire
» vrai tout ce qu'on débite de ridicule sur
» nous.

» Les étrangers auront de l'impartialité; ils
» jugeront ce qui s'y passe; et il m'est néces-
» saire de chercher des défenseurs, puisque
» mes compatriotes m'accablent si cruelle-

» ment. » Alors, après un moment de silence, elle ajoutait, avec une émotion visible : « Moi.... qui, toute ma vie, n'ai eu qu'une » règle de conduite ! est-ce bien ? me disais-je, » je le ferai : est-ce mal ? je ne le ferai pas..... » à présent, me voilà obligée de calculer ce » qui est dans mon intérêt, ce qui prête plus » ou moins à la méchanceté. Cette manière » ne me va pas du tout, elle me fatigue ; je vois » bien que j'aurais eu raison de résister à l'at- » trait si grand de rester dans ma patrie ! Sans » croire possible ce qui m'arrive, j'avais un » pressentiment que tout n'y serait pas facile » pour moi. Enfin m'y voilà, il faut tâcher » de s'en tirer, je vais devenir politique, et » cela me paraîtra bien bizarre. »

Cette résolution une fois prise d'augmenter son cercle, il n'y eut plus qu'à faire un choix dans la foule empressée.

Ce fut la duchesse de Bassano qui présenta à la reine lord et lady Kinair ; madame Desbassins amena M. Bruce, qui était bien alors le plus charmant jeune homme qu'on puisse voir. Il avait une jolie figure, une tournure agréable et l'esprit le plus aimable. Il racontait son voyage en Syrie avec lady Stanhope, de la manière la plus attachante. M. Méjean, qui était alors à Paris, s'était rencontré dans une auberge avec M. Bruce, qui lui avait plu extrêmement. Il fut très-heureux de le retrouver dans le salon de la reine, et la conversation fut des plus animées sur le hasard des rencontres, sur la Syrie et sur la peste, que M. Bruce avait vue de bien près, puisqu'il avait soigné lady Stanhope qui l'avait eue.

Plus tard, dans l'hiver, d'autres Anglais arrivèrent dans le salon de la reine : ce furent lord et lady Charlemont, lady Sandwich, et madame Hope. Un soir lord William Russel y vint, porteur d'une lettre de sa belle-mère, la duchesse de Beford. C'était une ancienne amie de la reine; elles s'étaient connues et liées à Paris après la paix d'Amiens. Les Anglais avaient afflué alors, et la duchesse de Gordon avait été des premières à y venir avec sa fille, la belle Georgina, devenue duchesse de Bedfort. Son beau-fils fut donc reçu à merveille; et lorsqu'il vit cette table ronde avec des gravures, des livres; ce billard, ce piano, toujours ouvert, où les deux jeunes demoiselles Dellieux (qui venaient presque tous les soirs chez la fille de leur bienfaitrice, et qui chantaient comme des anges) se faisaient entendre, il dit à la reine : « J'oublie que je suis à Paris, madame, il me semble que vous avez adopté ici la manière de vivre de nos châteaux d'Angleterre. » — « C'est un compliment que vous » me faites » dit la reine « car je sais que vous » avez choisi le meilleur moyen de passer le » temps agréablement; et moi, qui ne veux » pas recevoir beaucoup de monde, je mène à » Paris la même vie occupée qu'à la cam- » pagne. »

Sans s'en douter, ces étrangers allaient encore par leurs éloges augmenter les haines qui se grossissaient chaque jour. Ils vantaient partout ce salon, si différent des autres. « Là, on sait s'occuper, disaient-ils, on a de l'esprit sans pédantisme, et l'on ne nous ennuie pas sans cesse de discussions sur la liberté de la presse »; et quand ils y rencontraient toutes les beautés que je viens de nommer plus haut, leur enchantement n'avait plus de bornes, et c'était autant de venin qui retombait sur la pauvre reine. Il est vrai qu'aux Tuileries les vieilles duchesses qui sortirent de leurs boîtes à cette époque avec leurs vieux visages et leurs vieilles toilettes, remplissaient la cour, et en absorbant tous les regards les distrayaient de ce qui pouvait encore s'y trouver de jeune, de joli; tandis que nos duchesses, toutes remarquables, n'y allaient pas et restaient encore fières de n'être vues sans contraste que dans le salon de la reine Hortense.

M. Boutikim était aussi du nombre des étrangers qui avaient la permission de venir le soir. J'ai reçu pour lui plusieurs lettres de la princesse Wolkonski, entre autres une par laquelle elle me priait de présenter à la reine une dame russe qui avait épousé un Français, fort lié avec M. de Blacas. La voici.

» Londres, ce 16 28 juin 1814.

» D'après l'amitié qui nous lie, je me fais un plaisir, chère amie, de vous procurer une connaissance agréable et à laquelle votre aimable obligeance peut être d'un grand secours. Je vous ai déjà parlé de madame de Laval et de son projet de venir en France; elle est, comme je vous l'ai dit, la sœur de la belle-mère de Zénaïde (1), et très liée avec cette dernière depuis sa plus tendre enfance. Madame de Laval a beaucoup d'esprit, d'imagination, et avec cela est très-bonne femme, bonne amie. Je la connais particulièrement depuis que je suis liée de parenté avec Zénaïde,

---

(1) Zénaïde Wolkonski belle-sœur de la princesse Sophie.

et je n'ai qu'à m'en louer. Son mari a un esprit tout à fait hors du commun, instruction, amabilité, il réunit ces avantages au mérite d'un honnête homme; vous en serez sûrement contente.

» Il a écrit à merveille, elle aussi; mais lui, comme Français, a encore plus de facilité. Je vous prie, comme amie, de faire pour eux tout ce qui vous est possible et d'en parler à votre intéressante amie (1). Ils m'ont *eux-mêmes* demandé une lettre pour vous. Je n'ai pas besoin de vous ajouter rien de plus; connaissant votre cœur, je ne doute pas de vos soins. J'oubliais de vous dire que M. de Laval est chambellan de notre empereur et chef d'un institut de gentilshommes élevés pour la marine; comme ils ne viennent qu'au mois de septembre, cette lettre sera un peu vieille; car ils ne vous l'enverront qu'à leur arrivée à Paris.

» Je ne puis vous dire combien l'idée de ne pas vous trouver à Paris diminue le plaisir que j'aurai à y aller. Nous y passons huit jours, et je compte vous écrire de là une lettre qui vous arrivera avant celle-ci. Toute à vous. »

---

(1) La reine.

Un ancien émigré français, ami de M. de Blacas, c'était du pain bénit pour une personne qui désirait qu'on pût juger de ce qui se passait dans son salon; aussi, M. et madame de Laval furent-ils fort bien reçus. Mais tout cela ne faisait rien : les clabauderies avaient leur cours.

Un jour, MM. de Labédoyère et de Flahaut arrivèrent chez la reine sans leurs croix de la Légion-d'Honneur; elle s'en aperçut, et leur demanda pourquoi ils n'avaient plus un ordre qu'ils avaient si bien gagné? « Peut-on porter une distinction d'honneur sur sa poitrine, dit Labédoyère avec feu, lorsqu'on vient de la donner à un nom comme celui de Georges Cadoudal? un assassin ! Qu'on le fasse noble, qu'on encanaille ainsi la noblesse, c'est leur affaire; mais la croix d'honneur! on la souille, et je ne la porte plus. — « Messieurs, dit la reine,
» je blâme comme vous cette mesure, je la
» trouve même impolitique; mais doit-on se
» déclarer en hostilité entre Français pour cela?
» si c'est une faute, elle est faite ! Voulez-vous
» établir deux camps? Songez que les étran-
» gers en profiteraient; il faut aimer la France
» avant tout et éviter tout ce qui pourrait ame-
» ner des discordes civiles; l'empereur les avait

» si bien calmées ! suivez sa doctrine et ne vous
» montrez pas si irrités contre des erreurs
» qui sont françaises. — Comment, madame !
vous voulez que nous supportions des humiliations constantes? Je ne regarde pas comme
mes compatriotes ceux qui se placent dans les
rangs ennemis !...... Encore une autre infa-
mie ! peut-on concevoir qu'un souverain français aille jusqu'à nommer *maréchale* de France
la veuve de Moreau, qui a souillé tous ses lau-
riers en combattant dans les rangs des Russes ?
s'il vivait encore, cela se concevrait; on aurait
besoin de lui, on serait censé le récompenser
de ses anciennes victoires ! Mais aller affubler sa
femme d'un tel titre, précisément parce qu'elle
a entraîné son mari à être parjure à la patrie !
Ah ! tenez, madame ! cela fait mal au cœur.
Je serais honteux d'être du parti des Bourbons. — Calmez-vous, M. de Labédoyère, »
reprenait la reine, « il y a sans doute bien
» des choses fâcheuses dans la vie; mais il
» faut les supporter, dans la crainte d'en ame-
» ner de plus fâcheuses encore ! Voyez comme
» la France était fatiguée par les malheurs de
» la guerre. Si c'est l'empereur qui n'a pas
» cédé à temps parce qu'il a cru qu'on le trom-
» pait, si ce sont les alliés qui n'ont plus

» voulu entendre parler de paix, nous voyant
» affaiblis, je n'en sais rien ; n'importe, le
» fait est que tout est changé, et qu'il ne reste
» plus à redouter pour la France qu'un senti-
» ment de haine et de crainte qui ligue contre
» elle toute l'Europe. Elle doit donc rester
» unie, en cela consiste sa force. Sa désunion
» ferait sa ruine. Évitons d'apercevoir des dé-
» tails, qui sans doute sont pénibles, pour ne
» voir que cette grande vérité. Allons, re-
» prenez votre croix de la Légion-d'Honneur.
— Non, madame ; je serais trop heureux
d'obéir aux ordres de votre majesté pour toute
autre chose, mais je ne transige pas sur ce
fait. » — « Monsieur de Flahaut, dit la reine,
» vous qui êtes plus calme, ne montrerez-
» vous pas l'exemple en faisant ce que je dé-
» sire ? » — « Je ne suis pas plus calme, répondit M. de Flahaut, je pense absolument la
même chose que mon cousin. — Eh ! bien,
» messieurs, vous êtes des égoïstes. Vous ai-
» mez à faire parade de votre opinion, et vous
» oubliez tout, même ma position, à moi, et
» celle de mes enfants. Vos exagérations re-
» tombent sur moi et nuisent à ma tranquil-
» lité. Vous savez bien qu'on vous accuse de
» conspirer ici. — Certes, si nous avions

envie de conspirer, ce ne serait pas ici; mais devons-nous renoncer à y revenir, dit M. de Labédoyère, avec un air piqué. — « Ah! re-
» prit la reine, vous savez le plaisir que j'ai
» à vous recevoir; mais quand je vous gronde,
» c'est autant pour vous que pour moi. D'un
» côté, en vous laissant aller à votre humeur,
» vous vous exposeriez; et moi, qui suis la plus
» intéressée aux changements qui pourraient
» advenir, je rougirais de ne pas voir au-des-
» sus de mon intérêt celui de mon pays et de
» vous tous. Résignez-vous donc, et ne mani-
» festez plus des sentiments d'opposition dont
» il vous serait pénible de voir retomber les
» effets sur moi. Vous le savez, je suis la mère
» de deux jeunes Napoléon. Je dois veiller à
» leur sûreté, et ce que vous ferez, on croira
» toujours que c'est moi qui vous y pousse,
» puisqu'on me peint comme une ambi-
» tieuse. »

Labédoyère se prit à sourire; cette figure si expressive, qui venait de manifester tant de haine en parlant des Bourbons, s'épanouit à la voix douce d'une femme qui, tout en lui parlant raison, montrait un si grand désintéressement.

« Je veux être conspirateur, me dit-il le

lendemain, et je ne veux plus me laisser prendre à la voix de sirène de la reine. Je l'admire pourtant : elle est femme, elle est dans son rôle en cherchant à tout calmer, à tout adoucir ! Mais, moi, je suis dans le mien en ne transigeant en rien avec les ennemis de mon pays. Cependant, vous voyez, j'ai repris le ruban rouge : il faut bien acquiescer à ce que la reine veut. Nous sommes convenus, Flahaut et moi, que nous n'attacherions ce ruban qu'en montant chez la reine; nous faisons ainsi notre toilette chez son portier, sans manquer pourtant à la parole que nous nous sommes donnée de ne plus nous laisser voir dans le monde avec une croix qu'on salit. »

XIII.

M. Bruce. — Madame Hamilton. — Madame Moreau et la duchesse de Mouchy. — Les étrangers dans le salon de la reine Hortense. — Les calomnies. — Avertissements d'un Russe. — Modèle de médisances. — Réunion chez la princesse de Poix. — Scène dramatique. — M. de Labédoyère et madame de Girardin. — Madame Hamelin. — Philosophie de la reine. — Singulière visite et les scellés. — Les diamants de la reine. — La bonne reine Julie. — La duchesse de Raguse.

Comme on le voit, la reine voyait ligués contre son repos et ses amis et ses ennemis. M. Bruce avait un air oriental qui plaisait beaucoup à Paris, où l'on préfère tout ce qui a un air d'étrangeté. Il semblait qu'il eût oublié son turban, et on croyait voir un Malek-Adhel incognito.

M. Bruce donc avait les plus grands succès

dans les salons de Paris. Il était fêté, recherché partout, et pourtant il n'était jamais si content que lorsqu'il pouvait venir chez la reine; rien ne lui paraissait préférable. Il parlait peu, écoutait beaucoup, et ouvrait de grands yeux quand il entendait discuter avec grâce et facilité sur les questions qui lui semblaient d'abord devoir être sans intérêt, et que l'esprit français savait rendre si amusantes. Il ouvrait de plus grands yeux encore quand il voyait toutes ces jolies femmes réunies, que l'on ne rencontrait plus nulle part, et qu'il fallait venir chercher dans le salon de la reine.

C'était à moi qu'il venait faire tout bas ses remarques et ses questions sur le nom des beautés qui le frappaient, ou sur les hauts faits de leurs maris.

Un jour, je le vis arriver furieux; il vint droit à moi et me dit : « Je sors d'un salon qui ressemble bien peu à celui-ci ! Chez la reine tout est doux, bon, gracieux; là, tout y est méchanceté, injustice et médisance ! Vous m'en voyez encore tout ému d'indignation ! Je suis le seul qui ait osé élever la voix pour faire rougir celle que je trouvais si peu charitable. »

A mon grand regret M. Bruce n'alla pas plus loin. Je tenais beaucoup à tout savoir ; car je me doutais bien, à la vivacité qu'il y mettait, qu'il avait été question du salon de la reine, que je savais que l'on traitait fort mal dans plusieurs maisons ; j'insistai tant pour en savoir davantage, je promis si bien de n'en rien dire à personne et surtout à la reine, que j'appris enfin qu'il sortait de chez madame Hamilton une Anglaise fort belle, disait-on, et je puis ajouter sans remords, fort méchante, et cela sans crainte d'être démentie par personne. C'était elle, secondée par madame Moreau et la duchesse de Mouchy, qui se déchaînaient avec le plus de violence contre la reine ; elle ne la connaissait pas, elle n'avait pas la plus petite raison de la détester : c'était donc de la méchanceté pure. Tandis que madame Moreau avait, elle, l'ennui d'entendre chacun lui demander, depuis son retour en France : « Avez-vous été voir la reine Hortense ?... N'est-ce pas chez elle que vous fûtes chercher des consolations après la condamnation de votre mari ?... N'est-ce pas elle qui vous reçut alors avec tant de sensibilité ?.. qui se chargea de solliciter l'empereur pour qu'il laissât votre mari se retirer en Amérique ?

N'est-ce pas elle que madame Ferray vint implorer pour vous afin que vous ne soyiez pas repoussée de Bordeaux, où vous veniez d'arriver en 1813, au même moment où la police savait bien que votre mari prenait du service en Russie! » Voilà certainement des raisons plausibles pour en vouloir à la reine. Lui marquant autant d'ingratitude, il fallait bien pour s'en disculper la calomnier sans miséricorde; c'était tout simple.........

Quant à madame Charles de Noailles, mère de madame Alfred, elle avait le malheur de loger juste vis-à-vis de l'hôtel de la reine. Que de fois son sommeil avait été interrompu par les brillants équipages qui sortaient en foule de la porte en face d'elle !... Depuis les événements, elle avait la douleur de les apercevoir encore : les étrangers se pressaient pour être admis dans ce salon, qu'ils vantaient à toute outrance ; et quoique devenue duchesse de Mouchy, les modestes fiacres figuraient encore à sa porte, et les brillants équipages à celle en face... Voilà bien de quoi justifier l'antipathie de ces dames.

Dans le nombre des calomnies qui avaient offusqué M. Bruce, elles avaient dit : « Le roi est trop bon d'avoir souffert ici cette duchesse de Saint-Leu; on ne fait que conspirer chez elle. »

M. Bruce avait été si vivement frappé de l'indignité de toutes ces accusations, qu'il leur avait répondu avec fermeté : « J'ai l'honneur d'aller souvent chez madame la duchesse de Saint-Leu ; c'est la maison la plus agréable de Paris, celle où on rencontre les plus jolies femmes : la conversation y est aimable et spirituelle, et l'on n'y dit jamais un mot de politique. Je ne conçois pas qu'on se plaise à calomnier aussi gratuitement une femme qui ne sait jamais dire que du bien de tout le monde. » En disant ces mots, il était parti, les laissant pétrifiées de cette brusque sortie. Depuis, les petits billets de madame de Mouchy se succédaient; elle cherchait de mille manières à avoir une explication avec lui, et à se justifier ; et c'était avec beaucoup de peine qu'il s'était décidé à retourner chez elle.

Mais il y avait encore bien d'autres salons où l'on se déchaînait contre ma pauvre reine. C'était comme une épidémie de bavardage et de malveillance, et partout se retrouvaient toujours les *bonnes* intentions de la voisine, madame de Mouchy, et de sa fille, madame Alfred de Noailles, que je ne confonds pas avec madame Juste de Nouailles, que la reine aimait beaucoup ; car elle est la meilleure personne du monde; il n'y a qu'une voix en sa faveur.

Boutiakim vint un matin chez moi avec une mine longue d'une aune, et avec un air si décontenancé, que je me doutai bien vite qu'il avait quelque chose sur le cœur.

« Voyons, qu'y a-t-il de nouveau? » lui dis-je aussitôt qu'il fut assis.

« — La reine doit faire grande attention à elle. — Mais que doit-elle faire? car enfin vous venez quand il vous plaît chez elle ; et vous pouvez juger de ce qui s'y passe. — Sans doute ; mais comment se fait-il qu'on en dise tant de choses s'il n'y a rien? — Je ne le sais pas plus que vous. Mais qui parle mal d'elle? des jeunes femmes jalouses de ce qu'elle est plus aimable et plus considérée qu'elles. — C'est vrai, mais elles parlent devant des ministres, devant des gentilshommes de la chambre, et il est impossible que cela ne finisse pas par lui nuire beaucoup. — Je le pense comme vous ; mais voyons, dites-moi donc ce que vous savez de nouveau, sans me faire autant de diplomatie. — Eh bien, hier, chez la princesse de Poix, devant M. le duc de Duras et M. l'abbé de Montesquiou, il y avait un déchaînement général. On disait, pour la millième fois, que le roi était trop bon d'avoir permis à la duchesse de Saint-Leu d'habiter la France; qu'il n'y avait pas un seul acte de son gouvernement qui ne fût tourné en ridicule chez elle; que de laisser si près de soi ces deux petits Napoléon, c'était élever en France des loups pour en être égorgé plus tard... Que la duchesse de Saint-Leu montait la tête à tous les jeunes gens qui allaient habituellement chez elle, et que c'était elle qui les poussait contre les Bourbons... Que Labédoyère était un jacobin auquel le roi devrait bien ôter son régiment; que M. de Lascours et M. de Latour-Maubourg ne valaient guère mieux que lui; pour M. de Canouville, c'était un petit nigaud sans conséquence : au milieu de tout cela, il en était un que l'on ménageait assez...! — Et qui disait tout cela? demandai-je à Boutiakim. — Vous ne le saurez pas. — Je le devine. Ah! pourquoi les soirées de madame de Girardin n'ont-elles pas continué! m'écriai-je, on ferait encore là les caricatures du roi, on se disputerait avec ces messieurs pour se raccommoder après, et l'on ne dirait pas tant de mal de ma pauvre reine. »

J'étais bien décidée à lui apprendre toutes ces méchancetés : elle devait les savoir; d'ailleurs j'étais impatientée de lui voir cette douceur imperturbable. J'aurais voulu qu'elle rendît un peu de ce venin qu'on répandait sur elle. Elle en avait tant la possibilité! un mot d'elle eût confondu ses ennemis. Ces mots furent tout ce que j'obtins d'elle : « C'est » une grande faute à moi que d'être restée en » France, je le vois tous les jours davantage. » Puis elle ajouta : « Qu'ai-je fait à Léontine (1)? » Elevée avec moi à Saint-Germain, je l'ai» mais beaucoup : elle était si gentille alors ! » Pourquoi m'en veut-elle autant? » Et elle parla d'autre chose. Je n'osai rien dire de plus, j'étais outrée même de l'apparente indifférence de la reine.

Mais le soir cela ne se passa pas aussi doucement dans son salon. A cette fameuse réunion chez la princesse de Poix, où l'on avait été si charitable, se trouvait une sœur ou une belle-sœur de madame de Labédoyère, qui vint lui rapporter la sortie qui s'était faite contre son mari. Naturellement la femme le dit au mari, et il fallait voir la colère de ce

(1) Madame Alfred de Noailles.

dernier en arrivant chez la reine. Il lui raconta tout ce que je viens de dire, et qu'il avait appris mot pour mot de son côté.

Il n'était pas le seul indigné ; l'un s'écriait avec dédain : « Il est reconnu que les Noailles ont un sang âcre ; la maladie de celle-ci s'est portée sur la langue. » — Le petit Canouville n'était pas du tout content du paquet qu'on lui avait donné : il en eût voulu un mieux appliqué, et il était jaloux des autres.

Mais pour Labédoyère, il était superbe, c'était Oreste en fureur : « Oui, je me fais gloire d'être leur ennemi, disait-il ; elles me rendraient jacobin, ces dames ; elles m'obligeraient de me faire ôter mon régiment : je n'y tiens pas du tout. N'importe où je serais, pour les faire trembler, je n'aurais qu'à prendre le drapeau tricolore, et mon régiment, comme tous les autres, viendrait à moi ! Mais oser s'attaquer à la reine qui se trouve ici sans défenseur ! c'est une indignité ! Elle ferait prendre la cause des Bourbons en dédain si on ne l'avait déjà !... Et quand on pense que ce sont ces femmes qui, par leur influence, dirigent la France dans ce moment ! cela fait pitié !.. Oui, elles me rendront conspirateur avec joie ! — « Allons, monsieur de Labédoyère, »

s'écriait la reine, « calmez-vous, ménagez notre
» sexe; vous devriez au contraire être touché
» de cette petite guerre féminine, au lieu de
» vous emporter ainsi. Si vous n'étiez pas tous
» aussi aimables, on ne vous regretterait pas
» autant! Je me suis trouvée un obstacle à
» vos jolies soirées. Eh bien! voilà comme
» nous sommes, nous autres femmes, sans
» réflexion! Quelque chose nous fâche-t-il,
» nous frappons à tort et à travers; mais il ne
» faut voir que le fond de tout cela, c'est que
» vous êtes aimables et qu'on vous regrette. »

Par ces paroles, la reine fit succéder le rire à la colère, et l'on fut désarmé; du moins on le parut, mais le diable n'y perdait rien.

Madame de Girardin voulut opérer des raccommodements; elle donna un dîner, que madame Alfred de Noailles avait désiré pour se disculper près de MM. de Labédoyère et Flahault. Au moment où la coupable voulait entamer une explication et s'approcher d'eux, ils lui tournèrent le dos, et les tentatives de paix en restèrent là.

Quand ils arrivèrent le soir chez la reine pour raconter leur prouesse, elle prit la chose sérieusement. « C'est toujours fort mal, » leur dit-elle, « d'être impoli envers une femme;

» elle avait tort vis-à-vis de vous hier, mes-
» sieurs; aujourd'hui, c'est elle qui aura
» raison. »

Si je m'appesantis peut-être trop longtemps sur ces détails, qui pourront paraître puérils, c'est parce que réellement je ne connais pas autre chose qui eût pu amener tous ces bruits si répandus, si accrédités, que la reine avait été pour quelque chose dans le retour de l'île d'Elbe.

Je raconte presque soir par soir tout ce qui s'est passé chez elle alors; et je m'étonne quand je vois dans des livres où l'ont croit faire de l'histoire, même impartiale, à quel point on invente, et combien on est loin de la vérité. On cite les anciens ministres, les conseillers-d'état de l'empereur comme ayant fait habituellement partie de la société de la reine. Je ne puis comprendre qu'on ose avancer une telle fausseté, lorsque ceux qui y venaient sont encore presque tous vivants.

Pendant toute cette année, 1814 à 1815, comme je l'ai dit plus haut, le duc de Bassano est venu une fois dîner chez la reine, ou deux fois tout au plus. Je n'ai vu M. Regnault de Saint-Jean-d'Angely qu'un soir seulement, où il répéta, avec son bel organe, **des vers sur** la paix, que la reine a depuis mis en musique. Le maréchal Ney y vint aussi une seule fois; les femmes y venaient plus souvent. Pour M. de Lavalette, il était des habitués; mais à ces exceptions près, je n'y ai jamais vu des hommes précédemment attachés au gouvernement de l'empire.

Je puis affirmer sur ma conscience, que madame Hamelin, que je vois citer souvent dans différents ouvrages comme venant conspirer avec la reine, n'a jamais mis le pied chez elle. Je n'en ai jamais entendu parler qu'un jour à la reine, et pour exprimer le regret de ne pas la connaître : « On assure, » me disait-elle, « que madame Hamelin est une » des femmes les plus spiritulles de Paris; je » n'ai pu en juger qu'une seule fois. J'étais » allée voir ma belle-sœur, la princesse Caro-» line, qui était en couche, et madame Hame-» lin était aussi auprès de son lit quand j'entrai. » On était alors fort occupé de la mort pré-» maturée d'une jeune et charmante per-» sonne, madame de Nouilles Dumolay (1). » Madame Hamelin raconta avec tant d'âme, » de sensibilité, toutes les causes présumées de

(1) C'était à la famille Dumolai que l'impératrice Joséphine avait acheté la Malmaison.

» cette mort qui nous affligeait toutes, que
» son récit, et la manière dont elle le faisait,
» m'allait au cœur, et m'est resté dans la mé-
» moire. Le hasard fait que je ne l'ai jamais
» rencontrée depuis, et pourtant j'aurais eu
» du plaisir à la revoir. »

Eh bien! voilà cependant comment on écrit l'histoire; ce furent, selon les bruits du temps, les complots de madame Hamelin et de la reine qui amenèrent ce merveilleux débarquement de l'île d'Elbe. Il eût été naturel, ce me semble, d'en chercher la cause parmi les paysans et les militaires qui, sans préméditation, se sont jetés dans les bras de celui qu'ils regardaient comme le soutien de leurs droits et de leur indépendance. Mais comme l'on dit quelque fois « que la faim n'a pas d'oreilles, » moi je dirai : « la peur n'a pas de jugement, » et la jalousie n'a pas d'entrailles. »

La reine supportait toujours, avec une surprenante philosophie, toutes les méchancetés dont elle était l'objet. Peut-être se voyait-elle si bien soutenue par la vénération de ceux qui l'entouraient, que cela lui donnait du courage; ou bien, touchée au cœur, et vivement préoccupée de l'affaire qui intéressait le sort de ses enfants, cela lui rendait-il tout le reste indifférent? Pourtant toute cette animosité contre elle portait ses fruits.

Un soir, le 24 décembre, on m'avertit qu'un employé de la mairie demandait à me parler sur-le-champ en particulier. Je me rendis dans mon appartement où on le fit entrer. « Je suis dévoué à la reine plus qu'elle ne peut le croire, me dit-il; car elle a été un ange de bonté pour quelqu'un qui m'intéresse infiniment, et, pour lui témoigner ma reconnaissance, je viens lui rendre un service pressant. L'ordre vient de nous arriver à la mairie de mettre les scellés sur tous les biens appartenant à la famille Bonaparte, et je me suis bien vite dérobé en apprenant cet arrêt pour venir en prévenir la reine, afin qu'elle puisse au moins soustraire ses diamants, ses objets les plus précieux, avant qu'on n'arrive officiellement chez elle. Je serais si heureux de lui être utile! »

Je restai tellement stupéfaite à cette annonce, que mon monsieur eut besoin de me répéter ce qu'il venait de me dire. Devinant mon incrédulité à mon air interdit, il ajouta : « Dans ce moment, on procède chez le cardinal Fesch; vous pouvez y envoyer pour vous en assurer; et demain matin on sera chez la reine. On ira ensuite à Morfontaine (1). » Je rentrai au salon, où il y avait précisément ce jour-là M. Boutiakim et M. de Girardin. Ce dernier, à force de chasser avec le duc de Berri, commençait à s'y attacher vivement. « Cela n'est pas possible, s'écria-t-il, c'est un faux rapport qu'on vous a fait. »

La reine partageait assez cette opinion ; elle ne pouvait pas croire qu'après avoir signé des traités par lesquels on laissait à chacun ses biens, on les violât aussi ouvertement. « Non, » cela n'est pas possible ! répétait-elle aussi. — Eh bien ! envoyez chez le cardinal, » dit Labédoyère qui était présent. On y fut, et l'on trouva effectivement les autorités qui y étaient occupées à poser le scellé.

Il n'y avait plus de doute, et chacun se regardait sans mot dire. « Allons, madame, dis-je, il ne faut pas perdre de temps ; je vais emballer vos diamants. — « Qu'en faire ? » dit la reine. »

Les messieurs qui étaient là proposèrent de s'en charger. Je fis deux boîtes, dont l'une fut confiée à M. Boutiakim, qui l'emporta à l'ambassade russe, et l'autre fut remise à M. de

---

(1) Terre du prince Joseph.

Girardin. — « Je ne m'offre pas, disait M. de Labédoyère, car cela arrivera bientôt chez moi; je cache si peu mon opinion. Vous verrez qu'au lieu de la liberté tant promise et tant prônée, ce sera la loi des suspects que nous aurons! c'est le commencement. Vive la Charte! Ah! que nous sommes dupes! Je n'ai pas été crédule, moi, au moins. » Comme il était plus tard qu'à l'ordinaire, chacun se retira, et, pour la première fois, sans oser contredire M. de Labédoyère.

Le lendemain, pour ne pas compromettre l'ami qui était venu donner un bon avis, on attendit de pied ferme les autorités. M. Devaux les reçut sans se laisser déconcerter, et leur parla avec fermeté. Il fit valoir les traités faits avec la reine, sa position particulière et séparée, et, pour cette fois-ci, le bon droit eut plein succès; on écouta les réclamations, et les démarches des gens d'affaires de la reine firent annuler cette mesure pour ce qui la regardait personnellement dans ce moment. Les diamants rentrèrent à la maison, et l'on rit de la peur que l'on avait eue.

La bonne reine Julie, femme du roi Joseph, fut obligée de venir seule à Paris, de la Suisse où elle était retirée, pour réclamer la levée du séquestre posé à Morfontaine, et ce fut sans le même succès. Elle logeait chez sa sœur, la princesse royale de Suède. La reine alla la voir; j'eus l'honneur de l'accompagner, et d'apprécier de près cette excellente et vertueuse princesse. Au milieu de tous nos soucis, l'hiver n'en était pas moins gai et brillant à Paris pour tous les heureux du jour; quel que soit le parti qui l'emporte dans cette immense capitale, il y aura toujours du monde pour les fêtes et pour les danses. J'ai déjà dit combien la duchesse de Raguse était une personne bonne et dévouée à ses amis; elle témoignait toujours à la reine les mêmes soins, la même affection que dans de meilleurs temps, et me portait une amitié qui ne s'est jamais démentie, et que je lui ai toujours rendue tendrement. Elle voulut aussi qu'on s'amusât chez elle, pour procurer à ses amis et à ses connaissances des plaisirs qu'ils n'allaient pas chercher ailleurs. Je m'étais fait une loi de ne pas quitter la reine d'un instant, quoiqu'elle eût près d'elle madame de Boubers, dont elle faisait le plus grand cas, et qui, par cela même, pouvait remplir toutes les fonctions; je ne sortais jamais, tant j'aurais trouvé mal de ne pas l'entourer avec le même soin qu'autrefois. Mais la duchesse de Raguse vint supplier la reine de me laisser aller à une belle soirée qu'elle donnait le 28 décembre. Tout le monde se ligua contre moi pour me décider à accepter une invitation si gracieusement faite ; malgré mes sages résolutions, la curiosité l'emporta, et je cédai.

Cette soirée devait, pour la première fois, réunir et mettre en présence la nouvelle et l'ancienne cour : j'y fus de bonne heure, pour mieux juger du coup d'œil et de l'arrivée de chacun. La duchesse de Raguse est la personne la plus soignée dans tout ce qu'elle fait ; sa fête fut donc un modèle de goût, d'élégance, de soin et d'attentions. La curiosité de chaque camp, qui faisait bande à part, qui s'examinait, se toisait en silence, était une chose très-amusante à observer pour ceux qui, comme moi, ne se plaçaient qu'en spectateur. La beauté, l'élégance, et la bonne tenue l'emportaient, il faut l'avouer, du côté de la cour de l'empire. Tandis que le bruit, l'assurance, la petite tournure frétillante, l'emportaient du côté de la nouvelle cour.

Comme nos messieurs s'étaient bien gardés de venir à une fête où se trouvaient en force tant de gens d'une opinion opposée à la leur, et dans un hôtel dont le nom ne leur souriait guère, nos beautés auraient pu courir la chance d'être un peu délaissées, si les étrangers, qui composaient la plus grande partie masculine de la soirée, se trouvant neutres, ne s'étaient pas dès le premier instant portés en masse du côté des belles de l'empire. Qui aurait pu, il est vrai, regarder quelque autre femme, après avoir aperçu la belle Gazani, la belle duchesse de Bassano, madame Perregault, madame Dalton, et plusieurs autres? Les nouveaux gentilshommes de la chambre, les officiers des gardes-du-corps, et le jeune duc de Guiche, seul beau type de Français ramené de l'émigration, subirent comme les autres le charme de la beauté, et petit à petit abandonnèrent les nobles dames, dont ils formaient le cortége, pour venir se faire présenter à leurs belles antagonistes.

Le lendemain, j'amusai beaucoup la reine de toutes mes remarques; j'avais vu tant de nouveaux visages; que je m'en étais réjouie comme une jeune fille qui va pour la première fois dans le monde. Ayant accepté d'être de cette fête, je ne pus me dispenser deux jours après d'aller à une soirée chez madame de Laval, qui me l'avait demandé comme une marque d'amitié. C'était une si excellente personne ; elle paraissait si heureuse quand elle pouvait venir chez la reine, que je l'avais prise en grande affection.

Elle avait réuni beaucoup de monde chez elle ; mais pour le coup, je fus complétement dépaysée, je me crus un instant au temps de Louis XIV. Jamais je n'avais vu nulle part de pareilles figures : c'étaient bien réellement les voltigeurs de Louis XVIII, qui, de toutes les parties de l'Europe, étaient venus à Paris réclamer des places ou des pensions. Va pour des pensions ; mais on leur donnait des commandements, et nos régiments eurent presque tous un colonel en premier où en second, puisé à cette source-là... Heureusement pour mon plaisir de cette soirée, j'y trouvai trois Russes fort aimables, qui avaient été présentés à la reine : l'un était le jeune prince Wolkonski, qui m'avait été recommandé de Vienne par sa sœur ; l'autre, un M. de Pahlen ; et le troisième, un chargé d'affaires russe au Brésil, nommé M. Lapteff, qui m'avait apporté de ma chère princesse Wolkonski la lettre suivante :

« Vienne, ce 1ᵉʳ novembre.

» Je viens d'être avertie du départ du por-

teur, ma bien-aimée, je vais vite vous écrire quelques lignes par cette bonne occasion. J'ai reçu vos dernières lettres. Bonne amie, que votre tristesse me fait mal. Si nous pouvions causer!... Quand vous reverrai-je? Ma chère Louise! je devrais plutôt ne pas vous parler de vos soucis, puisque je vous écris si fort à la hâte.....................
.... Mon frère chéri part dans quinze ou vingt jours d'ici, je le recommande aux bontés de votre amie et aux vôtres; il vous plaira; quel excellent jeune homme! Mes hommages à votre intéressante et aimable amie, mille tendresses pour vous. — Au revoir. — Zénaïde vous dit mille tendresses; quel plaisir cela me fera de voir votre frère. — Le couple est toujours dans les tendresses et les inquiétudes sur l'état de madame, qui est souvent souffrante; mais il n'y a rien du tout d'alarmant à cela.

« L'ange (1) a été en Hongrie, il s'y est beaucoup amusé; mon mari l'a accompagné; sa santé m'inquiète. Aimez mon Serge (2), il est

---

(1) L'empereur Alexandre.
(2) Le prince Serge Wolkonski, frère de la princesse Sophie, maintenant exilé en Sibérie.

parfait pour moi. Je n'ai pas le temps de relire mon griffonnage, tant je crains de manquer le porteur. »

Parmi tous ces étrangers qui désiraient être présentés à la reine, un de plus marquants avait pris pour son interprète une personne gracieuse, aimable et bonne, qu'il était bien difficile de refuser.

C'était lord Wellington, qui avait chargé M. Récamier de demander à la reine de le recevoir. Il fut accepté, et même avec plaisir, car en ce moment la reine était tourmentée sur le sort de l'empereur. D'après les nouvelles mesures prises à l'égard des biens des Bonapartes, il était peu probable qu'on exécutât le traité du 11 avril fait avec Napoléon ; en effet il n'en était pas question, et on enlevait même aux siens les seuls biens particuliers qu'ils eussent et qu'ils n'auraient jamais dû perdre. — « Je veux en parler à lord Wellington, » me dit la reine ; « le gouvernement anglais a de
» la loyauté, dit-on ; ses ministres ont signé
» ce traité du 11 avril, et lord Wellington
» peut exiger du gouvernement français qu'il
» remplisse ses engagements avec l'empereur.
» Puisque le hasard m'a laissé en France, je
» veux au moins en profiter pour rappeler la

» justice qu'on lui doit. Car enfin il a livré tous
» ses biens particuliers, tous le diamants de
» la couronne qu'il avait achetés de ses deniers
» et qui lui appartenaient bien. C'est par ce
» traité qu'il renonce à tout cela moyennant
» deux millions par an, et jusqu'à présent on
» n'a exécuté aucun des engagements pris.
» Que deviendra-t-il si on le laisse là avec ses
» fidèles soldats sans aucun moyen de les
» payer. »

Lorsque lord Wellington vint chez la reine, elle lui en parla dans ce sens. Il lui répondit avec son sang-froid anglais et ses yeux observateurs fixés sur elle : — « C'est une injustice que l'Angleterre ne souffrira pas ; je rappellerai au gouvernement français que le traité de Fontainebleau est sacré et qu'il doit avoir son entière exécution. » La reine m'a répété cette phrase le lendemain avec un grand plaisir. Qu'elle était loin de penser que l'homme qui parlait ainsi en 1814, pût lui-même signer aussi un traité en 1815, et l'abandonner aussi illégalement qu'il l'a fait.

Les affaires personnelles de la reine ne prenaient pas une meilleure tournure. Il fallut songer à se créer des ressources et à vendre une quantité de belles choses auxquelles elle devait tenir, ne fût-ce que par souvenir du temps passé. Elle me chargea de trouver à s'en défaire; et pour cela je fis venir son ancienne femme de chambre, dans laquelle elle avait toujours eu confiance. C'était bien la plus honnête femme que l'on pût rencontrer. Elle n'avait pas quitté mademoiselle de Beauharnais depuis sa sortie de Saint-Germain, et si le roi Louis ne l'avait pas prise en grippe, elle serait toujours restée près d'elle. En s'en séparant, la reine l'avait placée chez sa mère, et jamais je n'ai vu un attachement et un respect égal à celui que cette excellente femme conservait à sa jeune maîtresse. Ne pouvant rester trop long-temps sans savoir ce qu'elle faisait, elle venait quelquefois me voir. Elle avait un frère nommé M. Bayeux, qui était référendaire, et un autre dans la garde. Depuis la mort de l'impératrice, madame Charles s'était retirée dans son ménage avec ses enfants et son mari, qui possédait quelques petites choses. Elle avait des économies et une pension que la reine lui faisait. Autrefois elle avait été placée chez mademoiselle d'Orléans avant de l'être chez mademoiselle de Beauharnais; n'ayant pas suivi sa première maîtresse, elle en parlait sans cesse à la seconde, et les comparait l'une à l'autre. La reine entendait avec grand intérêt les détails que madame Charles lui donnait sur mademoiselle d'Orléans, qui s'appelait Eugénie, comme elle, qui avait beaucoup de talents et de bonté, comme elle, disait madame Charles.

Après avoir reçu l'autorisation de la reine, je l'envoyai chercher. — « Vous avez sans doute été bien reçue par mademoiselle d'Orléans? lui dis-je. — Ah! oui, me répondit-elle, et j'ai été bienheureuse de la revoir; elle m'a reconnue, et m'a témoigné mille bontés. — Cette princesse retrouve une fortune immense, voulez-vous vous charger d'aller lui porter à voir des parures dont la reine voudrait se défaire? — Sans doute, me répondit madame Charles avec un air embarrassé; mais.... c'est qu'elle m'a fait de la peine en me parlant de la reine. — Comment? est-ce qu'elle est mal pour la reine? son frère le duc d'Orléans a été si bien pour le prince Eugène. — Non, elle n'est pas mal, elle, pour la reine; mais elle m'a fait à son sujet mille questions qui m'ont choquée. J'ai vu les préventions avec lesquelles ils reviennent tous pour ce qui tient à l'empire, et cela me chagrine!........ Moi, qui connais si bien la reine! moi, qui l'ai reçue en sortant de chez madame Campan, et qui ne l'ai pas quittée un instant pendant huit ans ! Ne sais-je pas mieux que personne au monde qu'il n'y a rien de meilleur, de plus pur qu'elle ! Et quand on vient me parler des horribles libelles que des gens atroces ont pu seuls inventer sur elle, cela m'exaspère à un point tel, que cela me rend malade. — Je suis comme vous là-dessus, dis-je à madame Charles, en lui prenant la main ; mais des mensonges aussi absurdes ne restent pas, la vérité est une, et le temps fait tôt ou tard justice des calomnies. Portez ces bijoux, et vous rendrez un véritable service à la reine, en les lui faisant vendre. »

Elle s'en chargea, non sans quelque hésitation, tant elle gardait rancune de sa dernière visite. On trouva tout charmant. Des petits bracelets en pierres de couleur tentèrent surtout beaucoup ; mais la princesse dit à madame Charles qu'il y avait tant de dettes à payer de la succession de son père, que ni elle ni son frère ne pouvaient rien acheter en ce moment. « Eh bien ! lui dis-je, vous a-t-on encore questionnée sur la reine. — Oh ! non. Peut-être aurai-je répondu de manière à en ôter l'envie ; et puis je vois que depuis leur arrivée ils ont appris à mieux apprécier tout ce qui tenait à l'empire. Je suis sûre que s'ils l'avaient pu, dans cette circonstance, ils auraient été bien aise d'être utiles à la reine ; c'est au moins ce qu'ils m'ont fait entendre. »

Cette famille d'Orléans plaisait généralement dans la société ; elle accueillait tout le monde avec beaucoup de grâce et de bonhomie. Je voyais souvent des gens enchantés d'eux. Madame Mollien, qui y était bien reçue, me dit un jour : « Vous n'imaginez pas combien cet intérieur me rappelle en beaucoup de choses l'intérieur et la manière de vivre de la reine à Saint-Leu, avant d'aller en Hollande. Ils soignent de même leurs enfants. La duchesse a, comme la reine Hortense de la douceur, de la bonté et de la dignité en même temps. Je leur trouve en mille choses de la ressemblance. »

Tous ces récits que je rendais à la reine lui faisaient prendre beaucoup d'intérêt à cette famille, et expliquent l'empressement qu'elle a mis à l'obliger plus tard ; d'ailleurs ils avaient le malheur, semblable au sien, d'être fort mal dans les bonnes grâces *des purs* du faubourg Saint-Germain. C'était un point de rapprochement. Dans ces tristes temps, dont je ne rappelle que ce qui est relatif à la reine, j'eus aussi en mon particulier les chagrins les plus vifs, mais ils ne peuvent intéresser que moi. Ma mère fut encore très-malade. Mon frère Carly faillit mourir aussi !.. J'allais me séparer peut-être pour toujours de mon frère Adrien, qui s'était presque décidé à partir pour la Russie, et à aller rejoindre l'empereur Alexandre à Vienne. Ce bon général Serou mourut à cette époque. Sa veuve, amie de ma mère, était inconsolable. Ce n'était qu'en m'occupant des affaires de la reine, qui me donnaient bien du tourment, que je pouvais me distraire de mes propres chagrins. J'ai toujours aimé les enfants avec passion, et ces chers petits princes, si bons, si intéressants, étaient bien faits pour m'attacher; aussi, mes soins pour eux égalaient ceux de leur mère! Un jour, le plus jeune, qui avait six ans, eut une grande douleur de dent. « Fais venir le dentiste, me dit-il, pour m'arracher cette grosse dent qui me fait tant souffrir; mais sans le dire à maman, parce que cela la tourmenterait trop. — Comment voulez-vous le cacher à votre mère? son salon habituel est à côté de votre chambre, elle vous entendra crier, et elle s'en inquiétera bien plus que si elle savait de quoi il s'agit. — Je ne crierai pas, je te le promets. Est-ce que je

ne suis pas un homme pour avoir du courage? »
et il avait six ans ! Je lui promis le secret
que je ne gardai pas; car la reine aurait été
excessivement mécontente qu'on ménageât sa
sensibilité pour tout ce qui regardait ses enfants. Elle eut l'air pourtant de ne rien savoir, pour complaire au désir de son fils.

Bousquet fut appelé, et il enleva la plus
grosse dent de sa bouche, sans que l'enfant jetât
un seul cri. Il courut tout triomphant la porter à sa mère, qui attendait avec inquiétude,
et qui joua la surprise, tout en étant plus
émue que lui. Je n'ai jamais vu une personne
plus courageuse que la reine pour supporter
les grands événements et les petites tracasseries de la vie; quelquefois même j'étais impatientée de cette douceur, de cette résignation
inaltérables; je la taxais d'indifférence. Mais
s'agissait-il de la plus petite chose qui touchait
à ses enfans, ce n'était plus la même femme;
elle se troublait, s'inquiétait pour un rien, et
n'avait plus aucune raison.

Deux jours après celui où l'on avait arraché
cette dent à son fils, on vint m'avertir que le
jeune prince avait une hémorrhagie; il n'y avait
pas moyen de le cacher à sa mère, qui les
croyait tous les deux endormis, et qui nous

voyant entrer dans leur chambre, madame de Boubers et moi, à une heure inaccoutumée, devait croire peut-être à un danger encore plus grand. Celui-ci pourtant pouvait être réel: et c'était une chose effrayante que de voir ce pauvre enfant pâle, à demi-évanoui et perdant tout son sang par la place même de cette dent arrachée deux jours auparavant. Dans ces occasions de danger pour ses enfants, la reine ne disait pas un mot; elle laissait essayer avec sang-froid tous les remèdes proposés; mais l'on pouvait facilement s'apercevoir de la terreur dont elle était saisie, à la pâleur, à l'immobilité fixe de son visage. Après mille essais, tous plus infructueux les uns que les autres, on arrêta le sang avec l'amadou, que l'on plaça sur la gencive. Le pauvre enfant tombait de sommeil et d'épuisement dans les bras de sa mère; elle le posa doucement sur son lit. Sa nourrice couchait près de lui; étant bien rassuré, chacun se retira chez soi. Il était déjà une heure du matin; je n'écrivis qu'un mot ce soir-là, et je m'endormis excédée de fatigue, par suite sans doute des craintes que je venais d'avoir; malgré toute ma tendresse pour cet enfant, je n'étais pas mère; et celle qui en sentait si vivement toutes les émotions, devait, par son anxiété même, sauver son enfant.

La reine s'était aussi retirée chez elle entièrement rassurée; elle se coucha, et ne put s'endormir, ni fermer les yeux; elle voyait toujours devant elle son fils pâle et couvert de sang. « Je connais ma faiblesse, me disait-elle
» le lendemain, je me condamnais moi-même
» de cette inquiétude que je trouvais déraison-
» ble; et ne voulant pas y céder, je cherchais
» à penser à tout autre chose pour pouvoir
» enfin m'endormir; ce fut envain; la figure
» de mon fils se représentait toujours à moi
» glacée et ensanglantée. En un instant, mes
» angoisses deviennent si vives, qu'il me passa
» par la tête que ce pourrait bien être un pres-
» sentiment. Je fus d'abord honteuse de me
» laisser aller à cette idée, et puis je me dis :
» qu'importe que cette idée soit folle ! je pas-
» serai la nuit à m'inquiéter; je préfère aller
» me rassurer en voyant le sommeil paisible
» de mon enfant. »

Elle se leva donc sans sonner personne, elle passa un peignoir, prit sa lampe à la main, et entra doucement chez son fils, où tout était dans le silence et dans le plus grand calme. La nourrice dormait profondément, et l'enfant aussi. Elle s'approcha sans vouloir réveiller cette femme fatiguée des soins de la soirée. Elle ragarde son enfant, et le voit absolument comme ses terreurs venaient de le lui représenter, pâle et couvert de sang... Elle le prend dans ses bras; ses membres tombent affaissés; mais il ne se réveille pas, et un flot de sang sort de sa bouche... alors, par un mouvement machinal, elle pose son doigt sur cette blessure qui ne veut pas se fermer, et elle sent que le doigt fo rement appuyé arrête le sang. Elle respirait à peine, cette pauvre mère ; mais elle avait réussi, et elle remerciait Dieu de lui avoir inspiré l'idée de venir auprès de son fils. Pour lui, affaibli, fatigué, il dormait toujours; mais elle sentait à sa respiration qu'il vivait. Elle passa la nuit ainsi, toujours à la même place, sans sentir la gêne de sa position, sans appeler, sans bouger; et au jour, il ne paraissait plus rien de cet accident qui pouvait devenir si funeste.

Ah! l'amour maternel est de tous les amours le seul qui soit réel.

Presque tous les jours, quand le temps le permettait, la reine allait se promener au bois de Boulogne avec ses enfants. Là, elle marchait avec eux ; et, comme elle ne recevait jamais personne le matin, de retour chez elle,

elle se mettait à peindre. Richard, peintre de Lyon, qui était dans ce moment à Paris, venait quelquefois lui donner des conseils, parce qu'elle copiait un tableau de lui.

Elle avait commandé à Rivoil un tableau représentant un trait de la vie de Henri IV. Le peintre l'avait fait, je crois, jouant avec ses enfants. (Il fut acheté par le roi.) Nous allâmes au Salon avec Richard, voir l'exposition des tableaux; elle n'était pas aussi considérable qu'aujourd'hui : le nombre des peintres n'était pas aussi grand, et peut-être les tableaux étaient-ils aussi bons; car c'est encore une question de savoir si les arts gagnent à être ainsi répandus. Plus de gens en jouissent, il est vrai, mais bien peu dépassent la médiocrité. A cette époque, les princesses payaient un tableau de genre depuis cent louis jusqu'à douze mille francs.

Le bon effet des bains sur la santé de la reine commençait à disparaître un peu : elle était si tourmentée, qu'il ne pouvait guère en être autrement. On lui ordonna de monter à cheval, ce qu'elle avait cessé de faire depuis qu'elle avait quitté Saint-Leu.

Nous allions en voiture jusqu'au bois de Boulogne, et nous faisions notre promenade dans les allées détournées. Un jour, en passant au galop près d'un taillis, nous y vîmes plusieurs hommes réunis.

Nous nous arrêtâmes à quelques pas de là. « Mon Dieu ! » dit la reine qui était dans une agitation que je partageais « c'est sûrement » un duel ! Allons-y ; empêchons-les de se » battre : je suis sûre qu'ils sont là pour cela. »

Au même moment nous entendîmes le bruit d'une détonation d'armes à feu, et la reine en fut si saisie que son piqueur eut à peine le temps de la faire descendre de cheval, tant elle était tremblante. « C'est fini, » dit-elle, « ils sont morts ! » et rien ne saurait peindre son trouble. « Courez vite, » dit-elle à Cousmann, son piqueur, « peut-être ne sont-» ils que blessés. S'ils ont besoin d'une voi-» ture, conduisez-leur la mienne ; j'attendrai » ici. »

Cousmann partit au galop, et revint bientôt nous dire que personne n'était blessé, que ces jeunes gens avaient un fiacre qui les attendait, et qu'ils s'étaient réconciliés. En effet, en remontant en voiture, nous les vîmes passer ; ils riaient tous, tandis que nous, nous pleurions encore de la crainte qu'ils nous avaient causée. L'effroi qu'avait éprouvé la reine lui avait tellement attaqué les nerfs qu'elle ne pouvait plus s'en remettre : elle pleurait tout le long de la route, et je n'étais guère mieux qu'elle.

Le soir, en racontant l'impression affreuse qu'elle avait ressentie en voyant ces hommes tirer l'un sur l'autre, et en se figurant qu'ils pouvaient tomber morts si près d'elle, les larmes lui vinrent encore aux yeux, et elle souriait en même temps de sa faiblesse. M. de Labédoyère lui dit : « Mais, madame, vous couriez autant de chance de mort qu'eux, en vous trouvant si près de leurs balles, et pour vous, ce n'était pas une mort à envier, tandis que pour nous, pouvons-nous en désirer une plus belle ? — « Recevoir la mort par la balle » d'un compatriote, d'un ami de la veille » peut-être : oh ! ne désirez jamais cela, mon- » sieur de Labédoyère. » — Mais tous les jours on se bat au bois de Boulogne ; il y a sans cesse des duels entre les officiers de la ligne et les gardes-du-corps, et, puisque votre majesté pleure sur ceux qu'elle ne connaît pas, j'ai l'espoir qu'elle pleurerait aussi sur moi : ce serait ma récompense. — « Monsieur de La- » bédoyère, » reprenait la reine presque en colère, « vous n'aimez que plaie et bosse ; vous

» n'avez plus de balles étrangères à craindre,
» puisque nous avons heureusement la paix ;
» ce ne sera jamais, je l'espère, des balles
» françaises qui vous atteindront. »

Qui pouvait prévoir que quelques mois plus tard l'infortuné jeune homme en tomberait frappé !

XIV.

Explictaion de la reine avec M. de Labédoyère. — Madame de Labédoyère. — Les demoiselles Dellieux. — M. de Humbolt. — Lettre de M. de Fontanes. — Nouvelles présentations chez la reine. — Le maréchal et la maréchale Ney. — Madame Ney à la cour des Tuileries. — Les dames des deux régimes et les deux noblesses en présence. — Vexations de la maréchale Ney. — Le maréchal Macdonald. — Conseils de la reine. — Malveillance dans les deux camps. — Exemples d'ingratitude. — Une grosse duchesse et le costume rose. — Agents provocateurs. — Avis au prince Eugène.

Un soir que M. Labédoyère était arrivé un peu plus tôt qu'à l'ordinaire, et qu'il n'y avait encore aucune personne étrangère, la reine en profita pour s'expliquer avec lui sur une chose dont elle désirait lui parler depuis long-temps, mais sans en trouver l'occasion. « Puisque j'ai pris le rôle de vous sermonner, » lui dit-elle, « promettez-moi de ne pas vous

» piquer de mon sermon, et surtout de ne pas
» avoir la mauvaise pensée que je n'ai pas
» grand plaisir à vous recevoir; mais dites-
» moi : Vous avez une jeune femme char-
» mante, pourquoi la laissez-vous tous les
» soirs seule, loin de vous? cela n'est pas bien,
» et cela doit paraître extraordinaire à beau-
» coup de monde. »

M. de Labédoyère resta interdit, sa physionomie mobile prit un air soucieux; on voyait qu'il lui passait par la tête que la reine, non-seulement le blâmait, et il tenait à son estime, mais qu'elle ne pouvait pas désirer qu'il vînt aussi souvent chez elle. La reine s'en aperçut et lui répéta : — « N'ayez pas la
» mauvaise pensée que je me plaigne de vous
» voir trop souvent chez moi! c'est par intérêt
» pour vous, pour votre bonheur intérieur
» que je parle ainsi. — Eh bien! madame, lui répondit M. de Labédoyère, entièrement rassuré par l'air de bonté et de franchise qu'elle mettait dans ses paroles, vous savez que toute la famille de ma femme est attachée de cœur et d'âme aux Bourbons; de leur côté, ils sont aussi exaltés dans leurs sentiments que je le suis, moi, dans les miens. Nous nous querellions habituellement tous les soirs, ce

qui mettait ma femme constamment en émoi. J'ai pris avec elle l'engagement de les éviter; et depuis ce temps, ma pauvre femme respire en paix. Elle est fort avancée dans sa grossesse; après ses couches, je vous demanderai la permission de vous l'amener quelquefois le soir, et de cette manière nous ne nous quitterons pas. »

La reine fut satisfaite de cette explication; il continua à venir le soir comme à l'ordinaire, excepté les jours où il allait au spectacle; alors nous ne le voyions pas.

Les jeunes demoiselles Dellieux rendaient nos soirées charmantes. Je me souviens que M. de Humbolt, tout savant qu'il était, s'enthousiasmait tout comme un autre de leurs voix délicieuses, et qu'il revenait souvent.

La reine fixa un jour plus particulièrement pour les entendre; elle faisait aussi inviter Garat, et c'était à qui viendrait pour jouir de la réunion de tant de distinctions de tous genres dans ce salon, que la méchanceté la plus atroce a seule pu faire passer pour un rassemblement politique. Les comtes Pahlen venaient tous les lundis; ils eurent beaucoup de succès par leurs excellentes manières. M. de Fontanes venait passer aussi de temps à autre une soirée ; il était prodigue de frais d'amabilité.

Voici la seule lettre que j'ai de lui, et je la place ici ; elle est de 1813.

LETTRE DE M. DE FONTANES A MADEMOISELLE COCHELET.

« Mademoiselle,

» J'ai fait passer à M. de Chateaubriand le paquet dont vous m'avez chargé. Il aura l'honneur de vous remercier lui-même.

» Vous avez bien jugé mon dévouement pour sa majesté la reine Hortense : je ne pouvais recevoir une nouvelle plus agréable que celle de son rétablissement. Elle n'a pas besoin de couronne pour avoir des sujets. Je la prie de me compter toujours au nombre des siens.

» Agréez, mademoiselle, et ma reconnaissance pour votre aimable attention, et mes respectueux hommages.

» FONTANES. »

Le brave amiral Werhuel venait aussi souvent revoir son ancienne souveraine. M. de Forbin, M. de Vendœuvre, M. Pastoret fils,

M. de Sabran, la duchesse d'Abrantès, car je ne veux oublier personne de ceux qui sont venus chez la reine, M. Makintosh, Anglais de l'opposition, auquel la reine trouva beaucoup d'esprit, lui furent aussi présentés. Nous eûmes encore M. Bonnet et lord et lady Alseston dont j'ai déjà parlé précédemment; les étrangers que j'ai nommés jusqu'ici sont, je crois, les seuls qui furent reçus chez la reine. Parmi les Français, il y eut aussi quelques présentations nouvelles, entre autres M. de Cubières et M. de Brack, qui ne venaient autrefois qu'aux grands bals, et qui tous les deux étaient dévoués, braves et agréables de manières; le dernier avait une voix charmante. M. Clouet, l'aide-de-camp du maréchal Ney, vint deux fois chanter, et avec un grand talent. La maréchale Ney se faisait aussi entendre avec sa voix douce et flûtée. Elle était enchantée de la nouvelle cour, et pourtant n'en était pas moins restée fort attachée à la reine, à laquelle elle venait quelquefois conter ses succès dans le monde nouveau qu'elle voyait.

La pauvre maréchale princesse de la Moskowa était, il faut en convenir, une excellente femme; mais, il faut aussi l'avouer, elle était née malheureuse, rien ne lui tournait comme à une autre. Les souvenirs de son enfance lui rendaient les Bourbons fort chers, surtout madame la duchesse d'Angoulême, avec laquelle elle avait joué étant enfant, ce qui la rendait très-fière d'en avoir été bien reçue maintenant. Elle s'en louait à tout le monde, quoique chacun répétât qu'elle était fort mécontente de la réception qu'on lui faisait à la cour!.... Il est vrai que la duchesse de Mouchy en faisait des gorges chaudes; je le savais, et j'avais bien de la peine à ne pas rire lorsque j'entendais la maréchale dire à la reine que tout ce monde était merveille pour elle. Boutikim vint un jour me demander s'il était vrai que la maréchale Ney fût la fille d'une femme de chambre; il l'avait entendu dire la veille dans l'un de ces salons dont elle se louait tant, et où l'on riait et se moquait des parvenus..... Je lui expliquai ce qu'étaient autrefois les places de femmes de chambre de la reine jusque sous Louis XVI, et il s'étonna avec moi que ce fussent les gens si fort attachés à tout ce qui tenait de l'ancien régime, qui fissent à la maréchale un crime d'y appartenir même d'une manière obscure. Il est vrai qu'ils enrageaient de la voir si haut placée. Boutikim était depuis longtemps en France, et n'en revenait pas du changement que si peu de temps y avait produit ; il apprenait à voir tout d'un autre œil à présent : on ne parlait que de noblesse nouvelle ou ancienne.

Pour nous, qui étions nées dans la révolution et qui, sous l'empire, n'avions jamais pensé à la naissance, mais aux talents des gens, nous n'en revenions pas d'apercevoir toutes les lignes de démarcation qui s'établissaient. Il n'y avait plus d'égards que pour l'ancienne noblesse, tandis que nous tous, et jusqu'à la reine, nous ignorions même qui était noble autour d'elle. Puisqu'on en parlait tant, nous voulûmes aussi nous instruire. L'abbé Bertrand, qui avait jadis appris la science héraldique, nous faisait bien rire en nous apprenant que telle famille datait de 1400, et qu'une autre était regardée très-inférieure puisqu'elle n'avait pas cet honneur.... Que devenait alors cette noblesse de l'empire, qui ne datait que d'un jour? Ce n'était plus que de la racaille, maintenant qu'on basait là-dessus le mérite. Les Bourbons sentaient bien qu'il fallait la tolérer, mais elle était en butte aux sarcasmes de tout ce qui les entourait. Chacun, selon son degré d'ancienneté méprisait son voisin. Une Montmorency regardait en pitié une duchesse de Mouchy, fille d'un banquier (1), laquelle, à son tour, riait d'entendre nommer *duchesse* mademoiselle Perregault, fille d'un banquier comme elle. Mais il est vrai de dire que, pour son argent, elle avait épousé un vrai duc, tandis que celle qui n'avait qu'un duc *à plumes* de Bonaparte pouvait se regarder comme une véritable parvenue !.... Hélas ! peut-être celle-ci en regardait-elle d'autres d'un œil tout aussi méprisant !..... Il y avait pourtant la différence qu'on ne peut trop mépriser ce qui peut, avec facilité, monter jusqu'à nous ! c'est la seule manière de mesurer la distance; tandis qu'avec l'ancienne noblesse la barrière était presque infranchissable. Aussi cette noblesse était-elle d'une terrible humeur de se trouver avoir des égaux en titres, et en aussi grand nombre; elle se regardait comme encanaillée. Et les autres bonnement allaient copier leurs allures et devenir impertinents comme eux pour s'en rapprocher davantage ; ils pensaient peut-être, en leur ressemblant, se donner des aïeux !.... Il est vrai aussi que, d'après le système bourbonnien, la barrière venait de se fermer derrière eux. Il fallait bien hurler

---

(1) M. Delaborde, banquier de Louis XVI.

aussi contre ceux qui n'allaient plus pouvoir la franchir.

Cette bonne maréchale donc, en venant se louer près de la reine des égards qu'on avait pour elle, faisait faire une grimace épouvantable à M. de Labédoyère et à d'autres qui se trouvaient là, et qui venaient tout doucement près de moi me dire ce qu'ils en pensaient; car on n'eût pas osé l'exprimer devant la reine, qui l'aimait beaucoup.

On la trouvait ridicule d'aller se fourrer avec tant d'empressement à cette nouvelle cour.

Malgré son engouement, elle y eut pourtant deux scènes qui lui firent un mal affreux.

La princesse de Léon, née Montmorency, venait pour la première fois dans ce palais des Tuileries, tout couvert encore d'aigles et de couronnes impériales, et la maréchale se trouvait placée près d'elle avec ou sans intention; la princesse de Léon s'écria : « Est-il possible qu'on ait laissé ici toutes ces indignités? On fait bien de fouler aux pieds ces insignes ridicules, ainsi comment ne sent-on pas le besoin de les voir entièrement disparaître? »

La maréchale se leva et s'éloigna d'une personne qui montrait tant de haine pour un temps de gloire, qu'elle sentait bien être aussi le temps glorieux de son mari.

Une autre fois qu'elle était chez l'ambassadrice d'Angleterre, une grande dame du faubourg Saint-Germain, dont j'ai oublié le nom, vint aussi lui rendre visite. « Ah, madame! s'écriait l'élégante du faubourg, sans faire la moindre attention à la pauvre maréchale Ney; c'est à l'Angleterre que nous devons notre bonheur! c'est elle qui nous a sauvés en nous délivrant de tous ces brigands et en nous rendant nos rois! Aussi soyez l'interprète de notre reconnaissance. »

L'infortunée maréchale Ney se leva bien vite et abrégea sa visite. Elle se trouvait donc souvent choquée par la nature même de sa position, qui faisait qu'elle n'était ni chair ni poisson; mais elle se louait infiniment des Bourbons, et l'on verra qu'au lieu d'être la cause du parti que prit son mari, elle l'aurait influencé plutôt, s'il eût été homme à l'être, à rester fidèle aux Bourbons. Cependant, des deux côtés elle était froissée, des deux côtés elle fut attaquée, toute bonne femme qu'elle était. C'est pourquoi je dis qu'elle était née malheureuse. Mais, je le répète, elle est toujours restée attachée à la reine, qui la défendait vivement lorsqu'on faisait sur elle la moindre observation critique. « Il est tout simple, » disait la reine, qu'elle ait conservé de l'at- » tachement pour la duchesse d'Angoulême, » ainsi que sa sœur qui a été tenue sur les » fonts de baptême par la reine Marie-Antoi- » nette. Le sort l'a rendue la femme du ma- » réchal Ney dont les intérêts sont ceux de » l'empire; mais il est permis aux sentiments » de se faire jour à travers l'intérêt personnel. » Ne blâmons donc pas dans la femme ce qui » est toujours bon en elle, et ce que nous de- » vrions plutôt encourager; c'est que l'affec- » tion, la reconnaissance passent avant tout » dans l'ordre de ses sentiments; laissons donc » l'intérêt personnel ne venir qu'après. »

Le maréchal Macdonald vint un soir rendre ses devoirs à la reine, qui le reçut avec une distinction toute particulière, et lorsqu'il fut parti, elle nous dit : « J'aime toujours à » voir un honnête homme, et je suis bien aise » qu'il y ait eu aussi du dévouement pour » notre cause, parmi vos grands qu'on accuse » tant d'ingratitude. Le maréchal Macdonald » est venu près des alliés discuter les intérêts » de l'empereur et de son fils, et pourtant il » n'était pas des amis de l'empereur. Cette

» conduite lui fait honneur. N'importe de
» quel parti on soit, je voudrais que tous les
» Français eussent une conduite honorable. »

La reine, malgré son imagination poétique, jugeait les actions des autres avec impartialité et justice. On pouvait en toute confiance lui demander un conseil; on était sûr qu'il serait dans la ligne de vos intérêts bien entendus; si elle se trompait, c'était dans la crainte de se laisser dominer par son amour du beau et d'y sacrifier *l'utile*; mais s'agissait-il des causes royales ou impériales, alors elle exprimait des opinions tout opposées à celles qui lui eussent été naturelles à elle, et s'en repentait après. Un homme de sa société venait-il lui dire : « On me recherche pour une place auprès des princes, me conseillez-vous d'accepter? — Oui certainement, » répondait-elle avec vivacité. — « Mais j'ai été attaché à la personne de l'empereur, lui disait-on, je porterai deux livrées; ce n'est pas comme une place dans l'armée, où l'on ne sert que son page? » Alors elle restait interdite, et me disait après :
« On a tort de venir me demander conseil sur
» de pareilles choses; j'ai si peur de me trou-
» ver un sentiment mesquin de jalousie, ou
» de personnalité médiocre, que je ne sais plus

» juger ce qu'il est réellement convenable de
» faire. Certainement il est plus noble de ne
» pas servir deux maîtres presque à la fois.
» Mais si j'aime à voir exprimer ces idées par
» mes amis, je trouverais ridicule à moi de le
» leur dire. » Les grandes dames qui se déchaînaient contre la reine, n'étaient pas seulement celles du faubourg Saint-Germain. Plusieurs de l'empire qui aspiraient aux faveurs du nouveau souverain, ne leur cédaient pas en malveillance. La reine les gênait terriblement. Il fallait bien venir lui faire une visite, ou être taxée d'ingratitude, et cela pouvait nuire aux projets ambitieux des maris. Alors pour avoir de bonnes raisons, à ses yeux comme à ceux du public, pour se retourner d'un autre côté, on y venait une fois, et puis on répétait en chorus avec les autres : « On ne peut pas retourner là! C'est un foyer de mécontents..... On y conspire, » etc., etc.

Je suis fâchée d'avoir à citer parmi ceux qui s'exprimaient ainsi des gens sur l'affection desquels la reine croyait pouvoir compter le plus. L'impératrice Joséphine avait traité mesdemoiselles de Castellane comme si elles eussent été ses filles; l'une était placée à Saint-Denis; l'autre conservait une pension que lui faisaient les enfants de l'impératrice; l'autre, dotée et mariée a M. Fritz de Pourtalès, n'avait pas cessé d'être gâtée par sa bienfaitrice jusqu'au moment où elle la perdit. La reine, qui la regardait comme la personne qui devait le mieux sympathiser avec la douleur qui la frappait, reçut d'elle une visite à Saint-Leu, puis n'en entendit plus parler. Madame de Pourtalès fit alors à Londres un voyage de plaisir, dont le moment aurait pu être mieux choisi. La reine s'inquiétait de ne plus en entendre parler; mais, sachant qu'elle était de retour à Paris, elle finit par croire qu'il existait quelques raisons personnelles qui empêchaient un ménage qu'elle avait toujours comblé de témoignages d'intérêt de venir la voir; elle m'en avait parlé souvent en me demandant quels pouvaient être les motifs qui les éloignaient d'elle, et elle s'en affligeait. Un beau jour, le mari et la femme arrivèrent faire une visite. La reine s'attendait à une explication de leur conduite; de son côté, à elle, rien n'était plus facile, puisqu'elle avait été toujours bonne et bienveillante pour eux. Mais pas un mot ne fut dit pour justifier un si long oubli. Il leur paraissait tout simple que la mort et les événements qui avaient tari la source des bienfaits eussent aussi anéanti les souvenirs du passé. La reine en fut si stupéfaite, qu'elle les reçut et les regarda dès lors comme de simples connaissances.

Ils ne firent qu'une visite, et le mari fut un de ceux qui osèrent calomnier un salon où il n'allait plus. Une grosse duchesse de l'empire vint une fois, et pourtant il faut lui rendre justice, elle ne trouva que peu de chose à critiquer : c'était.... que la reine était habillée en rose....; et cela était vrai, il était impossible de le nier.... Mais, notez que la reine avait eu autant de peine à quitter le deuil de sa mère qu'elle avait eu de peine à le prendre. Par suite de cette répugnance à remettre des vêtements de couleur, elle avait porté le deuil plus de six semaines au-delà de ce que l'usage prescrit. Ne faisant plus de brillantes toilettes, puisqu'elle avait fermé ses grands appartements et qu'elle recevait dans son petit salon de tous les jours, elle avait adopté pour son costume de chaque soir une simple robe montante en crêpe doublé de satin, fermée jusqu'au cou, et garnie devant avec des blondes et des nœuds de satin pareils à la robe, qui la figuraient ouverte. Cet habillement était tantôt blanc, tantôt bleu, tantôt rose. Un petit chapeau à plumes en crêpe pareil, ou un bonnet à fleurs, composaient toute sa toilette.

Tandis que la grosse duchesse, qui n'était pas venue faire de visite depuis la mort de l'impératrice Joséphine, trouvait si extraordinaire de voir sa fille déjà en rose, elle trouvait tout simple de rencontrer au bal du duc de Berri toute la famille royale, qui, pour cette fin, avait quitté le grand deuil qu'elle portait à l'occasion de la mort de la reine Caroline de Naples. Voilà comme en toute chose les gens ont deux poids et deux mesures pour juger les actions des autres et les leurs.

Lorsque cette injuste malveillance pour une grandeur tombée et si inoffensive me mettait de nouveau en colère, et que je l'exprimais à la reine, elle me répondait simplement : « C'est que je gêne ; j'aurais dû l'ima-
» giner plus tôt; et pourtant, je me trouve si
» heureuse d'être restée en France simple
» particulière, de voir que j'y ai encore des
» amis et que je n'ai plus de courtisans, puis-
» que je ne suis plus reine! C'est le sort qui
» me convenait; c'est celui pour lequel j'étais
» née. Mais on ne peut changer sa destinée »,

finissait-elle par dire avec un soupir. « J'ai été
» portée trop haut pour que la chute ne se
» fasse pas sentir et n'ameute pas contre moi
» toutes les petites passions, toutes les petites
» gens, qui croient toujours se grandir en at-
» taquant l'infortune. »

Ces attaques, dont elle parlait si froidement, devenaient pourtant tous les jours plus dangereuses pour elle; car plus le gouvernement mécontentait, et plus il devenait soupçonneux. Le prince Eugène, en partant, avait recommandé sa sœur aux soins d'un homme qui avait longtemps servi sous ses ordres dans la haute police en Italie, dans la crainte qu'il y eût quelque danger à courir pour elle. Cette personne, qui était d'une haute capacité, pouvait, par son esprit et ses connaissances, être bonne à consulter, et, par ses anciennes relations, la restait au fait de tout ce qui se passait. Elle avait promis au prince de faire prévenir sa sœur par un intermédiaire, si jamais un danger pouvait l'atteindre, ou si un conseil pouvait lui devenir nécessaire. Je n'ai appris ces détails que depuis mon départ de France.

Je vis un jour la reine fort inquiète; elle me dit qu'elle venait d'apprendre qu'on envoyait à son frère des espions, des espèces d'agents provocateurs avec le projet de le compromettre, afin que le congrès saisît ce prétexte pour ne tenir aucune des clauses du traité qui le concernait.

« On vient de m'en avertir », disait-elle, « afin qu'il le sache promptement; car ces » espions, prenant le nom de militaires fran- » çais, ne peuvent manquer d'être accueillis, » même si leur demande ne l'est pas; car ils sont » censés venir au nom de l'armée française. » Et comme de telles gens inventent pour gagner leur salaire, elle trouvait urgent de prévenir son frère, pour qu'il ne les admît pas même chez lui. Mais comment faire pour envoyer une pareille lettre au prince Eugène, sans qu'elle fût lue? car il était surtout essentiel de ne pas compromettre le donneur d'avis. La reine m'en parlait, dans l'idée que mon frère, qui se disposait enfin à aller près de l'empereur Alexandre, pourrait se charger de cette lettre. Mais Adrien n'était pas encore en mesure de partir, et l'avis était pressant. Il me vint à la pensée d'en charger lord Kinair. Il allait souvent à l'ambassade chez lord Wellington : il partait sans cesse de là des courriers pour Vienne, et à tout hasard, faute de mieux, le prince pouvait recevoir promptement cet avis. La reine suivit mon conseil ; elle écrivit à son frère. Je plaçai sa lettre dans une petite brosse, et j'en chargeai lord Kinair. J'ai toujours ignoré si cette lettre était parvenue : de si grands événements sont venus me distraire de cet incident, que je n'ai jamais pensé à m'informer de ce qu'il était arrivé de notre dépêche. L'année 1814 finissait, et nous allions entrer dans ce 1815, que madame de Krudner m'avait prédit devoir être si effrayant. Le hasard fit que nous y entrâmes au milieu d'un tourbillon de monde.

Le matin du dernier jour de l'année, la reine apprit que madame d'Arjuzon (1) venait de perdre son fils aîné : de pareilles douleurs trouvaient tant de sympathie en elle, qu'elle courut à l'instant même porter des consolations à la malheureuse mère. Je l'accompagnai, et l'on peut imaginer de quelle douleur je fus témoin !... La reine en conserva une grande tristesse pendant toute la journée ; et, croyant passer sa soirée comme à l'ordinaire, elle n'avait donné aucun ordre à sa porte.

(1) Dame de la reine Hortense.

1815.

XV.

Le retour des Tuileries et la cour chez la reine Hortense. — Les mauvaises voisines. — Le 1ᵉʳ de l'an 1815. — Les étrennes. — La rose et le torrent. — L'abbé Bertrand. — La robe de bure et la reconnaissance d'une femme. — La dernière descendante de Duguesclin. — Le marquis de Rivière chez la reine Hortense. — Une terreur panique. — Les chouans à Paris. — Les libéraux et le parti ultra. — M. de Broglie auditeur. — Projet de mariage entre M. de Broglie et mademoiselle de Beauharnais. — Affaire du général Exelmans. — La politique bannie du salon de la reine.

Cependant toute la cour avait été défiler devant la famille royale, et, par la même occasion, en sortant des Tuileries beaucoup de monde était venu, par ancienne habitude, souhaiter la bonne année à la reine Hortense. Le petit salon où elle se tenait tous les soirs pouvait à peine contenir toutes les personnes qui s'y pressaient. Outre ses connaissances qui y étaient habituellement, il en vint aussi de celles qui étaient devenues bourbonnistes depuis que c'était à l'ordre du jour.

Madame Ducayla se présenta en habit de cour, ainsi que toutes les autres dames qui arrivaient des Tuileries. La mise de cour déterminée par l'impératrice Joséphine pour la France, avait été adoptée par toutes les cours de l'Europe, excepté par celle d'Angleterre, où la vieille reine avait conservé les paniers et la poudre. A son retour, la duchesse d'Angoulême voulut ramener l'ancien costume pour les cérémonies de la cour ; elle proposa les paniers, et malgré son insistance elle ne put les faire adopter. On voulait bien, dans un premier moment d'empressement, aller au devant de toutes les idées rétrogrades ; mais la mode fut la plus forte et l'emporta sur l'influence des vieilles coutumes. La reine examina les toilettes de toutes ces dames et leur en fit compliment ; elle trouva que les barbes en blonde (seul changement fait à l'habit de cour) leur allaient très-bien ; elle disait tout cela si naturellement qu'il semblait qu'elle était déjà une vieille douairière charmée de ne plus avoir rien de commun avec la joie des cours, et qui regardait la jeunesse belle et gaie avec plaisir, mais sans lui envier ses jouissances ; et c'était l'exacte vérité. Quand tout le monde fut parti, la reine me dit : « Si j'avais pu prévoir la quantité de » monde qui devait venir chez moi ce soir, » j'aurais fait fermer ma porte ; avec les dis- » positions hostiles qui se montrent contre » moi, cette soirée inquiétera, j'en suis sûre, » et je suis fâchée de ne l'avoir pas évitée. »

Tout en faisant ces réflexions, la reine aurait pu y ajouter (ce dont elle ne se doutait pas), la fureur de voisines qui restèrent à la file une heure avant de pouvoir rentrer chez elles, et qui pestaient doublement contre elle ; car, autrefois, les jours de réception de la reine, il y avait toujours de la garde pour mettre de l'ordre dans la file des voitures; tandis que cette affluence improvisée, dans une rue qui n'était pas trop large, avait causé des embarras dont on avait eu peine à se tirer. Le premier jour de l'an 1815 fut un grand contraste avec ce même jour les années précédentes. Je fus la seule qui pensai pour la reine à ces petits souvenirs que l'usage autorise, et encore mon cadeau fut-il triste comme l'âme de celle à qui je l'offrais. C'était un livre de piété qui a pour titre l'*Esprit consola-*

teur. Je mis à deux passages choisis le portrait de son fils qui n'est plus. Il est peint en ange dans les nuages avec une couronne de roses blanches; il semble monter au ciel. Ces mots sont écrits au bas : *O maman ! mon cœur reste toujours avec toi.* Puis le portrait de madame de Broc. Elle est entourée d'une couronne de roses battues par l'orage, jolie comme dans ses beaux jours; la foudre la frappe. Au bas on voit une partie du torrent qui entraîne une rose ; le génie de la jeunesse la regarde passer en pleurant. C'est l'image bien exacte de sa mort. Plus loin on voit les trois Grâces dans un nuage orageux entouré d'un crêpe noir, avec ces mots : *Et rose elle a vécu ce que vivent les roses : L'espace d'un matin.* Le livre était revêtu d'une couverture en velours violet avec des agrafes et son chiffre en argent. Ce triste cadeau toucha la reine au cœur. Elle passa la journée seule comme de coutume, et le soir, pour distraire ses enfants, elle les mena chez Franconi, ce qui fut pour eux un très-grand plaisir. Parmi les gens qui venaient par un reste de pudeur chez celle qu'ils avaient si longtemps reconnue comme souveraine, il y eut un homme qui dit à l'abbé Bertrand : « La reine Hortense s'est pourtant bien tirée de toute cette bagarre ; car enfin, par le traité du 11 avril, elle conserve 400,000 fr. de rentes ; c'est joli pour mademoiselle de Beauharnais. — Oui, répondit l'abbé, c'est joli si elle n'avait pas été reine; mais comme elle avait deux millions de revenu, et que cette somme de 400,000 fr. passait en dons, vous avouerez au moins que d'autres y perdent autant qu'elle, et qu'il lui deviendra difficile de remplir les engagements qu'elle a contractés avec la plus grande partie des malheureux qu'elle soutenait. L'empereur n'a jamais voulu que les personnes de sa famille eussent des fortunes particulières ; elles devaient dépenser tout le revenu qu'il leur donnait. Et ce qu'il leur donnait lui appartenait bien, puisque c'était le fruit de ses conquêtes, et qu'il en enrichissait d'abord la France, puis sa famille et ses généraux. Vous, monsieur, comme tous les enfants de la révolution, vous avez haussé de position, vous conservez vos appointements, et vos dépenses, qui ont été basées dessus, restent les mêmes. Vous trouvez tout simple d'avoir toujours la même fortune. Si l'on vous disait aujourd'hui : redevenez soldat, vous avez commencé par là, vous réclameriez ; vous diriez : Mais, étant colonel d'un régiment, j'ai contracté l'habitude de donner aux plus nécessiteux, je leur ai même signé des engagements que je ne puis rompre. Si je fusse resté soldat, on en eût contracté envers moi. Je ne me serais pas créé des besoins qui me rendent les privations plus pénibles. Eh bien! c'est absolument la même chose pour la royauté; moi, pauvre ecclésiastique, je ne vis, comme tant d'autres, que des bontés de la reine. Si elle fût restée particulière, elle n'aurait eu qu'une ou deux charges tout au plus à soutenir. Reine, elle a contracté mille obligations qu'elle ne croyait pas devoir être jamais au-dessus de ses moyens; et vous osez la trouver trop heureuse ayant un revenu qu'un simple banquier possède souvent sans en faire jouir personne?»

L'abbé Bertrand, qui répondait avec tant de justesse à tous ces calculs de l'égoïsme, ne pensait pas alors que cette même reine, que nous trouvions déjà pauvre avec 400,000 fr. de rente, serait bientôt dépouillée de tout ce qui lui appartenait, et que le prix de ses diamants, seule chose qu'elle a pu sauver du naufrage, serait employé, à force de privations personnelles, à soutenir les plus nécessiteux de ses anciens serviteurs. Mais n'anticipons pas sur cette année 1815, dans laquelle nous entrons, et où il eût été de peu d'intérêt de déplorer la perte de sa fortune, lorsque sa vie et celle de ses enfants ont été si souvent en danger. Ce bon abbé Bertrand savait mieux que personne tous les bienfaits que répandait la reine, puisqu'une grande partie des secours passait par ses mains. C'était lui aussi que le roi Louis, avant d'aller en Hollande, chargeait de répandre ses dons ; et tout le monde sait combien le roi Louis était bienfaisant et charitable. Aussi l'abbé me disait-il quelquefois que, tout pauvre qu'il était, puisqu'il ne possédait rien, il lui était passé bien des millions par les mains. Un matin que j'étais seule avec la reine, il lui dit : « Madame, si vous rencontrez à présent beaucoup d'ingrats, je viens vous réjouir en vous apprenant qu'il est encore des personnes qui n'oublient pas tout ce qu'elles vous doivent, et qui sont reconnaissantes en dépit des événements qui ont changé votre position et la leur. »

Il raconta alors qu'une madame de J. R. C., à laquelle la reine accordait une pension, à la demande, je crois, de M. Adrien de Montmorency, venait de l'envoyer chercher. Il s'était rendu chez elle, et en le voyant paraître, « Venez, monsieur l'abbé, lui avait-elle dit, je veux que vous fassiez à la reine Hortense le récit du bonheur dont je jouis, et qui ne peut lui être indifférent, à elle qui a pris tant de part à mes malheurs. Le retour des Bourbons me rend une fortune. Ma fille, comme vous le savez, était recherchée par un honnête homme qui vient de l'épouser. Elle soignait ma vieillesse, elle tenait mon ménage, elle était ma seule servante, puisque nous n'avions pour vivre que la pension que nous tenions des bontés de la reine. Aujourd'hui le sort de ma fille est assuré, et nous voilà riches. »

Elle ouvrit alors une petite armoire où se trouvait un habillement complet en bure et en grosse toile : « Voilà ce qui constate notre misère passée ; si jamais ma fille ou moi nous avions de l'orgueil, ou si nous avions le malheur d'oublier les bienfaits de votre angélique princesse, cet habit, que je conserve avec respect, viendrait nous rappeler tout ce que nous fûmes et tout ce que nous lui devons. Dites-le à la reine de ma part, et dites-lui que nos cœurs reconnaissants ne cesseront de faire des vœux pour elle. »

Ce récit m'attendrit et rappela sur la physionomie de la reine un sourire de satisfaction : « J'étais bien sûre, dit-elle, qu'il y avait en-
» core de nobles sentiments dans ce monde ;
» s'il s'en rencontre trop souvent de mauvais,
» il ne faut pas croire qu'ils soient si nom-
» breux. J'ai reçu aussi une lettre de madame
» de Gèvres : cette dernière descendante de
» Duguesclin, à laquelle l'empereur, à ma de-
» mande, avait accordé une pension sur sa
» cassette, m'écrit simplement pour me rap-
» peler sa reconnaissance, sans doute parce
» qu'elle sait que dans ce moment beaucoup
» de personnes en manquent, et qu'elle ne
» veut pas être confondue avec elles. J'espère
» que les Bourbons la soutiendront mainte-
» nant, car elle est malheureuse, et son nom
» est une des gloires françaises. »

Un soir M. le marquis de Rivière vint aussi témoigner à la reine toute sa reconnaissance envers l'impératrice Joséphine, à laquelle il était redevable de la vie. Condamné à mort, c'était à la demande de l'impératrice que l'empereur avait commué la peine de M. de Rivière en une détention. Bien d'autres, dans le même cas, omirent cette démarche de politesse, que M. de Rivière, aide-de-camp du comte d'Artois, fit avec noblesse. La reine l'engagea un jour à dîner. Dans le moment où tous nos militaires craignaient qu'on ne leur jouât quelque mauvais tour, les bourbonnistes de leur côté n'étaient pas plus tranquilles. Le valet de chambre de la reine, qui allait faire l'invitation chez M. de Rivière, entendit qu'on se barricadait dans son appartement, au lieu d'ouvrir, au nom d'un message de la duchesse de Saint-Leu. Il entendit la voix d'un homme qui demandait son épée, puis une voix de femme qui criait : « Tu ne sortiras pas; ne les entends-tu pas qui viennent pour t'égorger? »

Tout cet effroi était causé par des hommes ivres qui se disputaient dans la rue. Le valet de chambre les avait à peine remarqués en montant dans la maison ; mais ceux qui l'habitaient, et qui ne rêvaient que réaction et révolution, croyaient être au moment de la voir éclater contre eux, et étaient toujours sur le qui-vive.

D'après tous les minutieux détails que je me plais à reproduire, on me croira sans peine lorsque j'avouerai; avec la franchise que je mets à tout, que je vivais à Paris au milieu d'un tourbillon qui m'empêchait de penser nullement à ce qui se passait en politique ; je n'en savais en vérité que quelques caquets. Comme femmes, nous avions contracté l'habitude de ne jamais nous en mêler, et moi plus que toute autre. Je n'y entendais rien du tout ; je ne lisais pas même un journal. Sans la colère que M. de Labédoyère laissait éclater de temps en temps, et que la reine tâchait toujours de réprimer, j'aurais cru que tout allait le mieux du monde.

J'avais cependant appris, par quelqu'un qui était venu un jour chez ma mère, que Frotté, un ancien chef de chouans, avait été envoyé dans le Midi pour tâcher de faire arriver des assassins jusqu'à l'île d'Elbe. Je n'avais fait que rire de cet avis, comme d'une extravagance qui n'avait pas le sens commun. Je n'en avais pas même parlé à la reine, de peur de l'inquiéter, tant ce bruit me paraissait dénué de fondement. D'ailleurs, chacun rendait cette justice aux Bourbons, qu'ils étaient des honnêtes gens, incapables de commettre un crime. Mais, sous prétexte de se défendre, puisque de leur côté ils se croyaient en péril, ils faisaient venir à Paris tous les chouans, les plus hardis détrousseurs de diligences; et, sans y donner les mains, c'était encourager bien des désordres.

Tous les bonapartistes, instruits de cette mesure, se préparaient à se défendre; et on parlait d'une Saint-Barthélemy comme d'une chose toute simple. Le parti que l'on appelait des *libéraux* soutenait les Bourbons, dans l'espoir qu'avec eux ils pourraient faire briller leur éloquence tout à leur aise; et pourtant la peur arrivait jusqu'à eux; car dans cette Saint-Barthélemy, ils n'eussent pas été épargnés: ils commençaient à s'apercevoir du peu de sympathie que l'on avait pour eux à la cour. Le parti *ultra*, qui dominait, les détestait à l'égal des bonapartistes; mais on semblait les ménager, d'un côté, comme ayant été les premiers agents de ce retour des Bourbons, et de l'autre, comme ayant arraché d'eux, dans les premiers moments, cette charte qui devenait la seule garantie des droits de chacun. Les bonapartistes sentaient aussi que, sans cette formule de liberté, dont on s'était servi comme d'un appât, ils eussent été à la merci d'un parti haineux, dont les mauvaises intentions ne se déguisaient plus guère. Aussi chacun se cramponnait à cette charte comme à la seule branche de salut, et il fallait entendre les cris de tout le monde à chaque illégalité commise contre ce *palladium* de la sécurité publique. Ce fut une véritable rumeur lorsqu'un ordre du ministre de la guerre renvoya illégalement de Paris le général Excelmans, je ne me rappelle plus sous quel prétexte : je crois que c'était pour une lettre écrite au roi de Naples. L'exaspération fut générale; on ne s'entendait plus dans les salons, tant on s'échauffait sur ce sujet. Malgré le respect qu'inspirait habituellement un seul mot de la reine, elle ne put, dans ce premier moment, parvenir à imposer silence afin qu'il ne fût pas question de cette affaire chez elle. « Il ne faut pas qu'il cède, » disaient les uns; « C'est le commencement de la tyrannie » disaient les autres.

Je me souviens que ce soir-là il y avait chez la reine M. de Labédoyère, M. de Flahaut, M. de Lascours, M. Philippe de Ségur, M. de Lavalette, M. Perrégaux et M. de Broglie. La prédilection de la reine pour l'esprit et les bonnes manières lui faisait voir ce dernier avec plaisir; pour moi, j'avais l'enfantillage de le prendre en déplaisance parce qu'il s'écoutait parler et qu'il lorgnait ses pieds en écoutant les autres. Cependant il était auditeur au conseil-d'état, comme mon frère Adrien, qui l'aimait beaucoup et auquel j'en avais toujours entendu faire l'éloge.

A propos de M. de Broglie, la reine, à qui j'en parlais un jour, me dit : « Tu ne te doute-
» rais pas que j'étais destinée à épouser M. de
» Broglie ; nos familles étaient liées, nos pères
» professaient les mêmes opinions, et je me
» souviens même que, dans mon enfance, j'ai
» vu le prince de Broglie, père de celui-ci,
» chez la princesse d'Hohenzolern au palais
» de Salm. Il disait, en me caressant beau-
» coup: *Ce sera un jour ma petite-fille.* J'eusse
» été simplement la femme d'un modeste audi-
» teur, au lieu d'être reine. Ma destinée eût été
» sans doute moins brillante, mais probable-
» ment plus tranquille. »

Mais revenons aux discussions animées auxquelles donna lieu l'ordre de départ du général Excelmans. M. de Broglie fut un de ceux qui prenaient le plus chaudement cette affaire. Tous traitèrent cette question sérieusement et insistèrent sur l'obligation où était chaque Français aimant la liberté de soutenir le général Excelmans, et de ne pas souffrir qu'on osât attenter à la charte. On disait que les conséquences pouvaient en devenir funestes, etc. La reine voyait que cette scène prenait un air de gravité qu'il lui était difficile de tourner en plaisanterie, comme elle le faisait souvent pour changer le sujet de la conversation et éviter qu'on parlât politique. Elle se leva et dit à ces messieurs : « Je vous vois occupés de » choses beaucoup trop graves pour des fem- » mes ; je vous laisse le champ libre et je me » retire. » En disant ces mots, elle les salua, et nous quittâmes le salon avec elle.

Ces messieurs sentirent toute la portée de cette manière d'agir, et jamais depuis ils ne parlèrent devant elle d'aucune affaire politique.

A présent que j'ai des années de plus et que je me rappelle la reine si jeune encore, seule, sans conseil, mettant tant de dignité, tant de tact dans sa conduite, je ne comprends pas, non-seulement qu'on ait pu l'attaquer, mais encore qu'elle ait pu donner si peu de prise à la critique, dans une vie si nouvelle pour elle et avec si peu d'expérience ; son bon esprit lui faisait toujours trouver ce qu'elle devait faire. Comment tous ceux qui ont été témoins comme moi de tout ce que j'avance n'ont-ils pas été au moins ses défenseurs contre tant d'absurdes calomnies?

Il est vrai que les plus dévoués n'existent plus, et que les autres se sont peu souciés d'employer leur temps et leur crédit à se faire les champions d'une femme dont ils n'avaient plus rien à espérer.

XVI.

Le bœuf gras et les ingrats. — La crainte d'un procès. — Procès du roi et de la reine.—Pusillanimité d'un avocat et le nom d'empereur. — Un article de journal et indifférence de la reine. — Le mari vengé par sa femme. — Lettre de la grande-duchesse de Bade. — Lettre de la princesse Auguste. — Amitié de ces princesses pour la reine. — Les amis perdus au jour du malheur. — Visite mystérieuse. — Un confident officieux de Maubreuil. — Tourments de la reine. — Service expiatoire.

Au milieu de toutes ces discussions politiques, on dansait beaucoup à Paris. La seule maison de la reine conservait sa gravité ordinaire; car, excepté cette soirée si brillante et si inattendue de la veille du jour de l'an, toutes ses soirées se ressemblaient; les jours gras pourtant nous amenèrent encore une cérémonie royale. La troupe du bœuf gras, par ancienne habitude, vint réclamer son offrande et conduisit comme de coutume son Amour, tout gelé et tout entouré de fleurs, qui vint jusque dans l'appartement de la reine. La foule le suivait à l'envi, et l'on me répéta plusieurs exclamations de quelques personnes du peuple qui me firent beaucoup rire. A leurs yeux, rien n'était si beau que cette mascarade, et rien n'était si honorable que d'en recevoir la visite; aussi, en voyant comme autrefois défiler le bruyant cortége dans la cour de la reine, les bonnes marchandes s'écrièrent-elles : « Ah ! c'est bien ça, v'là qui me réjouit ! voyez-vous le bœuf gras qui fait toujours l'honneur à cette bonne reine d'aller lui rendre ses hommages ! ce ne sont pas des ingrats ceux-là ! »

Quant aux ingrats, ils critiquaient, pour excuser leur ingratitude; celle qu'ils accablaient était loin de s'en occuper. Ce qui augmentait son indifférence sur ce qui se passait autour d'elle, c'est qu'elle était absorbée par un seul sentiment, par une seule inquiétude, par une seule crainte, celle de perdre son fils aîné : aussitôt que cette pensée lui venait, elle fondait en larmes. D'un autre côté, l'idée de voir le nom qu'elle portait, ce nom de Bonaparte, qu'elle respectait tant, retentir devant les tribunaux, la mettait encore au désespoir!

Mais le sec et froid représentant de l'autorité paternelle ôtait toute chance de conciliation. Au lieu de donner du répit à une résolution si pénible pour le cœur d'une mère, il disait au contraire que, malade ou bien portant, mort ou vif, l'enfant devait partir. Alors le courage revenait à la pauvre mère, et elle se fortifiait dans sa résistance.

La maison ne désemplissait pas d'avocats; les discussions ne cessaient pas; les espérances se fondaient sur les droits d'une reine nommée régente par son mari, et qui par-là avait reçu tout pouvoir sur ses enfants.

Ensuite on en venait au traité du 11 avril, qui fixait l'existence des enfants avec leur mère; etc., etc. Tout cela paraissait péremptoire; mais les tribunaux voudraient-ils reconnaître les lois du gouvernement impérial, quand le régime des Bourbons lui était tellement contraire, que rappeler ce temps était déjà une faute et une chance de condamnation? Les avocats n'osaient même pas dire « l'empereur en plaidant; » alors la reine se fâchait, en disant au sien : « Monsieur, vous parlez » pour moi, vous devez vous identifier à ma » position et vous servir de mes paroles : ce

» serait une lâcheté qui aurait l'air de venir
» de moi que de ne pas oser donner à l'em-
» pereur un titre que la France lui a con-
» féré. La puissance, c'est une autre affaire,
» il ne la possède plus; mais renier ce qu'il
» fut me paraît un manque de dignité autant
» pour tout Français que pour moi, qui suis
» sa fille. » On se moquait bien de dignité
dans ce temps-là! La pauvre reine avait beau
user son éloquence et se fatiguer la poitrine,
ses paroles s'envolaient comme un vain son;
personne ne comprenait plus ses nobles sentiments!.... son avocat n'en disait pas moins
au plaidoyer suivant, en parlant de l'empereur, « *Bonaparte.* » Ce nom si grand, si beau,
était alors prononcé en signe de dédain. Cependant, par condescendance, il en arrivait
à dire Napoléon, et il fallait bien s'en conten-
ter. M. de Labédoyère allait tous les jours
assister aux débats, et venait sur-le-champ
rendre compte, pour que j'en instruisisse la
reine.... « Si jamais j'ai un procès, me disait-
» il, j'apprends là comment cela se passe.
» Mais pourquoi avez-vous indiqué à la reine
» des avocats semblables à tous ceux qu'elle
» a? Elle devait prendre de ces jeunes gens
» qui débutent, qui sont remplis de talents

» et de patriotisme. » Il me nommait alors Dupin, Mauguin, etc. « Si un jour j'en ai » besoin, ajoutait-il, voilà ceux que je choi- » sirai, et non pas vos vieilles ganaches. » Un soir que, assis près de la table ronde, M. de Labédoyère y lisait un journal, je vis la colère se peindre sur son visage : je m'approchai de lui pour lui demander quel était le sujet qui venait de lui faire froncer le sourcil si violemment. Il me passa le journal en me disant tout bas : « Voyez quel article offensant on vient d'écrire contre cette excellente femme, qu'on accable aussi impitoyablement, tandis qu'elle n'est occupée qu'à remplir ses devoirs maternels! Voilà la reconnaissance qu'on professe envers elle et sa famille! Vraiment c'est indigne! Il faut déchirer cette gazette, pour qu'au moins la reine ne lise pas cet article. — Gardez-vous-en bien, lui dis-je : vous ne la connaissez pas, elle en sera faiblement touchée. Ce qu'on dit là est si loin d'elle! Hier, elle s'étonnait que l'on soit aussi bienveillant pour elle dans les feuilles. Elle s'est préparée à cette injustice; mais elle veut être instruite de tout ce que l'on inventera contre elle. D'ailleurs n'est-on pas venu lui dire que le

gouvernement comptait sur le bruit que ferait son procès, pour faire diversion aux débats des chambres? Elle était donc résignée d'avance à toutes ces hostilités ; pourvu qu'elle conservât son fils, tout le reste lui était devenu indifférent. » Je m'emparai du journal, et le soir même je le montrai à la reine. — « Ah! me dit-elle après l'avoir
» lu, j'ai pris mon grand courage d'avance;
» je m'attendais à toutes les calomnies possi-
» bles. Cela fait pourtant de la peine d'être
» en butte à la malveillance de ses compa-
» triotes !... »

Le lendemain, M. Després, le secrétaire des commandements de la reine, ayant lu ce même article (et connaissant intimement le rédacteur d'un journal), vint lui demander si elle permettait qu'il y répondît. « Non! dit la reine,
» c'est inutile, n'en faites rien ; je sais me met-
» tre au-dessus d'insultes pareilles, elles ne
» m'atteignent pas. »

Quelques jours après, il y eut dans le même journal un autre article fort ingénieux ; mais cette fois-ci c'était contre le roi Louis. Comme je ne lisais jamais de gazettes, j'aurais pu l'ignorer ; on me l'apporta, et je le montrai de même à la reine. Pour cette fois, ce grand calme qu'elle conservait toujours lorsqu'il n'était question que d'elle l'abandonna. Elle me dit vivement : « Je suis indignée ! et je veux que M. Després réponde de suite à cet article. Si la tendresse paternelle et maternelle sont aux prises par notre pénible procès, cela ne regarde personne et ne doit faire de tort ni à l'un ni à l'autre. Je serais au désespoir qu'on profitât de cette triste discussion pour outrager le père de mes enfants et le beau nom qu'il porte. Que personne au monde ne le sache ; mais puisque je suis seule ici, je dois être autant que possible le défenseur des absents. Fais venir M. Després à l'instant, et qu'il réponde sur-le-champ à ce misérable article. »

Le lendemain, quelques mots bien appliqués, mis dans un journal, firent sentir l'inconvenance d'attaquer un homme d'un caractère aussi honorable que celui du roi Louis. Jamais il n'a pu se douter qu'il fût redevable de cet éloge bien mérité à sa femme, qui était en procès avec lui. D'après la défense de la reine, je n'en ai jamais non plus parlé à personne ; mais c'est un fait curieux.

Je reçus à cette époque des lettres de la princesse Auguste et de la grande-duchesse de Bade. Je m'étais chargée de leurs petites commissions de toilette à Paris, et je me trouvais très-honorée d'être en correspondance avec des personnes que je vénérais autant.

LETTRE DE LA GRANDE-DUCHESSE DE BADE A MADEMOISELLE COCHELET.

« Je te remercie, ma chère Louise, du charmant chapeau que tu m'as envoyé; il me rappelle des moments agréables, et me prouve qu'en t'éloignant de nous tu nous a conservé un souvenir auquel je tiens beaucoup. Je désire que tu viennes en chercher de nouveaux; tu sais le plaisir que tu me ferais éprouver, et je ne doute pas de celui que tu aurais à te retrouver dans nos montagnes. Tu te rappelle qu'on y cause bien. Il me semble que l'aspect du pays influe même sur la liberté de la pensée. Quant à moi, je me trouve plus libre et plus heureuse dans une nature sauvage; et quoique je ne le sois pas extrêmement, je me sens plus d'analogie avec un pays comme celui-là que dans une grande ville, où l'on voit remuer tant de monde sans savoir pourquoi. Je pense que tes idées philosophiques ne t'auront pas quittée, et que ma lettre te retrouvera dans les mêmes dispositions que celles où tu étais à Bade, quand nous causions. Ainsi, je ne dois pas craindre de te parler de sentiments que tu comprenais si bien. Le temps où nous vivons devrait être celui de la philosophie, et il faut s'entretenir constamment dans cette disposition si favorable au moment actuel.

» Dis-moi, je t'en prie, ma chère Louise, si vous êtes tout-à-fait établis à Paris. J'ai vu avec peine dans les journaux que la reine allait avoir un procès pour son fils. Qu'il est malheureux d'être obligé de venir à cette extrémité! Combien je souhaite qu'elle réussisse. Tout le bonheur de sa vie y est attaché. Je t'en prie, instruis-moi de ses espérances. Je serais si heureuse d'apprendre qu'elle en a ; car il est trop cruel pour une mère de devoir se séparer de son enfant au moment où il peut vous rendre ce que vous avez fait pour lui.

» J'ai appris avec joie que le prince Eugène était content de la marche que prennent ses affaires. Chacun doit désirer qu'il réussisse. Tout être qui a quelque chose de noble dans le cœur croit que cette affaire est la sienne, et serait heureux de voir un hommage rendu à tout ce qui est vraiment beau et bien. Je pense que vous en avez souvent des nouvelles. C'est une grande consolation pour la reine d'avoir un ami comme celui-là. Il est bien des choses qu'on doit pardonner au sort, lorsqu'on a le prince Eugène pour frère. Adieu, ma chère Louise ; donnez-moi quelquefois de vos nouvelles ; elles me prouveront que vous n'oubliez pas vos amis, tout éloignés qu'ils sont, et que vous comptez parmi les Germains une tendre et sincère amie.

» Stéphanie. »

LETTRE DE LA PRINCESSE AUGUSTE.

« Munich, 5 mars 1815.

» Imaginez-vous que je n'ai reçu qu'hier votre lettre du 20 janvier ; elle a été à Vienne où on l'a gardée, au moins je le crois. Mais ce dont je suis certaine, mademoiselle, c'est que le contenu m'en a fait bien plaisir, à l'article près où il est question de votre santé, car je suis très-fâchée que vous ayez à vous en plaindre.

» Il est bien heureux que la santé de la reine se soit fortifiée, et que son procès prenne une bonne tournure ; mais j'avoue que je ne serai tout-à-fait tranquille que lorsqu'il sera terminé en sa faveur. Le prince se porte très-bien. Tout le monde l'estime et l'aime, et il a le bonheur d'avoir un véritable ami (1), chose rare dans ce siècle. Il y a plus de cinq mois qu'il est à Vienne; c'est bien long!.... Mes enfants jouissent d'une parfaite santé. Je ne puis pas en dire autant de moi, car les chagrins m'ont fait bien du mal.

» Je ne voulais pas vous occuper si souvent de moi : mais pourtant si la saison n'est pas trop avancée pour la redingote en casimir, vous me ferez plaisir de me la faire faire. Tâchez aussi que le prix n'en soit pas trop élevé, car je suis obligée à une grande économie. Vous voyez, les jours se suivent pour nous et ne se ressemblent pas ; cela fait faire de sérieuses réflexions, et ne fait pas voir en beau.

» Adieu, ma chère mademoiselle Cochelet; recevez mes remercîments pour votre complaisance et l'assurance de mon amitié.

» AUGUSTE. »

Comme on le voit, ces princesses étaient occupées de la reine et de ses soucis. L'empereur Alexandre et le prince Eugène écri-

---

(1) L'empereur Alexandre.

vaient aussi de Vienne et témoignaient toute leur anxiété sur l'issue de ce malheureux procès qu'ils eussent voulu empêcher. La reine était fort sensible à toutes ces marques d'intérêt.

Elle me disait : « L'empereur Alexandre est
» un ami véritable pour nous ; sans lui que
» deviendrait la position de mon frère ? Je
» vois qu'il n'a pas oublié cette protection
» jurée à une mère mourante. Il a promis à
» l'impératrice de soutenir ses enfants ; il
» veut être fidèle à ce serment. C'est un noble
» caractère. — Mais, réellement, continuait
» la reine, je possède encore bien des causes
» de bonheur ; si je conserve mon fils près
» de moi, je ne désirerai plus rien. Je vois
» que j'ai des amis véritables ; c'est bien pour
» moi qu'on m'aime à présent, et la grande-
» duchesse a raison : quand on possède un
» frère comme le mien, on ne doit pas se
» plaindre du sort. »

Certainement c'était bien à elle, à ses qualités, que la reine devait ses amis ; mais ces mêmes qualités lui valaient des ennemis dangereux. Les louanges dont elle était l'objet, les hommages qu'elle recevait, augmentaient les haines et la jalousie contre elle. Quand je lui expliquais ma pensée là-dessus, elle me répondait : — « Mais comment s'en tirer ? » faut-il faire le mal, agir mal, pour être au » goût de ses ennemis ? eh bien, mes amis se- » ront mes défenseurs. »

Non; ses amis ne furent pas ses défenseurs. Au jour du malheur complet elle les perdit presque tous. Quand la calomnie, la méchanceté parviennent à trop accabler quelqu'un, on l'abandonne, parce qu'alors les rayons lumineux d'une gloire quelconque ne rejaillissent plus sur nous. Tout ce qui devient douleur, persécution, danger, finit par repousser tout le monde. L'expérience que la reine fit de ces tristes vérités suivit de bien près ce temps encore rempli de charme, de succès, qui n'étaient dus qu'à elle-même, et où elle n'avait perdu encore qu'une couronne.

Il fallait voir à cette époque les lettres affectueuses qu'elle recevait ainsi que moi de l'empereur Alexandre; il écrivait simplement pour s'informer si elle était satisfaite de sa nouvelle position. Son intérêt se montrait en tout et toujours le même, et il fallait voir, plus tard, grâce à la calomnie et à tout ce qu'elle sut inventer d'absurde, à quel point celle qui était encore si recherchée, fut abandonnée sans pitié aux dangers de toutes sortes qui l'assaillaient en même temps.

Je me laisse entraîner à devancer une époque qui arrivera pourtant encore trop vite, et qui me fait mal à retracer pour l'honneur de mon pays, comme pour celui de tant de gens que j'aimais et sur le compte desquels j'ai dû revenir. Mais reprenons mon récit. Ce cruel procès occupait tous les salons de Paris. « Il faut qu'on se débarrasse de ce nom de Bonaparte à tout prix, disait-on, il faut que le père les réclame tous les deux. » — D'autres, plus profonds politiques, disaient, au contraire : « Il faut les garder ces enfants, qu'ils prennent l'habitude de devenir de simples particuliers. Le peuple français s'accoutumera aussi à les regarder comme tels. Étant toujours sous les yeux du gouvernement, il n'aura rien à en craindre, ou beaucoup moins que s'ils sont expulsés et libres ailleurs. » — Comme on le voit, tous ces avis partaient d'un même sentiment, et ils n'étaient guère bienveillants.

M. Després amena un jour à la reine un monsieur qui, étant resté dans une haute place de la magistrature, pouvait avoir de l'influence sur l'issue de son procès. Quand il fut parti je rejoignis la reine; je la trouvais agitée et marchant avec vivacité. « Eh bien, madame, » lui dis-je, « est-ce qu'il a détruit vos espérances ? » — « Il venait pour m'entretenir » de mon procès, et m'a parlé de tout autre » chose, » me dit-elle; et elle continuait avec la même vivacité : « Est-il possible que dans le » siècle où nous sommes, les hommes soient » encore capables de commettre des crimes ? » et pourquoi ? pour cette misérable puis- » sance ! Vaut-elle donc la peine de se souiller » ainsi ? » — « Mais madame ! qu'avez-vous donc, m'écriai-je, qu'est-ce que ce monsieur vous a donc conté ? » — « Il vient de m'ap- » prendre ce que je voudrais ignorer !.... Tu » te rappelles ce Maubreuil qui a arrêté ma » belle sœur Catherine et lui a pris tous ses » diamants ? Eh bien ! il était chargé d'aller » assassiner l'empereur Napoléon et toute sa » famille !... Par les instances de l'empereur » Alexandre, qui veut absolument qu'on re- » trouve les diamants de la reine de West- » phalie, il a été arrêté et à son interroga- » toire, il vient de tout avouer, aussi ne » veut-on pas le faire juger. On craint que » ses révélations ne deviennent publiques, il » restera en prison. » — « Comment les Bourbons sont-ils capables de telles infamies ? »

dis-je à la reine. — « Non, le roi n'était pas
» encore ici, et je le crois incapable de com-
» mander un tel crime. Mais tu ne devinerais
» pas l'homme qui a donné tous les ordres
» à Maubreuil?..... C'est monsieur ......,
» un des avocats consultants qu'on m'a
» donnés!... Ainsi je reçois sans m'en douter
» chez moi celui qui, il y a quelques mois,
» disait à un misérable d'aller assassiner toute
» ma famille! mes enfants!... Ah, quelle triste
» connaissance on fait de l'espèce humaine!
» M. de Maubreuil réfléchissant aux con-
» séquences que pouvait amener pour lui
» l'assassinat de l'impératrice Marie-Louise et
» de son fils, de la princesse de Wurtemberg,
» était revenu demander à ce même ...., ce
» qu'il ferait de ces personnes qui tiennent de
» si près aux souverains alliés. *Sont-elles com-*
» *prises dans la mesure générale*, demanda-
» t-il. Alors M. L......, lui avait répondu
» avec humeur : *Comment, vous n'êtes pas en-*
» *core parti! allez donc vite, et vous ferez*
» *de ceux-là tout ce que vous voudrez.* Mau-
» breuil avait des passeports de toutes les puis-
» sances; mais ceux qui les avaient signés
» ignoraient sans doute sa mission... Voilà ce
» que je viens d'apprendre, » finit par dire la

reine, « et tu dois concevoir tout ce que cela
» m'a fait éprouver. Ne parle de cela à per-
» sonne. Je veux que tout le monde ignore
» cette affaire. Je ne veux pas nuire à celui
» qui me l'a confiée, et je dois surveiller mes
» enfants sans laisser deviner le danger qu'ils
» peuvent encore courir; car je vois qu'on
» s'inquiète de tous les côtés et que rien n'an-
» nonce encore que la tranquillité soit bien
» établie. Ah! si mes enfants doivent vivre
» avec plus de sûreté près de leur père, je
» suis prête à les lui envoyer. Il n'y avait pas
» besoin de procès pour cela ; que ce soit leur
» avantage, et je me sacrifie! de tous les côtés
» je ne vois que douleur, que danger ! »

Elle s'assit en disant ces mots, accablée,
anéantie par tant d'émotions diverses, et resta
quelques instants plongée dans un silence que
je n'osais interrompre, car je n'avais pas une
pensée consolante à lui offrir ; elle se leva un
moment après et me dit : — « Je suis décidée
» à quitter la France, quel qu'cʼsoit le résultat de
» ce procès. Je sens que je ne peux plus rester
» ici. Ce sera encore un sacrifice à faire; mais
» je le ferai !.. J'irai habiter ma petite campa-
» gne de Prégny, près de Genève. Une fois là,

» on m'oubliera, et je pourrai enfin vivre tran-
» quille. »

Lorsque la reine fut plus calme; je la questionnai sur la manière dont M. La.. était envers elle; voici ce qu'elle me répondit : —
« J'ai souvent remarqué son regard scrutateur
» qui s'arrêtait sur moi; j'ai cru même parfois
» y trouver de la sensibilité, de l'intérêt,
» quand il me voyait saisie par la crainte de
» me séparer de mon fils. Je remarquais aussi
» souvent de l'embarras que je ne savais à
» quoi attribuer, et je me souviens qu'un jour
» il avait les larmes aux yeux. M. Bellard
» aussi se montrait souvent attendri, et je
» n'ai appris que depuis peu qu'il s'est vive-
» ment prononcé contre l'empereur.

» C'est un guet-apens que de me trouver
» avec toutes ces personnes-là, moi qui ne
» m'informe jamais de rien....... Pourtant
» l'homme est si mobile, si indéfinissable. S'il
» agit mal, il doit avoir des remords, et je ré-
» ponds que M. L...... en a. C'est parce qu'il
» se souvient qu'il avait désiré notre mort, et
» qu'il se trouve le témoin des déchirements
» du cœur maternel qu'il voulait frapper,
» que ses yeux se mouillent de larmes à mon
» aspect. J'en suis sûre. Au reste, quand on

» veut tuer les mères et les enfants en même
» temps, on n'est plus si barbare. »

Après avoir dit cela, la reine s'arrêta, et toujours vive à prendre un parti lorsqu'elle l'avait décidé, elle ne s'occupa plus qu'à donner des ordres pour envoyer des meubles à Prégny. On fit des caisses de tout ce qui pouvait composer un petit ménage. Malheureusement on y mit les plus mauvais meubles, qui eussent mérité d'être jetés au rebut; ils furent expédiés pour Genève, et ils éprouvèrent le même sort que nous; ils furent constamment à la merci des vents et des orages sans pouvoir s'arrêter nulle part dans la tourmente qui allait suivre. Ils furent enfin renvoyés du lac de Genève au lac de Constance, où je dirai dans son temps quel plaisir ils produisirent. Le temps des bals n'avait pas cessé à Paris, et l'on ne s'occupait que d'enterrements et de cérémonies funéraires. Un ou deux, passe encore; mais c'était devenu une mode. On faisait des funérailles pour le roi Louis XVI, pour la reine Marie-Antoinette, pour tous les membres de la famille royale morts depuis des siècles. Ensuite, par émulation ou par imitation, chacun avait son petit service solennel. Un jour c'était en l'honneur des gens tués à Quiberon, un autre jour en l'honneur des veuves des chevaliers de Saint-Louis, etc. Alors se déployaient les grâces des belles quêteuses; on se disputait les premiers rôles dans la cérémonie.

XX.

Les services expiatoires et les belles quêteuses. — Propos populaires. — Les violettes. — La mort du duc de Fleury. — Berthier. — Gros-Bois et premières craintes pour les biens nationaux. — L'enterrement de mademoiselle Raucourt. — Dernière conversation avec M. de Labédoyère. — Les finances de la France les seules bonnes de l'Europe. — Napoléon et la paix. — M. de Bourmont. — Souvenir d'un dîner à la Malmaison. — Paris divisé en deux camps. — Les mauvaises mines. — Mort du général Quénel. — Inexécution du traité du 11 avril. — Nouvelle imprévue.

Un jour je fus curieuse d'aller voir une de ces messes si brillantes, si pompeuses, que c'était un spectacle, une représentation plutôt qu'un acte de religion. Tous les pauvres ambassadeurs et chargés d'affaires étrangères étaient invités et n'osaient se soustraire à l'honneur qu'on leur octroyait en les y faisant figurer. Je crois en vérité que c'est ce qui avait fuir le duc de Wellington de Paris ; il était parti pour Vienne ; il avait tort, car ce mélange d'uniformes étrangers faisait à merveille au milieu de tout le noir imposé par ces solennités ; ces services étaient d'une telle durée qu'en priant pour les morts, on asphyxait les vivants.

Ce fut à la messe des chevaliers de Saint-Louis que j'assistai. Les beautés qui quêtaient ce jour-là étaient :

Madame la comtesse de Biron ;
La comtesse Achille Ducayla ;
La comtesse Thibault de Montmorency ;
La maréchale Moreau ;
La duchesse de Mouchy ;
La princesse de Talmont.

Tout le monde devait être en noir, même les simples assistants comme moi, et l'air le plus recueilli présidait à la cérémonie.

Les belles quêteuses firent ample moisson de napoléons, et l'on se pressait tant pour les examiner que je faillis être étouffée.

Dans tous les salons du parti, on se glorifiait de ramener ainsi la religion, et on faisait de l'empereur, qui avait pourtant rétabli bien réellement cette religion en France (mais non ses simagrées), un athée ainsi que de toute sa cour. On croyait faire beaucoup pour la morale en remettant à la mode les promenades dans les églises. Le bon peuple, qui avait fait la révolution, qui avait anéanti les héros de Quiberon et les chevaliers de Saint-Louis, se voyait sans cesse reprocher cette conduite infâme, et voyait constamment à son nez réhabiliter ses ennemis.

J'ignore ce qu'il en pensait; mais dans les petites voitures publiques, dans les diligences, dans les guinguettes, les gens du peuple répétaient sans cesse : « Le petit caporal viendra nous délivrer aux violettes. » C'était dire qu'on l'espérait au printemps. Quand on nous répétait ces propos, nous en riions : ils semblaient prouver un souvenir affectueux seulement, et ce désir nous paraissait bien impuissant.

La reine a toujours aimé de passion les violettes, celles surtout nommées violettes de Parme : elles étaient alors très-peu communes. On n'en vendait pas, et il n'y en avait avec abondance qu'à Saint-Cloud, à la Malmaison et à Saint-Leu.

Tous les jours le jardinier de Saint-Leu envoyait à la reine, par les petites voitures, une boîte de ferblanc remplie de bouquets de violettes et de roses. Elle en portait toujours un, et en donnait souvent aux dames qui les affectionnaient comme elle ; son goût était si connu, qu'on la reconnaissait quand elle entrait dans un salon, au parfum doux de ses violettes qui se répandait autour d'elle. Cette coïncidence de son goût bien connu avec les propos du peuple, a-t-elle été pour quelque chose dans les assertions si multipliées de complots dont elle était l'âme? je l'ignore. Je raconte simplement tous les faits sans commentaires, les laissant à la sagacité de ceux qui me liront un jour. On répandit aussi dans ce temps une chose qui fit ouvrir de grands yeux aux nobles de l'empire. Le duc de Fleury mourut : il était premier gentilhomme de la chambre ; des maréchaux crurent devoir se mettre sur les rangs pour cette place. On leur répondit qu'en conscience ils ne pouvaient y prétendre, qu'ils savaient bien qu'ils n'avaient pas assez d'aïeux pour cela; et le prince de Rohan obtint cette place. Toutefois ce propos eut une influence pernicieuse.

On mit dans les journaux une comédie jouée par le prince de Neufchâtel, qui apportait au roi les papiers de sa terre de Gros-Bois pour lui rendre ce bien national qui lui appartenait autrefois. C'était donner un exemple qu'on voulait qui fût imité. Cette démarche, qui présentait le désir de toucher à la vente des biens nationaux, répandit la terreur. Cette terre de Gros-Bois avait appartenu à Barras, ensuite au général Moreau. Lors de son départ pour l'Amérique, l'empereur l'avait achetée pour lui rendre service, et en avait fait cadeau au prince de Neuchâtel. Le journal disait : « Le roi conserva ce rouleau une heure, et ensuite le remit au prince Berthier en lui disant : Puisque j'en suis redevenu le propriétaire, à présent je vous en fais le cadeau. »

Le plus curieux de l'affaire, c'est que cette petite comédie fut de pure invention et jetée en avant pour rappeler l'attention sur ces ventes de biens nationaux qu'on voulait annuler. J'ai l'assurance que le prince Berthier n'a jamais pensé à faire cette démarche, mais il fut trop craintif pour la démentir, et il eut grand tort. Elle inquiéta les acquéreurs des domaines nationaux, et le mécontentement de tant de millions d'âmes devint pour les Bourbons une véritable défaite. Ils avaient raison de trembler; l'inquiétude devenait générale. Je crois en vérité que tout le monde question, et ce fut en balbutiant que je nommai le prince ***. A ce nom il se troubla, me regarda fixement; puis, après un moment de silence, presque embarrassant pour tous deux, il me quitta en me répétant qu'il allait charger M. de Nesselrode de régler toutes choses, et qu'on m'enverrait la copie de la convention qui serait faite entre M. de Blacas et lui.

Deux jours après, M. de Nesselrode vint en effet me remettre un écrit, que je m'empressai de porter à la Malmaison. Il y était dit que le roi accordait le titre de duchesse à mademoiselle de Beauharnais.

« Est-il possible », me dit la reine après l'avoir lu et en se levant vivement, « que
» M. de Nesselrode ait cru que je consentirais
» à adopter une pareille formule! Louis XVIII,
» puisqu'il est reconnu roi de France, a le pou-
» voir de sanctionner, n'importe par quel acte,
» la possession de mes biens autour de Saint-
» Leu; mais je ne puis consentir à ce qu'il y
» ajoute, de cette façon, un titre que j'ai le
» droit de prendre et qui, accepté de cette ma-
» nière me donnerait l'air de renier la validité
» de celui qui m'a appartenu. Je l'ai reçu sans
» le désirer, ce titre de reine; il ne m'a pas

» rendue heureuse, et je le perds sans regrets.
» Que m'importe d'ailleurs le titre qu'on me
» donne! mais lorsqu'il s'agit de s'abaisser de-
» vant un parti vainqueur, je ne dois faire au-
» cune concession »; puis se promenant avec
une agitation croissante, elle ajouta :

« Le roi vient de signer son premier acte
» de la dix neuvième année de son règne; c'est
» manifester la volonté de ne pas reconnaître
» le passé. Il en est bien le maître si la nation
» le trouve bon; mais nous, nous devons aux
» peuples qui nous ont placés si haut de ne
» jamais désavouer ce qu'ils firent pour nous;
» ainsi je crois de mon devoir de ne pas per-
» mettre qu'on oublie que j'ai été reine, bien
» que je ne tienne pas à me faire nommer
» ainsi; je n'accepterai cette compensation
» offerte à tout ce que perdent mes enfants
» que de ceux qui reconnaîtront ce qu'ils
» furent ainsi que moi. Ne croyez pas, »
continua la reine en se rapprochant de moi,
« que ce manque de forme soit de peu d'im-
» portance. N'a-t-on pas composé dans les
» journaux l'histoire que mon frère, en arri-
» vant ici, a été se faire annoncer chez le roi
» comme marquis de Beauharnais. Il a trouvé
» au-dessous de lui de les faire démentir, et il a

quoi tend tout ce qui a la puissance en ce moment. »

— « Vous supposez donc, dit la reine, qu'ils » sont devenus fous ? car il n'est pas probable » qu'on veuille ramener la France dans une » voie où elle ne peut plus marcher. L'empire » lui a fait trop belle la route des améliora- » tions pour qu'elle puisse en dévier. » — « Sans le régime impérial, reprit Labédoyère, qui a consacré et organisé tous les bienfaits de la révolution, croyez-vous que les Bourbons, de retour dix ans plus tôt, eussent même accordé une charte? certainement non ; ils n'en eussent pas eu le pouvoir ! leur parti est plus fort qu'eux, et on voit qu'il les entraîne et qu'ils cèdent déjà. Attendez le règne du comte d'Artois, et vous verrez. » — « Peut-être les maré- » chaux seront-ils assez puissants pour arrêter » cette contre-révolution ? » — « Il faut pour cela qu'ils ne se déconsidèrent pas, en s'agenouillant devant le pouvoir; qu'ils ne se séparent pas de la cause du peuple, qui est la leur. Il est fâcheux que ces deux dernières campagnes aient ruiné toute la noblesse militaire de l'empire; si elle eût été riche et puissante, aidée des maréchaux et du peuple, elle forcerait les Bourbons à marcher droit; mais

si tout cela s'endort, les émigrés prendront du terrain ; ils rentreront petit à petit dans toutes leurs richesses ; les priviléges viendront après ; ce ne seront pas les faiseurs de phrases qui les en empêcheront : ils feront de beaux discours, on les applaudira ; ils se croiront forts, et au lieu de cela, l'ennemi gagnera du terrain ; alors, la nation sentira trop tard que le bras puissant, qui était la véritable garantie de tous ses droits, n'est plus là pour la sauver. »
— « Vous croyez qu'on regrettera l'em-
» pereur ? reprit la reine ; je ne le pense pas.
» Examinez le langage de tous les partis ; ils
» l'acccablent tous impitoyablement ! on ou-
» blie même le bien qu'il a fait ; on oublie dans
» quel état de misère il a trouvé la France !
» dans quel état de prospérité il la laisse, même
» en dépit des guerres et des malheurs de l'in-
» vasion. Je me souviens que M. de Nesselrode
» me dit un jour : *Les finances de la France*
» *sont encore les seules bonnes de l'Europe.*
» Vous voyez que les étrangers sont plus justes
» envers l'empereur que les Français ! ces der-
» niers critiquent tout sans examen...... Sans
» ces horribles guerres qui désespéraient tout
» le monde, je crois bien qu'on eût senti da-
» vantage le prix d'un génie comme celui de

» l'empereur; il était constamment occupé du
» bien public. Je me souviens qu'en 1807, après
» la paix de Tilsitt, il était alors au faîte de sa
» gloire, et moi accablée de la plus grande
» douleur (1)! je revenais avec mon mari des
» Pyrénées par le midi de la France; l'empe-
» reur avait fait faire un pont sur la Durance,
» sur lequel j'avais passé sans y faire la moin-
» dre attention : *Avez-vous passé sur mon fa-*
» *meux pont*, me dit-il? *l'avez-vous remarqué?*
» *a-t-il bien bien réussi?* Je restai interdite,
» ne sachant de quel pont il voulait parler.
» — J'ai passé sur tant de ponts, lui dis-je!
» *Où est celui-là?* je croyais qu'il avait tou-
» jours existé. — *Ah! vous êtes une petite sotte*,
» me dit-il, *on vous fera des ponts jusqu'alors*
» *infaisables, pour que vous y donniez aussi*
» *peu d'attention!* Et il paraissait, continuait
» la reine, avoir un peu d'humeur contre moi.
» Il avait raison; j'avais dans l'âme tant de dou-
» leur que je méritais un peu d'indulgence;
» car, dans toute autre circonstance, tout ce
» qui est amélioration publique attire mon at-
» tention. Mon mari et moi, nous n'allions
» nulle part sans y faire sur-le-champ une

(1) La mort de son fils aîné.

»*route, une promenade pour le public. A St-
» Amand, la grande allée a été faite par lui.
» A Plombières, ma mère et moi nous faisions
» des fonds, et M. de Monaco était l'entrepre-
» neur d'une petite promenade qui a conservé
» le nom de bois *Monaco*. Vous voyez que je me
» défends de cette épithète de petite sotte que
» l'empereur avait pourtant raison de me don-
» ner alors; mais vous voyez aussi que lui s'in-
» téressait vivement à tous les plus petits dé-
» tails de l'administration. » — « Ah ! s'écria
M. de Labédoyère, s'il eût pu régner avec la
paix, c'eût été trop beau pour la France ; aussi
les ennemis de notre pays se sont-ils bien gardés de la lui accorder ! Le voilà enterré à l'île
d'Elbe, il est là presque prisonnier, et sa main
forte ne pourra plus nous sauver ! il faudra
nous sauver tout seuls, quand l'occasion s'en
présentera. » — « Ah ! je vous prie, monsieur
» de Labédoyère, ne faites aucune folie ! calmez
» votre tête ! résignez-vous ! vous voyez bien
» que toute la France paraît contente. » —
« Elle paraît contente, madame ! elle n'est qu'é-
tourdie du coup qui l'a frappée ! Moi, si j'étais
égoïste, je serais très-content aussi ? j'ai une
bonne petite femme; le retour des Bourbons
lui rend une belle fortune sur laquelle je ne

comptais guère ; que me manque-t-il? On m'a laissé mon régiment sans que je l'aie demandé et sans exiger mon serment !.... Mais attendez quelque temps pour juger la France ! elle ne se résignera jamais à être gouvernée par lord Wellington, par M. Pozzo di Borgo et tant d'autres de ses ennemis. Il ne faut pas s'abuser, sous le nom de Bourbons, ce sont eux seuls qui gouvernent. Ah ! je me croirai heureux le jour où je pourrai la délivrer d'une pareille humiliation ! » — « Vous me faites trembler, mon-
» sieur de Labédoyère ! vous vous sentez animé
» d'une sainte fureur que peu de personnes
» partagent ! en saine politique, on ne doit pas
» juger d'après ses propres impressions, mais
» étudier celles des autres. Voyez tout le monde
» fatigué de guerres, de discordes civiles, n'as-
» pirer qu'à la tranquillité et la recevoir avec
» bonheur, n'importe par quelles mains elle
» est accordée. » — « Oui, tous les maréchaux, beaucoup de généraux en ont assez, j'en conviens, avec votre majesté; ils ont rempli leur carrière : cependant, j'en connais encore qui pensent comme moi, un surtout dont le nom vous étonnera ; j'ai appris à l'apprécier, c'est un brave homme ; nous avons fait ensemble la campagne de Russie sous les ordres du prince

Eugène : c'est Bourmont. Il était vendéen. Eh bien ! il sent et déplore aussi toutes nos humiliations, tant il a été retrempé par son contact avec la cause nationale. » — « J'ai dîné avec
» lui à la Malmaison, dit la reine; il était à
» côté de moi à table. Quand on me le pré-
» senta, j'avais entendu *général Beaumont* au
» lieu du *général Bourmont ;* et tout en cau-
» sant avec lui, je trouvais naturel de lui en-
» tendre exprimer des sentiments bien nobles
» et bien français. Lorsque je sus après que
» c'était ce chef vendéen dont j'avais entendu
» beaucoup parler, je me souviens que sa con-
» versation alors eut lieu de m'étonner. Je
» vois, d'après ce que vous me dites, qu'il a
» pris les impressions de ceux dont il a partagé
» les dangers et la gloire. »

Quelqu'un qui entra mit fin à cette discussion; le lendemain, Labédoyère vint encore prendre son dernier congé, et il partit.

Paris prenait vraiment un aspect effrayant. Dans les salons, la société se partageait comme de vrais camps, qui s'examinaient de loin et étaient prêts à fondre l'un sur l'autre. Dans la rue, on rencontrait des visages de l'autre monde. J'ignore si notre parti était signalé aux chouans; mais j'avoue que je commençais à m'épouvanter des figures sinistres que je voyais souvent sur mes pas. Après avoir accompagné la reine et ses enfants, tantôt au bois de Boulogne, où nous allions nous promener, tantôt au canal de l'Ourcq, où nous allions voir patiner, je ressortais seule pour aller embrasser ma mère ou dîner avec elle. Je suivais toujours la rue Cérutty et les boulevarts, et je m'effrayais chaque jour davantage de la mine des gens qui se plaçaient sur mon passage.

Nous lûmes un jour dans un journal qu'on avait trouvé dans la Seine le corps d'un général nommé Quénel. Personne de nous ne le connaissait, même de nom, et nous n'y fîmes pas autrement attention que pour déplorer une mort que nous croyions un suicide, tandis que d'autres disaient que c'était un commencement d'exécution, et que, comme général de la grande armée, les chouans l'avaient attaqué la nuit, et jeté par dessus un pont. Mais ne voilà-t-il pas que nous apprenons ce qui se dit tout haut dans le noble faubourg : « Les conspirations qui se trament chez la duchesse de Saint-Leu ont pour but d'incorporer dans cette ligue beaucoup d'anciens militaires; dans la crainte d'être trahis par le général Quénel, qui a refusé d'entrer dans le complot, celui-ci a été expédié par les ordres de la duchesse. » — « Ah! pour le coup, » s'écria la reine, au récit de cette nouvelle » atrocité inventée contre elle, ceci est par » trop fort! Je vais me révolter à la fin. On par- » viendra à me rendre méchante, car j'aurais » bien le moyen, si je voulais en user, de nuire » à ce parti qui m'arrange si charitablement. » Puis, après un moment de réflexion, elle se mit à sourire de pitié. « Ceci est pourtant » trop extraordinaire. Aller jusqu'à me faire » tuer un homme! moi!... Allons, je ne dois » pas me mettre en colère contre cette calom- » nie; elle est si forte qu'elle ne peut m'at- » teindre, et que personne n'y croira. Tant » mieux! qu'on en invente d'aussi absurdes, » cela fera voir la folie des calomniateurs; » je suis bien bonne de prendre cela sérieuse- » ment ! »

On parlait déjà de la fin du congrès de Vienne. Pourtant le traité du 11 avril, en ce qui regardait l'impératrice Marie-Louise et le prince Eugène, ne paraissait pas devoir être loyalement exécuté. On ne voulait pas abandonner Parme et Plaisance à une femme qui devait en laisser l'héritage à son fils ! Un Napoléon !... La crainte avait fait céder beaucoup dans le premier moment ; trop heureux d'en finir si vite et d'avoir à se partager tant de brillantes dépouilles. On réfléchissait maintenant, et on trouvait imprudent de laisser une souveraineté à un nom si redoutable ; et l'empereur, qu'on avait été si impatient de conduire à l'île d'Elbe, paraissait trop dangereusement placé pour l'Europe. Ce traité, signé par toutes les puissances, n'avait aucune probabilité d'être exécuté, aussi bien à Vienne qu'à Paris. Ce qui regardait la France consistait à payer à l'empereur deux millions par an, et autant à sa famille. Cette somme paraîtra faible si on la compare à tout ce que l'empereur avait abandonné en retour : son domaine extraordinaire, ses diamants, ses biens particuliers, etc., etc. Jusqu'à présent, on ne remplissait aucun des engagements pris si solennellement envers lui, puisque, comme je l'ai déjà dit, la reine s'était vue obligée de s'en plaindre à lord Wellington. L'empereur allait se trouver dans la nécessité de renvoyer ses troupes, et bientôt il n'aurait plus aucune défense contre les assassins qui pourraient attenter à ses jours.

A Vienne, on ne voulait plus donner à l'impératrice Marie-Louise que des terres en Bohême; quant au prince Eugène, au lieu de la souveraineté promise en Allemagne, qu'il attendait vainement, il était question (grâce à l'amitié de l'empereur Alexandre), de lui donner les provinces illyriennes. Tel était l'état des choses lorsque la nouvelle la plus imprévue, la plus terrible, parvint jusqu'à nous.

XVIII.

Retour du bois de Boulogne. — Lord Kinaird et la première nouvelle du débarquement de l'empereur. — Terreur de la reine pour ses enfants. — Incrédulité de la reine. — Ses enfants en sûreté. — Soirée chez la reine. — Garat. — Madame de Turpin et les bavardages. — La nouvelle confirmée. — Les conjectures. — Crainte de la guerre civile. — Perte du procès de la reine. — Lettre que m'écrit madame de Bouflers. — Mort de M. de Bouflers. — Visite de la maréchale Ney. — Départ du maréchal. — Agitation de la cour et de la ville. — Danger de la position de la reine. — Fausses apparences. — M. Pozzo di Borgo, l'âme et le conseil des Bourbons. — La duchesse de Courlande. — La reine accusée à la cour. — Incroyable résignation. — Visite du duc d'Otrante.

Le 6 mars, nous revenions seules la reine et moi du bois de Boulogne ; les princes avaient été se promener à pied aux Tuileries avec leur bon abbé et la reine, qui n'allait jamais faire de visite à personne, songeant à porter des consolations à une âme affligée. Depuis notre retour à Paris, elle n'avait été qu'une fois chez madame de Caulaincourt, sa dame d'honneur, qui était souffrante; chez madame d'Arberg, dame d'honneur de l'impératrice Joséphine, et chez madame d'Arjuzon, à l'occasion de la mort de son fils. Ce jour-là son projet était d'aller voir madame de Nansouty, qui venait de perdre son mari. Aussitôt que le malheur était quelque part, on était sûr que la reine s'intéressait à ceux qu'il frappait; et d'ailleurs elle aimait beaucoup madame de Nansouty.

Comme elle logeait au faubourg Saint-Germain, nous allions traverser le Pont-Royal, lorsque nous aperçûmes lord Kinaird qui venait à cheval droit à nous: « Vous savez la nouvelle, » nous dit-il, « l'empereur est débarqué de l'île d'Elbe. » La reine divint pâle comme la mort, et fit arrêter sa voiture; moi, j'en ressentis un coup si violent que la respiration me manquait. « Comment! Est-ce possible? » dit la reine à lord Kinaird. « Qui vous a dit cela? On conte tant de choses absurdes! »

— « C'est positif, » reprit lord Kinaird, « je sors de chez le duc d'Orléans qui va se mettre en route pour suivre le comte d'Artois, qui est déjà parti cette nuit. » — « Ah! mon Dieu! » s'écria la reine, « quel malheur

» va-t-il en résulter pour l'empereur, pour la
» France! et pour nous!... Je n'ose y arrêter
» ma pensée!.... »

— « Les mesures sont bien prises : on envoie
toutes les troupes de ce côté. L'empereur a,
dit-on, peu de monde, et cela ne peut être
long pour lui. »

— « Mourir ainsi! sous le feu des armes
» françaises! lui! l'empereur! C'est affreux! »
reprit la reine avec une grande émotion. « Il
» n'a pu commettre une telle imprudence; on
» est mal instruit. »

— « Soyez sûre, madame, de ce que je vous
dis. La source où j'ai puisé cette nouvelle est
certaine; on est dans la plus grande agitation
à la cour, et on va prendre les mesures les
plus rigoureuses contre les partisans connus
de Napoléon. »

— « Croyez-vous que mes enfants puissent
» courir quelque danger? — Ah? je ne vous
réponds pas qu'on ne les prendra point pour
otages; ce serait une mesure fort naturelle. »

— « Mon Dieu! dans quelle position les ai-
» je placés! » Et les yeux de la reine se remplissaient de larmes; puis, surmontant sa vive
émotion : « Non! » dit-elle, « le peuple fran-

» çais ne permettra pas qu'on leur fasse aucun
» mal. »

— « Le peuple, » dit lord Kinaird, « va devenir effrayant, et surtout pour nous autres Anglais; car il ne faut pas s'abuser, il est resté attaché à l'empire, et il pourrait bien se défaire de nous en masse.

» Ah! non! ne le croyez pas! ce n'est plus
» le même peuple qu'en 93. Mais si vous pou-
» vez avoir la moindre inquiétude pour votre
» femme et vos enfants, moi, qui n'ai rien à
» craindre du peuple, je vous offre ma mai-
» son pour asile. Je vais bien vite retourner
» chez moi pour veiller à la sûreté de mes
» enfants. »

Elle congédia lord Kinaird et donna l'ordre de retourner promptement rue Cérutty : chemin faisant, la reine me dit : « Je ne puis
» encore croire que l'empereur ait risqué une
» tentative aussi hasardeuse. Une idée me vient,
» et je parierais que je ne me trompe pas.
» C'est un coup de tête de M. de Labédoyère!
» j'en suis sûre! Rappelle-toi comme il était
» exaspéré! il croit pouvoir réussir à changer
» le gouvernement, il aura fait prendre la
» cocarde tricolore à son régiment, et, pour
» faciliter son entreprise, il fait courir le bruit

» que l'empereur est débarqué et vient se
» joindre à lui. Je ne m'explique que de cette
» manière la nouvelle qu'on vient de nous
» apprendre; car l'empereur est trop sage pour
» revenir en France, quand il voit à quel
» point il a des ennemis acharnés. Il n'a eu
» besoin que de lire les journaux pour en être
» convaincu. » — « Vous n'allez pas moins inspirer de grandes craintes, madame; M. de Labédoyère venait chez vous tous les jours, et l'on dira que c'est vous qui l'avez poussé à une telle rébellion. »

« On me connaîtrait bien peu, si l'on suppo» sait cela, dit-elle ; mais il est sûr qu'on le dira,
» aussi je suis fort embarrassée sur ce que je
» dois faire. D'abord, mon premier soin est de
» mettre mes enfants à l'abri de tout danger.
» Il faut qu'ils sortent de chez moi. » — « Vous savez, madame, que déjà, quand vous manifestiez pour eux des craintes moins fondées que celles qu'inspire le moment présent, une de nos anciennes compagnes, madame R....., vous a proposé de les envoyer dans la maison de sa mère qui est à la campagne. Voulez-vous que j'aille reconnaître les lieux et tout disposer à les recevoir ? » — « Oui!
» pars à l'instant même; et ce soir, à la nuit,

» accompagnés de la nourrice et de leur valet
» de chambre, ils sortiront tous deux de la
» maison par mon jardin. Je ne veux pas
» qu'ils couchent cette nuit chez moi. Que
» tout le monde ignore où ils seront cachés et
» que personne n'y aille sous aucun prétexte;
» jusqu'à ce que le moment de la crise soit passé.
» Quant à moi, je suis résignée à tout; lors-
» que je suis rassurée sur eux, j'ai du cou-
» rage pour ce qui me regarde. »

Toute cette affaire, ainsi bien convenue entre la reine et moi, elle balança ensuite longtemps sur ce qu'elle ferait le soir. C'était précisément le lundi, jour pris par elle pour recevoir plus de monde. Madame de Laval et lady Ulseston (1) étaient priées ce jour-là avec Garat, qu'elles désiraient entendre chanter. Envoyer déprier tout le monde, fermer sa porte, c'était donner à penser qu'on prenait chez la reine quelques mesures qui pouvaient avoir rapport à la nouvelle du jour, et c'était donner beau jeu à la malignité. Recevoir, faire de la musique quand les Français peut-être s'égorgent entre eux, quand les émotions les plus vives déchirent l'âme, c'est insupporta-

---

(1) Aujourd'hui lady Tancarville.

ble ! impossible !..... La raison l'emporta. « Cela me fera bien mal, me dit-elle, au mi-
» lieu des inquiétudes sans nombre qui m'ac-
» cablent, de m'occuper des autres ; mais il
» vaut mieux me laisser voir puisque je n'ai
» rien à cacher : cela évitera des commentai-
» res qui, dans cette circonstance, pourraient
» devenir dangereux. Je prendrai sur moi. Si
» on sait la nouvelle, on trouvera tout simple
» de me trouver un air triste, puisque des
» Français se battent. Si on l'ignore, je n'en
» parlerai pas. »

Aussitôt l'approche de la nuit, j'entrai chez les princes, je les emmenai à pied par le jardin ; la nourrice du plus jeune, qui était toujours avec lui, prit un petit paquet d'effets et nous suivit. Le valet de chambre avait été chercher un fiacre, qui attendait assez loin de la maison.

— « Où nous mênes-tu donc ? » me dit le prince Napoléon, « pourquoi faut-il nous cacher ? est-ce qu'il y a quelque danger ? Maman y reste-t-elle exposée ? — Non, mon prince, c'est vous seuls qui pouvez en courir ; elle n'a rien à craindre. — A la bonne heure, » reprit ce jeune enfant si formé, si avancé pour son âge que souvent je me surprenais à causer avec lui comme avec une grande personne.

La reine avait désiré qu'on ne parlât pas à ses enfants du débarquement de leur oncle. Ils se laissaient donc conduire sans savoir où, ni pourquoi; mais cet air de mystère, cette nouveauté pour eux de sortir la nuit, d'entrer dans un fiacre, devenaient un sujet de joie qu'ils manifestaient pourtant en silence, parce qu'ils avaient compris qu'on les cachait et qu'ils devaient éviter le bruit. Quand je revins chez la reine, il y avait déjà du monde; son regard se porta sur-le-champ vers moi. Au signe que je lui fis elle comprit que tout s'était passé sans embarras, et je vis sur sa physionomie que je lui ôtais un grand poids de dessus le cœur. J'aperçus ma bonne madame de Laval et j'allai me placer près d'elle. Son visage renversé me fit bien deviner qu'elle savait la nouvelle; mais il n'en fut pas dit un mot de toute la soirée. On écouta en silence chanter Garat et mademoiselle Dellieux.

Le salon se remplissait pourtant plus qu'à l'ordinaire; quelques personnes chuchotaient tout bas. Le colonel Charles de la Grange fut le seul qui me dit: — « La reine sait-elle la nouvelle qui se répand? — Non, lui dis-je, et il est inutile de lui en donner l'effroi quand ce bruit est si peu confirmé. »

Ce soir-là, madame de Turpin fut aussi du nombre des convives, et je n'ai jamais pu lui pardonner sa conduite dans cette circonstance. Elle, dont le mari était chambellan de l'impératrice Joséphine, et au bonheur de laquelle la reine s'était tant intéressée, devait-elle aller quelque jour mêler sa voix mensongère à celle de tout Paris, pour raconter les réjouissances que l'on avait faites dans ce salon à l'annonce du débarquement de l'empereur? On avait, disait-on, chanté des couplets faits pour la circonstance, et on allait même jusqu'à nommer M. Etienne comme l'auteur des couplets. Notez bien que M. Etienne n'était pas chez la reine, qu'il n'y venait jamais et qu'on n'avait pas ouvert la bouche sur l'événement du jour. Mais l'esprit de parti se moque bien de la vérité... Cette jeune madame Turpin raconta à madame d'Arjuzon, qui me l'a répété, tout ce que je viens de dire des joies et des chants de notre salon, et par de pareils bavardages elle aida à donner quelque apparence de probabilité aux bruits de complots dont on nous étourdissait les oreilles depuis longtemps. Madame d'Arjuzon lui demandait :

— « Mais n'y étiez-vous pas ce soir-là? avez-vous entendu chanter ces couplets? — Non! je n'ai rien entendu, répondait l'innocente Agnès; mais ils ont sans doute été chantés après mon départ, car je me suis retirée de fort bonne heure. »

Jugez après cela de la vérité des récits des salons. Ce qu'il y a de certain, c'est que l'exaspération contre la reine n'eut plus de bornes, et que, de quelque manière qu'elle eût agi, elle aurait toujours eu tort aux yeux de ceux qui, bon gré mal gré, voulaient avoir raison contre elle.

Cependant la nouvelle du débarquement, arrivée au gouvernement, fut rendue publiques; on n'eut plus de doute sur l'apparition de l'empereur en France.

Le premier moment de terreur passé, on apprit qu'il n'avait que cinq ou six cents hommes avec lui, et l'espoir reparut sur tous les visages des bourbonnistes. — « Il sera traqué comme une bête fauve (c'était le terme à la mode); on lui courra sus. Comme la proclamation du roi venait d'y inviter. — Et c'est bien heureux que ce tyran ait eu l'idée de quitter son île, où il nous eût longtemps gênés, pour venir se faire prendre dans nos montagnes comme dans une souricière. » — Voilà ce qui se disait dans certain quartier. Ceux qui avaient servi l'empire et qui conservaient un reste de pudeur disaient de leur côté : — « Il est pourtant fâcheux pour un homme comme celui-là, qui a eu enfin une belle destinée, de venir finir si misérablement, assassiné au détour d'un bois par le premier paysan venu ; car c'est là le sort qui l'attend. »

La reine ne parlait pas; elle renfermait avec soin dans son cœur tout ce qu'elle éprouvait d'anxiété et d'émotion. Cependant un jour, fatiguée de se contraindre, elle me dit: « Ce
» n'est pas le sort de l'empereur qui m'inquiète
» seul. Il n'est pas homme à s'être ainsi aban-
» donné au hasard sans en avoir d'avance cal-
» culé toutes les chances, et il est habile.
» Puisque ce n'est pas un coup de tête de
» M. de Labédoyère, je dois croire que l'em-
» pereur a jugé la France mieux que nous
» ne pouvons le faire! Je ne puis douter que
» bien des régiments ne se joignent à lui;
» quand ce ne serait que celui de M. de Labé-
» doyère? Nul doute qu'il n'embrasse la cause
» de l'empereur. Il ne sera donc pas seul et
» abandonné comme on veut bien le dire.
Mais les Bourbons de leur côté conserveront

» des défenseurs, et je vois une guerre civile
» interminable s'établir! Cette idée est déses-
» pérante, voir les Français se battre les uns
» contre les autres; je ne puis y penser sans
» frémir.

Le 8 mars, la reine perdit son procès; mais comment s'inquiéter d'une circonstance toute personnelle lorsque les événements devenaient tellement graves qu'il n'y avait plus moyen de s'occuper d'autre chose? Ils pouvaient d'ailleurs influer d'une manière bien autrement importante sur le sort de la reine et de ses enfants; aussi supporta-t-elle ce coup mieux qu'elle ne l'eût fait quelques jours auparavant.

Cette bonne madame de Boufflers, qui venait de perdre son mari, m'écrivit le petit mot suivant :

MADAME DE BOUFFLERS A MADEMOISELLE COCHELET.

« J'apprends en ce moment, chère belle, que madame la duchesse de Saint-Leu a perdu son procès. J'espère que ce n'est pas sans appel. Je sens mieux que personne, et par mon attachement pour elle, et par la connaissance que j'ai de sa tendresse pour ses aimables enfants, tout ce qu'elle doit souffrir. Dites-lui que mon malheur ne me rend que plus sensible au sien, et que j'espère être assez connue d'elle pour qu'elle ne puisse jamais douter de mon sincère et bien tendre intérêt. Et vous, aimable et bonne, que j'ai aimée dès l'instant que je vous ai connue, de moitié avec celui que je pleure, ne m'oubliez pas, ne m'oubliez jamais, et conservez-moi toujours un peu d'amitié.

« Veuve de Boufflers. »

La maréchale Ney vint faire une visite à la reine dans un moment où nous n'étions que deux ou trois personnes réunies autour de la table à thé. La pauvre maréchale était renversée. « Ah, madame! quel malheur que ce débarquement!... dit-elle à la reine; nous étions si tranquilles! Mon mari part ce soir pour son gouvernement de Besançon; il réunit des troupes pour marcher contre l'empereur. » La reine ne répondit pas. « Mais quelle folie a pu passer par la tête de l'empereur? continua la maréchale. Il en sera bien vite la victime! Qui est-ce qui se réunira à lui? personne; tout le monde est dégagé de son serment envers lui, et en a fait d'autres! « La reine, un peu piquée de la façon méprisante avec laquelle la maréchale exprimait sa pen-

sée, lui dit froidement. « Nul doute qu'il
» n'y ait beaucoup de monde contre l'empe-
» reur, mais qui peut croire que pas un Fran-
» çais ne passera de son côté?.... C'est au reste
» un grand malheur que ce retour, et je le
» déplore autant que toi, sans partager pour-
» tant ta conviction sur l'abandon complet où
» va se trouver l'empereur. Mon opinion est
» que nous allons avoir une guerre civile, et
» cette idée est accablante ! »

—«Une guerre civile?» s'écria la maréchale
avec étonnement. « Ah ! madame, vous connaissez bien peu la France! Personne ne veut
plus de l'empereur, et mon mari, qui peut
mieux juger que nous l'état des choses, déplore la triste position où il est venu se jeter !
Il n'aura personne pour lui. » — « Ton mari
» juge d'après ses sentiments, mais non d'après
» ceux de toute l'armée. Il ne me fera pas
» croire qu'il ne se trouvera pas un seul ré-
» giment qui se souvienne de son ancien gé-
» néral, et qui n'hésite pas à tirer sur lui. »

La reine, en insistant ainsi, pensait non-
seulement à M. de Labédoyère, mais à ces officiers que nous avions rencontrés à la montagne de Saverne, et qui allaient se trouver
précisément faire partie du corps d'armée

sous les ordres du maréchal Ney. Après ce qui s'était passé, comment douter de ce qu'ils allaient faire.

La maréchale parut effrayée de la fermeté avec laquelle la reine assurait qu'on n'oserait pas tirer sur l'empereur. « Mon Dieu! dit-elle, rappelez-vous, madame, nos angoisses pendant toutes ces terribles guerres? Je vous ai vue vous trouver heureuse de la paix comme moi. »

— « Je te parle de mon opinion, dit la reine
» à son tour; mais je ne la base jamais sur
» mes sentiments; je déplore comme toi cette
» arrivée de l'empereur, je donnerais tout au
» monde pour qu'elle n'ait pas lieu, parce
» que de toutes les façons je ne prévois que
» des malheurs pour lui, d'abord, et pour
» tout le monde! Mais quand tu viens m'af-
» firmer que l'empereur sera pris et traqué
» par les Français, comme chacun le dit, et
» qu'il n'y aura pas une seule personne qui
» veuille embrasser sa cause et la défendre....
» je te dis que cela n'est pas possible, que
» c'est oublier autant l'homme dont tu parles
» que la nation pour laquelle il a tant fait;
» mais comme beaucoup de militaires pense-
» ront comme ton mari, nous aurons une

» guerre civile, et il nous est permis d'en gé-
» mir, car rien n'est plus affreux. »

La pauvre maréchale avait les larmes aux yeux. Elle était hors d'elle, et il semblait qu'elle pressentait tous les malheurs qui allaient la frapper.

Elle alla aux Tuileries deux jours après le départ de son mari, et vint ensuite chez la reine. Jamais réception n'avait été semblable à la sienne. On l'avait caressée, choyée. « Votre mari sera notre sauveur, » lui disait-on, et on lui répétait les promesses qu'il avait faites au roi. « Il fera son devoir, » avait dit la maréchale, « mais jamais il n'a proféré qu'il ramènerait l'empereur dans une cage de fer. C'est une calomnie; mon mari n'a pas dit cela. »

L'agitation était si grande à la cour, à la ville, que chacun en était en émoi, et personne, je crois, ne pouvait donner un conseil raisonnable sur ce qu'il y avait à faire. La reine sentait le danger de sa position, et elle baissait la tête comme une personne résignée d'avance à tous les coups qui allaient l'atteindre. Elle me disait : « De tous les côtés je ne
» vois pour moi que des tourments et je n'ai
» aucun moyen de les éviter, il ne me reste

» donc qu'à m'armer de courage, et c'est ce
» que je fais. »

La nouvelle ne tarda pas à se répandre que le colonel Labédoyère, qui était en garnison à Chambéry, avait été mandé à Grenoble, et qu'au lieu de marcher contre l'empereur, il s'était réuni à lui, ainsi que toutes les troupes de cette garnison. La ville avait ouvert ses portes à l'empereur, qui y était entré au milieu des acclamations.

Le colonel Labédoyère, qui le premier donnait ainsi l'exemple de la défection, étant de la société intime de la reine, nul doute qu'on ne dût penser que toute cette affaire avait été convenue d'avance et exécutée par les conspirateurs dont on ne cessait de la dire entourée. D'ailleurs l'amour-propre blessé d'un parti pour lequel il ne se tirait pas un seul coup de fusil, le rendait trop heureux d'avoir un tel expédient à mettre en avant. Cependant pour donner plus de réalité au complot il fallait arrêter les conspirateurs, et c'était de quoi on s'occupait.

M. Pozzo di Borgo, qui était l'âme et le conseil des Bourbons, était joué pourtant, dans ce moment, puisqu'on formait une alliance contre la Russie. Il était trop habile pour ne pas voir qu'il fallait attaquer l'empereur Napoléon à Vienne, en réunissant contre lui toutes les forces du congrès, qui une fois dissous manquerait d'unité. Il venait donc de partir pour se rendre près des souverains alliés. La duchesse de Courlande en avait fait autant pour aller expliquer ce qu'on la chargeait de dire, qu'un complot seul ramenait l'empereur en France, qu'il arrivait, et que malgré cela personne n'en voulait plus.

Boutiakim se trouva donc, par l'absence de son ambassadeur, chargé seul des intérêts de la Russie. Il vint remplir la mission de protection dont il était chargé par son souverain en ce qui concernait la reine, en me déclarant que sa sûreté était en danger, et qu'il devait me le dire; qu'à la cour on l'accusait de tous les événements qui venaient d'arriver, et qu'on avait été jusqu'à mettre en question si on ne l'arrêterait pas, ainsi que toutes les personnes restées attachées à l'empereur.

Quand j'en prévins la reine, elle me dit : « Je ne puis empêcher cela; on fera de moi ce » qu'on voudra. » Cette résignation ne diminuait pas mes angoisses pour elle. Ordinairement, elle seule avait une volonté et trouvait un expédient au mal. Quel moyen lui restait-il à présent pour éviter les dangers qui l'environnaient ? Elle s'y abandonnait et n'avait personne à qui s'adresser pour prendre un bon conseil. J'en avais la fièvre ; car je sentais toute mon impuissance à la servir.

J'étais dans ma chambre, triste, abattue, quand on vint me dire qu'une dame demandait avec beaucoup d'instances à me voir. C'était mademoiselle Ribou, que j'avais vue autrefois chez une amie de ma mère. Je ne savais pas même que depuis elle était devenue gouvernante des enfants du duc d'Otrante, et qu'elle logeait dans l'hôtel à côté du nôtre, sans que nous nous soyons jamais rencontrées.

Elle entra dans ma chambre, et paraissait fort agitée ; son dévouement pour le duc et pour sa famille était sans bornes. Elle me dit donc, sans aucun préambule, que le duc d'Otrante demandait à voir la reine Hortense, et qu'elle me priait en grâce de lui dire à l'instant même si elle voulait le recevoir.

Je montai chez la reine, qui était seule dans son cabinet. — « Que peut me vouloir le duc
» d'Otrante ? me dit-elle ; ce n'est pas un
» homme que j'aime beaucoup ; ses intrigues
» pour le divorce de ma mère ne sont pas

» d'une grande recommandation près de moi ;
» mais je le recevrai. La position où nous
» sommes est trop grave pour que je n'accueille
» pas tous les avis qu'on peut me donner dans
» ce moment ; dis à mademoiselle Ribou qu'il
» peut venir. »

Le duc arriva peu d'instants après et causa assez longtemps avec la reine. Pendant ce temps mademoiselle Ribou me raconta qu'elle était dans les plus vives angoisses pour le duc ; qu'il courait le risque d'être arrêté d'une minute à l'autre, qu'il ne voulait pas se cacher jusqu'à présent, mais qu'il fallait tout arranger pour qu'il pût se sauver de chez lui par l'hôtel de la reine ; qu'elle avait fait déjà placer une échelle près du mur mitoyen, qu'il pourrait facilement la reprendre une fois en haut du mur, et la replacer dans le jardin de la reine, et qu'il ne fallait plus avoir que la clef de la porte qui donnait dans la rue Taitbout pour qu'il pût s'enfuir de ce côté sans être aperçu de personne.

Le fourrier du palais de la reine avait seul cette clef, et il était assez difficile de la lui ôter. Après le départ du duc, la reine me fit appeler et me dit qu'elle avait consenti à le laisser se sauver comme il le désirait, et qu'elle

ne refuserait jamais de rendre un pareil service à quelqu'un qui viendrait se confier à elle. « Il est bien peu rassurant sur les événe-
» ments qui se préparent, continua-t-elle, il
» voudrait voir Boutikim; mais il n'en a
» plus la possibilité; il m'a prié de lui trans-
» mettre quelques paroles pour l'empereur
» Alexandre; prie-le donc de passer chez toi.
» Il croit les Bourbons perdus. Du côté de
» Laon, les chasseurs de la garde de l'empe-
» reur se sont mis en insurrection, ayant à
» leur tête les généraux Lefevre-Desnouettes
» et Lallemand. On a arrêté ce mouvement;
» mais sur plusieurs autres points il peut
» en éclater de semblables qu'on ne pourra
» maîtriser.

» Le comte d'Artois est revenu de Lyon.
» Il croit sa cause tellement perdue, que cette
» nuit il a envoyé chercher Fouché pour le
» prier de se charger des affaires de l'état. Sur
» le refus de Fouché, qui lui a dit qu'il n'était
» plus temps, qu'ils avaient commis trop de
» fautes pour ne pas succomber dans la lutte
» contre l'empereur, et que lui ne pouvait plus
» accepter une telle responsabilité, Fouché
» s'attend à être arrêté. Il me conseille aussi
» de ne pas rester chez moi, parce que c'est

» par mon influence, dit-on, que ces événe-
» ments arrivent. Tu m'avoueras que j'en suis
» bien innocente, puisque, loin d'y contri-
» buer pour quelque chose, je n'y vois que
» des malheurs. Enfin il faut que je me rési-
» gne toujours à être méconnue. Fais deman-
» der la clef de mon jardin à mon fourrier et
» envoie-la à mademoiselle Ribou. Je suis bien
» contente de n'avoir plus mes enfants chez
» moi, tant Fouché m'a effrayée sur les chouans
» qui sont à Paris. Il dit qu'on balance encore
» entre les deux partis, ou d'arrêter toutes
» les personnes qu'on redoute, ou de lancer
» sur leurs maisons une troupe de ces gens
» sans aveu qui, en pillant et massacrant
» tout, donneraient un air de mouvement po-
» pulaire à un crime. »

— « Mon Dieu, madame, je vous en supplie en grâce, ne passez pas la nuit ici. » —
« Où veux-tu que j'aille? » — Allez vous réunir à vos enfants. » — « Oh! non, ils sont en
» sûreté; si par hasard on me suivait! Leur
» trace est perdue, et je ne veux pas m'exposer
» à la faire retrouver. Je défends expressément
» que personne sorte de chez moi pour y
» aller. » — « Mais, madame, vous avez des
amies. » —« Certainement, me répondit-elle; »

et elle m'en nomma une qui logeait près de chez elle, et puis elle ajouta : — « Mais à quoi » bon se cacher? il n'est pas possible qu'on » veuille me faire aucun mal. »

— « Le duc d'Otrante est un homme habile, madame ; il sait mieux que personne ce que la police peut se croire le droit de faire sous le prétexte de la sûreté de l'état. Madame, au nom du ciel! ne vous exposez pas à être prise et traînée en prison, peut-être.

— « Oh! que non ; on n'oserait me faire au» cun mal : le peuple de Paris ne le souffri» rait pas. Je n'ai à redouter qu'une entrée » de vive force dans ma maison par des gens » exaltés, et nous avons le temps d'y penser. »

Quelques hommes de la société habituelle de la reine arrivèrent chez elle : le duc de Vicence était du nombre. Il était revenu de la campagne, se croyant plus en sûreté à Paris et plus à portée de laisser voir sa conduite. La reine leur dit tout ce qu'elle avait appris, et les conjura tous de ne plus revenir chez elle, puisqu'elle inspirait tant de soupçons. Elle leur conseillait de se cacher eux-mêmes, du moment où il était question de les arrêter.

Le duc de Vicence pensait absolument comme la reine sur le retour de l'empereur ; il s'en affligeait. Il était convaincu que les alliés ne voudraient pas renouer de relations avec lui, et qu'après tant de maux, la France épuisée ne pourrait plus résister à une seconde invasion.

Boutikim vint voir la reine; car il ne se contenta pas de savoir par moi ce que lui voulait le duc d'Otrante; il désira l'entendre de la bouche de la reine, et même l'avoir par écrit. Elle fit la commission du duc, qui consistait à savoir franchement de l'empereur de Russie quelles étaient ses intentions à l'égard de la France, et de le prier qu'il voulût bien les faire connaître, en envoyant quelqu'un qui eût sa confiance. Sans doute, en croyant à la réussite de la tentative de l'empereur, le duc d'Otrante pensait qu'il y allait avoir une guerre civile et que la lutte serait longue. Il faut donc lui rendre cette justice, que dans ce moment il voulait entraîner les alliés à ne se mêler de cette affaire qu'en paroles, et non pas en action; et il en fut tout le contraire.

Pendant toute cette journée, notre agitation avait été extrême; l'idée de voir la reine courir quelque danger n'était pas faite pour nous calmer, et elle persistait à ne pas vouloir sortir de chez elle.

Vers le soir, la même personne qui avait déjà fait prévenir la reine des embûches que l'on voulait tendre au prince Eugène, en lui envoyant des espions à Vienne, lui fit dire qu'il se préparait une expédition sur les hôtels du duc d'Otrante et du duc de Rovigo; qu'on voulait tenter une démonstration populaire dans l'espoir d'amener un soulèvement, et qu'on encouragerait peut-être le pillage de ces deux hôtels. Comme la reine se trouvait logée précisément à côté, on pouvait craindre que le pillage ne s'étendît jusque chez elle. La personne qui donnait cet avis venait de voir M. Dandré, directeur de la police, qui la consultait quelquefois, et qui dans ce moment ne savait où donner de la tête pour contenir toutes les passions déchaînées dans Paris, et y maintenir au moins la tranquillité.

XIX.

Conseils du duc d'Otrante. — La reine quitte son hôtel. — Mauvaise réception chez une amie. — Retraite accordée pour une nuit. — L'empereur à Lyon. — Recherche d'un asile. — Les volontaires royaux. — La bonne Mimi. — La reine passe pour moi. — Mon frère Adrien accompagne la reine deguisée. — Gaîté de la reine. — Les souliers de taffetas et la robe de dentelles. — La reine en sûreté. — Les hôtes de la rue Duphot. — La reine dans un grenier. — Les tasses de famille. — Le duc d'Otrante échappé à la police. — Réfuge demandé par M. de Lavalette. — La perruque du maître-d'hôtel. — Impatience causée à la reine par sa réclusion. — Nouvelle de la réception de l'empereur à Lyon. — Un courrier chez Louis XVIII. — M. Alexandre de Girardin. — Sa visite à la reine et son entrée à quatre pattes. — Préventions contre la reine. — On l'accuse de conspirer. — Elle écrit au ministre de la police.

Il n'y avait donc plus à balancer pour la reine; elle céda enfin à nos instances, et elle se décida à aller demander l'hospitalité à l'amie qui logeait le plus près d'elle. Il fallait sortir de son hôtel par le jardin, dont nous n'avions plus la clef, et surtout il ne fallait mettre personne dans la confidence. J'allai moi-même redemander cette clef pour un moment à mademoiselle Ribou, et j'eus toutes les peines du monde à arriver jusqu'à elle. Ils étaient tous sur le qui-vive chez le duc d'Otrante : étant parfaitement instruits des dangers qu'ils pouvaient courir, ils les attendaient de pied ferme, et tout était prêt pour recevoir les agents de police qui viendraient l'arrêter. Le duc se refusait à partir de chez lui avant, ne voulant pas se donner un air de méfiance qui pouvait être sans fondement.

Quant à ameuter des gens pour piller son hôtel, il disait que l'autorité n'oserait jamais donner un tel branle aux passions, sachant très-bien que le désordre arriverait trop facilement après jusqu'à renverser le gouvernement.

Le duc conseillait pourtant à la reine de ne pas rester chez elle, parce que, la croyant le chef d'un complot qui n'existait que dans le mécontentement de toute la nation, il ne serait pas étonnant qu'on sévît contre elle.

Il était neuf heures du soir, lorsque la reine, suivie de sa femme-de-chambre, se rendit chez cette amie, dont la famille devait tout à la reine. Elle, particulièrement, y avait gagné de faire un beau mariage et une brillante fortune. La reine, qui se croyait sûre d'être bien accueillie, fut reçue avec un embarras marqué. Le mari trouvait que l'empereur Napoléon n'avait pas assez bien récompensé ses services; il était devenu son ennemi, et ce retour le chagrinait. J'aime à penser que la femme ne fut pas la maîtresse dans cette circonstance. On crut faire beaucoup pour la reine en la gardant cette nuit seulement; et je crois que si elle eût témoigné le désir de rester un jour de plus, on se serait vu forcé de lui décliner que cela ne se pouvait pas. Mais elle ne les mit pas dans cette triste extrémité, et revint chez elle le lendemain matin de bonne heure.

Elle me dit alors ce qu'elle m'a répété souvent depuis, c'est que jamais elle n'avait été plus désappointée que par cette réception. Elle croyait leur procurer un si grand plaisir en les mettant à même de lui rendre un léger service. « Je suis persuadée, au reste, » ajouta-t-elle, « que le mari seul était mécontent: » il pense que l'empereur ne réussira pas, et » il craint de se compromettre. Moi qui n'ai » pas un doute sur la réussite de l'expédition » de l'empereur, puisque le voilà déjà à Lyon, » je pensais au contraire que je serais double- » ment bien reçue. » Alors, avec un effort

sur elle-même, elle dit : « Ne parlons plus de
» ce mécompte, cela fait de la peine. Main-
» tenant, que vais-je faire? »

— « Vous ne pouvez pas rester ici, madame. Mon Dieu! pourquoi êtes-vous rentrée?
Votre hôtel est entouré d'espions; vous ne
pourrez plus en sortir sans être suivie. « Je
maudissais de tout mon cœur ce ménage soi-
disant ami, qui replaçait la reine dans une
position si critique. De moment en moment,
l'exaspération du parti vaincu devenait plus
grande. A chaque ville, à chaque village qui
se rendait à l'empereur, on jetait des cris de
fureur autour de nous. On formait une légion
de volontaires royaux, et sur les boulevards
on en rencontrait des bandes qui s'agitaient,
criaient vive le roi, et faisaient frémir ceux
qui ne partageaient pas leur enthousiasme.

Mon frère Adrien vint me voir, et me raconta ce qui se passait dans Paris. Contre
l'ordinaire, il avait remarqué beaucoup
d'hommes qui se promenaient dans la rue de
la reine, et d'autres qui ne quittaient pas le
coin du boulevard. Nul doute que ce ne fussent des espions. Il n'était plus possible de
sortir par la porte du jardin; cet air de mystère devenait plus dangereux, et d'ailleurs

j'avais renvoyé la clef au duc d'Otrante. La reine ne pouvait pas pourtant rester plus longtemps chez elle; tous les avis étaient qu'elle n'y était plus en sûreté, et qu'elle devait en sortir. Mais où aller, maintenant? Après avoir passé bien du monde en revue, elle se décida pour une ancienne bonne de son frère. C'était une Américaine, de la Martinique, qui avait accompagné l'impératrice Joséphine lorsqu'à quinze ans elle fut amenée en France par son père pour épouser le vicomte Alexandre de Beauharnais.

Cette bonne Mimi, ainsi que la reine et le prince Eugène l'appelaient toujours par ancienne habitude, avait épousé un M. Lefebvre, qui remplissait une petite place dans un bureau; une pension que les enfants de l'impératrice faisaient à Mimi procurait à ces braves gens une honnête aisance.

Il fut décidé que la reine irait chez eux attendre le dénouement du terrible drame dans lequel on lui faisait jouer un rôle si actif, et dont elle ne se trouvait être que la principale et l'innocente victime. La chose la plus difficile était qu'elle sortît de chez elle sans être reconnue. Elle voulait donner le bras à M. Devaux; cette idée fut rejetée. Un officier à elle serait remarqué et peut-être suivi. Je lui proposai le bras de mon frère, qui venait souvent me chercher pour me conduire chez ma mère, et qui ne pouvait inspirer de soupçons; mais elle s'écria qu'elle n'oserait jamais sortir seule avec un jeune homme; que cela lui paraîtrait la chose la plus extraordinaire du monde, et qu'elle aurait l'air trop embarrassé pour ne pas fixer l'attention des espions. Comment donc faire? Il n'y avait pas de temps à perdre. J'étais sur les épines. « Vous devez passer pour moi, madame, lui dis-je; sans cela, vous serez suivie, et je ne vois pas d'autre moyen que de vous décider à sortir avec mon frère. Je vous donnerai ma redingote, mon chapeau; et comme on a l'habitude de me voir ainsi tous les jours, on ne vous remarquera pas, je vous en supplie, décidez-vous. »

« — Allons, tu as raison, dit la reine ; au » fait, c'est un enfantillage que je dois sur- » monter. » Et la voilà qui se résout enfin à mettre mon chapeau avec mon voile de mousseline. Nous n'avions guère pensé à la toilette; elle se trouvait avoir un peignoir du matin, mais des plus élégants; il était en fine percale, brodé tout à jour et garni de superbes dentelles. Il fut nécessaire de cacher tout cela sous ma redingote de casimir couleur poussière. Quand il fallut que la reine, ainsi affublée, donnât le bras à mon frère et sortît par mon appartement, la voilà qui se met à rire, d'un tel fou rire, que c'était à n'en plus finir Elle ne voulait plus sortir, elle oubliait sa position, les espions, et ne pensait plus qu'au *qu'en dira-t-on*. « Si quelqu'un me reconnaît » toute seule avec un jeune homme, qu'est-ce » qu'on pensera de moi ? » et d'embarras, elle se remettait à rire (1). Mon frère et moi nous n'en avions guère envie. Adrien surtout n'était pas du tout content de la responsabilité qui lui était confiée. Si je n'avais connu l'enfantillage du caractère de la reine, qui n'a jamais pu conserver son sérieux quand elle dit une chose qui n'est pas vraie, ou qu'elle fait une chose qui ne lui est pas ordinaire, en vérité, j'aurais montré toute mon impatience de lui voir une apparence de gaieté dans un moment aussi critique, et où, par dévouement pour elle, j'exposais mon frère à être peut-être arrêté et compromis.

(1) L'empereur avait établi une étiquette si sévère pour les princesses de sa famille qu'elles avaient contracté l'habitude d'être constamment entourées et qu'elles ne seraient jamais sorties à pied.

Enfin elle partit. Je restai assez longtemps dans l'inquiétude; la pluie était survenue, j'avais donné un parapluie à Adrien, et j'espérais que les gens postés dans la rue pourraient être moins regardants par la pluie que par le beau temps. Cependant il me tardait d'en avoir l'assurance par le retour de mon frère.

Il revint enfin, et comme il a toujours beaucoup de sérieux dans le caractère, il commença par me gronder.

— « Comment as-tu laissé sortir la reine avec cette robe de dentelles, qui l'embarrassait tout le long de la route? » — « Est-elle en sûreté? » m'écriai-je, impatientée de ce qu'il parlait de la robe au lieu de me tranquilliser sur-le-champ. « Sûrement, me répondit-il, mais tu m'as valu là une terrible corvée! d'abord, en passant au coin du boulevard, des hommes nous ont beaucoup examinés, je n'étais pas rassuré du tout. J'avais beau baisser le parapluie du côté de la reine, comme elle n'est pas aussi grande que toi, on ne pouvait s'y tromper, je tremblais que nous ne fussions suivis. Pour surcroît d'embarras, la reine ne faisait que rire. J'avais beau lui dire: *Madame, votre dentelle passe, prenez garde; jamais une femme ne se promène avec toute cette élégance, et vous avez encore de plus des petits souliers de taffetas!* alors son rire redoublait, et elle me répondait : « *Je n'ai pas » eu le temps de penser à tout cela, et je ne » puis marcher avec toutes ces redingotes » l'une sur l'autre.* » — Vraiment les femmes ne pensent à rien et traitent légèrement les choses les plus graves. Je t'assure que, sans la pluie, il était impossible qu'elle échappât aux regards des curieux et des espions. Nous sommes enfin arrivés rue Duphot, dans la maison de madame Lefebvre. Le portier, ni personne, ne nous a vus monter; et quand madame Lefebvre a reconnu la reine, elle en a pleuré de joie. Elle s'est bien vite mise en devoir de tout arranger dans son appartement pour qu'elle s'y trouve le mieux possible. Voyant la reine si bien accueillie, je suis redescendu aussitôt, continuait mon frère, et me voilà bien content d'en être quitte à si bon marché, car dans vos arrangements de femmes, il n'y a jamais ni prudence ni raison. »

L'humeur de mon pauvre frère venait de la crainte qu'il avait éprouvée pour la reine, et j'étais bien sûre de son contentement d'avoir pu lui être utile en quelque chose. Je devinais facilement que la frayeur qu'il avait témoignée

avait dû augmenter le fou rire de la reine, et
c'était à mon tour d'avoir peur, puisque je
m'apprêtais à aller la voir et à braver les
mêmes espionnages. Quand la nuit fut devenue sombre, je partis de chez ma mère, où
j'avais été dîner; je fis plusieurs détours, suivie
d'un domestique sans livrée qui ignorait où
j'allais, et qui devait m'attendre sur le boulevard. J'arrivai enfin rue Duphot, hors d'haleine, autant par la multiplicité de mes émotions que par la rapidité de ma course. Je
montai jusqu'au quatrième, et je fus très-
étonnée d'y trouver un petit appartement
fort propre rempli de jolis meubles et de jolis
tableaux. Il se composait d'une salle à man-
ger, d'un salon, d'une chambre à coucher et
d'un petit cabinet sur le retour. La reine
n'était dans aucune de ces pièces : j'en parais-
sais si surprise, que la bonne madame Lefebvre se hâta de me faire un signe pour me
rassurer. Elle me conta tout bas, parce qu'il
y avait là deux personnes que je ne connaissais
pas, qu'elle avait engagé à l'avance plusieurs
amis de son mari à dîner pour ce jour-là ; que
la reine n'avait pas voulu qu'ils changeassent
rien à leurs arrangements, de peur de donner
des soupçons, et qu'elle l'avait menée dans une

mansarde au cinquième. J'eus l'air de m'en aller et je montai à ce grenier. Cette pièce où se trouvait la reine était à peine meublée. Je la trouvai seule, assise sur une mauvaise chaise et attendant dans l'obscurité que les convives du dîner fussent partis.

« Je viens d'apprendre une chose cu-
» rieuse, » me dit-elle sitôt qu'elle m'ap-
perçut. « Un M. de K., ancien aide-de-camp
» du général de Broc (qui doit me connaître
» puisqu'il était en Hollande), demeure plus
» bas dans cette maison; mais il vient souvent
» à cet étage-ci, où il reçoit des gens qui sem-
» blent (d'après ce que dit une vieille femme
» qui habite la chambre contiguë à celle où
» il donne ses audiences) des espions d'une
» police secrète. Me voilà bien gardée! » finit
par dire la reine.

A cette nouvelle, je tremblai pour elle. Je savais déjà que cet ancien aide-de-camp, qu'elle me rappelait, était devenu très-royaliste, et qu'on le désignait comme faisant partie des compagnies de chouans qui s'organisaient dans Paris.

Heureusement personne n'avait vu monter la reine; et qui aurait pu la supposer dans cette maison? L'essentiel était qu'elle ne se montrât pas.

Madame Lefebvre vint la chercher pour redescendre dans *son palais*; c'est ainsi qu'elle l'appela, en quittant une sale mansarde pour se retrouver dans une chambre très-soigneusement arrangée. Il y avait sur la commode un cabaret garni de porcelaines de différentes formes et de différentes grandeurs.

« Voilà, me dit la reine, des porcelaines » que je retrouve avec plaisir : Vois-tu cette » toute petite tasse, elle était à moi, et j'avais » huit ans lorsque je la donnai à Mimi; je m'en » souviens encore.... et cette autre était à mon » frère; voici la tasse où mon grand-père pre- » nait toujours son café. Comment, Mimi, dit- » elle, en se retournant vers sa vieille bonne, » tu as pu conserver tout cela ? » — « Tout ce qui me vient de vous et de votre famille, *ma reine*, m'est trop cher pour que ce ne soient pas des reliques pour moi ! Regardez ce portrait !... c'est celui de mon vieux maître; les armes en ont été grattées pendant la terreur, nous effacions tout cela dans ce temps, et nous étions encore dans des transes mortelles pour vous, pour votre frère. Vous étiez alors si jeunes tous les deux !... que nous avions soin de vous pendant qu'on emprisonnait vos parents, et que votre pauvre père!...» elle s'arrêta sans en dire davantage.

« Eh bien, ma chère Mimi, tu vois qu'au» cun régime ne m'est favorable et que je te » donne encore des motifs de craintes! c'est » que le sort s'acharne à certaines destinées; » ce n'est pas moi qui ai poussé la mienne si » haut, j'eusse préféré vivre tranquillement » dans un joli petit appartement comme celui» ci!... Mais les grandeurs, les trônes, les pa» lais! Et puis les haines! les injustices! les » périls! tout cela se suit et c'est dans l'ordre. » Je voudrais pourtant bien me reposer de » tant d'agitations; j'en suis déjà terriblement » fatiguée. »

Nous aidâmes la reine à se coucher; sa femme de chambre était aussi venue pour lui apporter quelques effets. Madame Lefebvre donna son lit à la reine et occupa celui à côté; le mari avait été relégué dans la mansarde.

Dans la crainte d'être suivie, j'allai voir madame d'Arjuzon et je passai la nuit chez elle. Le lendemain matin je revins au palais de la reine; j'étais si occupée, si en peine de tout ce qui la regardait, que je ne faisais plus aucune attention à ce qui se passait plus loin. Je ne lisais pas une gazette, j'ignorais où se trouvait l'empereur en ce moment et ce qu'on faisait pour arrêter sa marche.

Dans la journée, un domestique de lord Kinnaird, qui logeait en face du jardin de la reine, vint prévenir que la petite porte du jardin était toute grande ouverte. On ne comprenait rien à cela. Les gens de la reine allèrent y voir, et on trouva en effet qu'on avait fait sauter la serrure. On vit aussi une échelle par terre près du mur mitoyen de l'hôtel du duc d'Otrante.

La nouvelle se répandit dans le quartier que la police était venue pour arrêter le duc d'Otrante; et qu'il avait disparu on ne savait comment?... de là des grands bruits. Il y avait, disait-on, des communications, des trapes, qui donnaient dans des souterrains de chez la reine chez le duc, et par-là ils se voyaient et conspiraient ensemble!... Dans la soirée, mademoiselle Ribout vint m'apprendre comment cette fuite s'était faite. Quand la police s'était présentée pour arrêter le duc, il avait feint le plus grand étonnement en disant : « Comment! c'est moi qu'on veut arrêter? Vous vous trompez : ce n'est pas possible; c'est une erreur! J'ai vu encore hier le comte d'Artois; je vais vous en montrer les preuves et lui écrire. » Alors passant dans son cabinet, et de là dans son jardin, il avait vite posé l'échelle préparée contre le mur, et en la reprenant de l'autre côté il était redescendu dans le jardin de la reine. Arrivé à la petite porte, il s'était aperçu que dans son empressement à fuir, il avait oublié la clef. Alors il s'était saisi d'une grosse pierre, et en frappant sur la porte, il était parvenu à enlever la serrure, et avait laissé la porte ouverte.

Pendant ce temps, mademoiselle Ribout avait tenu tête aux hommes de police, qui ne voyant pas le duc revenir, avaient fait, pour le retrouver, les recherches les plus minutieuses. Elle avait joué la surprise autant qu'eux, et était enfin parvenue à les congédier.

« Et où est-il maintenant, » dis-je à mademoiselle Ribout.

— Très en sûreté, me répondit-elle, où l'on n'aura jamais l'idée d'aller le chercher. Il est... chez un chouan.

— Comment! m'écriai-je, il a des amis dans ce parti-là?

— Il a pu être utile à celui chez lequel il

est, et il a trouvé en lui un homme reconnaissant. » Après le départ de mademoiselle Ribout, j'étais bien tranquillement à me reposer de toutes mes agitations, lorsque je vis entrer M. de Lavalette. « Oh! pour le coup, je ne vous attendais guère, m'écriai-je, vous dont les sentiments pour l'empereur ne peuvent être douteux? Je vois que vous avez du courage et que vous ne vous cachez pas. — Comment donc? je viens me cacher chez vous. — Ah! la bonne plaisanterie. — Non! je ne plaisante pas, je sais que la reine est hors de chez elle, je sais aussi que la police en est informée, ainsi elle ne viendra donc rien chercher ici. Ma femme est grosse et fort souffrante, la plus petite émotion pourrait lui être funeste. Puisqu'on s'occupe d'arrêter les Bonapartistes, je ne puis manquer d'être du nombre, surtout mon ancien ami Bourrienne venant d'être nommé préfet de police, il ne peut manquer de se faire valoir en me jouant quelque tour, et je ne veux pas donner une inquiétude à ma femme. Dans tous les cas, je préfère être arrêté ici, plutôt qu'auprès d'elle. Vous allez d'abord me donner à dîner. »

Ce qu'on fit bien vite, et nous fûmes tous

charmés d'accueillir un hôte aussi gai, aussi aimable.

Madame de Boubers avait été passer quelques jours chez une de ses sœurs; il n'y avait plus dans la maison que M. Devaux, l'abbé Bertrand et moi. Nous dînâmes tous les quatre fort gaiement, et la conversation la plus animée ne tarit pas. On donna à M. de Lavalette un petit appartement sur le devant de la maison. Il pria Bazinet, le maître d'hôtel de la reine, de lui prêter une de ses perruques; il l'essayait, la mettait, l'ôtait, et nous disait en riant.

— « Si l'on vient me chercher ici, je m'affuble de cette perruque de chiendent, et je m'empare des fonctions de M. Bazinet; en m'établissant ainsi son Sosie, je défie qu'on me reconnaisse.

Le soir, il jouait au piquet avec l'abbé Bertrand, qui, n'ayant plus à s'occuper de ses chers élèves, était charmé de faire sa petite partie. Nous restâmes ainsi à plaisanter, à rire fort avant dans la nuit.

Quand je revenais de visiter la reine et que j'en rapportais des nouvelles, c'était sur elle des questions à n'en plus finir. Je fis beaucoup rire M. de Lavalette, un jour, en lui racontant que la reine commençait à n'en pouvoir plus de sa réclusion; elle regrettait de ne pas partager nos moments de gaieté. Elle avait un tel besoin de mouvement, qu'elle voulait absolument aller se promener sur le boulevard, qu'elle voyait de sa fenêtre.

« J'ai mal aux jambes, me disait-elle, de
» rester si long-temps sans marcher, et si je
» prends l'air à ma fenêtre, vous criez toutes
» deux pour m'en empêcher. Ah! que je plains
» les pauvres prisonniers! Si jamais j'ai quel-
» que puissance, je me souviendrai de ce tour-
» ment, et il n'y aura pas un seul prisonnier
» dans mon empire! »

M. de Lavalette, qui lisait les journaux, nous alarmait souvent; il y voyait que l'empereur courait les plus grands dangers, que Lyon avait été repris par les troupes du roi, etc., etc.

Heureusement, des nouvelles tout à fait contradictoires et plus sûres nous arrivèrent d'un autre côté!.. Un valet de chambre de la reine avait épousé la fille d'un courrier de la malle; il vint nous dire que son beau-père avait vu l'empereur à Lyon, qu'il avait été porté par la foule, et que jamais enthousiasme n'avait été pareil à celui dont il avait été témoin à l'arrivée de l'empereur.

Louis XVIII voulut voir ce courrier pour entendre de sa bouche les détails qu'il donnait. Après avoir raconté au roi tout ce qu'il avait vu, il finit par lui dire : « Sire, votre noblesse est de la canaille ! elle a abandonné votre frère lâchement, et il est sorti tout seul de Lyon. »

Le roi à ce discours avait témoigné le plus grand chagrin; il avait caché sa tête dans ses deux mains, et les messieurs qui étaient près de lui s'étaient empressés de faire sortir le courrier, avec l'ordre de ne parler à personne de ce qu'il avait vu. M. de Lavalette recommanda au valet de chambre de rester chez son beau-père et de ne plus revenir, parce qu'il ne voulait pas qu'on pût le supposer en relation avec un courrier de la malle.

J'allais sortir pour aller porter ces nouvelles à la reine, lorsque M. Alexandre de Girardin entra chez moi; il me dit qu'il tenait beaucoup à la voir. Il était très-dévoué au duc de Berri; mais comme il venait souvent chez la reine et qu'il était de sa société intime, je ne crus pas commettre une indiscrétion en lui disant de m'accompagner; il pouvait avoir un conseil urgent à lui donner, et dans les circonstances où elle se trouvait, il ne fallait pas l'exposer à manquer un bon avis.

Lorsque nous arrivâmes rue Duphot, madame Lefebvre se trouvait avec quelques personnes dans son salon. Ne voulant pas me montrer à elles, j'entrai (comme je l'avais déjà fait une fois en pareille occasion) par un trou pratiqué sur le palier de l'escalier; il fallait se mettre à quatre pattes pour passer, et l'on se trouvait dans le petit cabinet sur le retour, qui était à côté de la chambre qu'occupait la pauvre prisonnière.

Je passai la première; mais quand j'invitai M. de Girardin à en faire autant, il crut sans doute que je l'avais mené dans un guet-apens. Il balança à me suivre, et me dit : — « Où me menez-vous donc? » Il hésitait encore, quand il fut rassuré par les éclats de rire qu'il entendit au fond de ce repaire dans lequel il n'osait pénétrer.

J'avais rejoint la reine; je lui avais appris que je lui amenais M. de Girardin; son inquiétude, à la vue de la route que je l'invitais à prendre pour arriver à elle, et cette singularité de faire entrer une visite par un chemin semblable, nous causèrent à toutes les deux de tels éclats de rire, que nous ne pouvions plus nous calmer. — « Mon Dieu, madame, » dit M. de Girardin qui, enfin, s'était décidé à franchir ce passage obscur et difficile, « qui a donc pu vous fourrer dans un endroit pareil? Cela n'est pas croyable.

— « Comment? lui dit la reine, en riant
» de nouveau, ne croyez pas que ce soit l'ar-
» rivée habituelle de mon appartement. »

Alors, elle lui conta qu'elle n'avait pas voulu que madame Lefebvre changeât rien à ses habitudes ni à ses relations, et que les visites qu'elle recevait assez souvent avaient amené la nécessité de cette façon un peu bizarre de parvenir jusqu'à elle. Elle s'informa ensuite du motif de sa visite.

« Je viens vous prévenir, lui dit-il, que c'est sur vous seule que tombe l'accusation du complot qui ramène l'empereur. C'est à un tel point que le duc de Berri m'en a parlé, et qu'il n'est même pas en mon pouvoir de vous défendre.

— « Voyez, dit la reine, comme je com-
» plote? Vous êtes la seule personne que j'aie
» vue ici!... Mais de quoi peut-on m'accuser,
» et que puis-je faire pour rassurer?

» — Je l'ignore, répondit M. de Girardin; on est convaincu que vous distribuez de l'argent au peuple, que vos diamants sont en gage à cet effet, et que vous pouvez même chercher à attenter à la vie des Bourbons.

— » Ah ! s'écria la reine, c'est une indi-
» gnité !.... Moi, qui serais si fâchée qu'on
» pût même avoir la pensée de leur faire aucun
» mal ?.... Il est si loin de mon caractère de
» commettre une lâcheté, que je me reproche-
» rais la moindre démarche contre eux. Et
» pourquoi ? Parce que je suis restée ici sur la
» bonne foi des Bourbons, et que je trouve-
» rais peu loyal de profiter de cette déférence
» de leur part pour essayer de leur nuire.
» Tous ces propos ne me fâchent que parce
» qu'ils me peignent comme je ne suis pas. Si
» j'avais voulu travailler à renverser le trône
» des Bourbons, certainement je ne serais pas
» restée en France ! Tout ce que vous me dites
» m'indigne tellement, continua la reine, que
» je vais écrire à M. Dandré pour me plaindre
» de ce que lui, ministre de la police, il n'es-
» saie pas de faire taire des bruits aussi peu
» fondés ; si le peuple est resté attaché à l'em-
» pereur, certes, il n'a nul besoin d'être
» payé. »

Elle écrivit en effet, et me donna sa lettre
pour que M. Devaux la portât au ministère
de la police. M. de Girardin, qui nous avait
quittées, trouvait, comme nous, plus conve-

nable que cette lettre fût portée par un officier de la reine que par toute autre personne, et il ne désirait pas s'en charger.

A son retour, M. Devaux m'apprit qu'on voulait s'assurer de toutes les personnes supposées bonapartistes, et que, dans le conseil, M. Dandré seul s'y était opposé, en disant :

— « Je ne pourrai plus prendre personne ; on a tant parlé de les arrêter, que, dans ce moment, ils sont tous cachés et introuvables. »

XX.

M. de Kirbourg et ses gens. — Observations de la reine dans sa cachette. — Un régiment de cuirassiers. — Le peintre royaliste. — — L'empereur battu dans les journaux. — L'espoir fondé sur le maréchal Ney. — Impatience de la reine. — Berthier, chef d'état-major du comte d'Artois. — Bons sentiments de la reine pour Louis XVIII. Elle veut donner asile aux enfants du duc d'Orléans. — Lord Kuinaird et madame Lallemant au Tuilleries. — Lettre anonyme et projet d'assassiner l'empereur. — Mission périlleuse. — Le 20 mars. — Le général Sébastiani et M. de Lavalette conduit à l'administration des postes. — Mot de l'empereur sur Mallet. — M. Ferrand. — Motif de la condamnation de M. de Lavallette. — Virginie et les adieux du duc de Berri. — La reine à sa fenêtre et les conjectures. — Départ du roi. — La reine veut lui écrire. — Restauration du portrait de M. de Montalivet. — Réédification de la statue de l'empereur. — Rentrée de la reine à son hôtel. — Événements de la journée du 20 mars. — L'empereur aux Tuileries.

Chaque jour amenait à Paris plus de terreur d'un côté, plus de fureur de l'autre. La vieille femme qui logeait dans une des mansardes de la maison de madame Lefebvre vint lui raconter qu'elle avait entendu ce M. de Kirbourg distribuer de l'argent à des hommes très-mal habillés, qu'il leur donnait l'ordre d'aller dans les faubourgs; mais qu'elle n'avait pas pu bien entendre ce qu'ils devaient y faire. J'avais une peur affreuse de me rencontrer dans l'escalier avec de pareilles gens, et je tremblais aussi qu'ils ne découvrissent la retraite de la reine, qu'ils allaient peut-être chercher bien loin.

Je sortis un matin; j'étais si agitée par toutes les pensées qui remplissaient mon esprit, que je ne pouvais tenir en place. Je n'aurais pu rester chez moi. J'allai d'abord dans une église où je demeurai assez longtemps pour ne pas être suivie, et de là je me rendis à ce quatrième étage, où l'objet de toutes mes craintes se trouvait pourtant à l'abri du danger. Je trouvai la reine occupée à regarder dans la rue à travers la jalousie. « Que faites vous donc là, madame? prenez garde qu'on ne vous aperçoive.

« Je fais comme le diable boiteux, me ré-
» pondit-elle. Je pourrais dire ce qui se passe
» dans tous les appartements qui sont en face
» de moi, et je tâche de deviner les événe-
» ments par l'examen de ce qui se fait sous
» mes yeux. Tout à l'heure, un régiment de
» cuirassiers vient de traverser le boulevard.
» Si tu avais vu leur air de dédain quand on
» criait *vive le roi* autour d'eux. Ils n'ont pas

» ouvert la bouche et restaient mornes et si-
» lencieux; ceux-là, par exemple, si on les
» envoie contre l'empereur, je n'ai pas grand'
» peine à deviner ce qu'ils feront.... Un in-
» stant avant j'avais vu des vieillards et des
» adolescents, sans uniforme, avec armes et
» bagage, qui criaient à tue tête *Vive le roi.*
» Madame Lefebvre dit que ce sont des volon-
» taires royaux. Je remarquais leur lassitude;
» ils eussent mieux fait de prendre leur fusil
» en guise de canne, car ils paraissaient déjà
» exténués de le porter. Si les Bourbons n'ont
» pas d'autres défenseurs, ils sont perdus.
» Ensuite, regarde cet appartement au pre-
» mier étage en face, il est habité par de jeu-
» nes gardes du corps. Ils y viennent souvent
» en uniforme. Tous ces jours-ci ils étaient
» gais, triomphants; aujourd'hui ils avaient
» l'air sérieux, et la femme que je suppose
» être leur mère, avait une expression de tris-
» tesse si profonde, qu'elle m'a attendrie.
» Sans doute ils partent. Tu vois que je m'i-
» dentifie aux impressions de mes voisins; ils
» deviennent en ce moment mes seules con-
» naissances, et je m'y intéresse. Quant à la
» fenêtre du troisième, où tu vois cette vieille
» femme si sèche et si maigre, j'ai appris, par

» madame Lefebvre, que c'était la femme
» d'un peintre qui est, dit-elle *enragé* bour-
» bonniste. Elle cause souvent à sa fenêtre
» avec son mari; il porte constamment une
» croix du lys longue d'une aune, et je puis
» affirmer que dans ce moment il a abandonné
» ses pinceaux et qu'il est tout occupé des évé-
» nements politiques. Sa femme et lui ne ces-
» sent de gesticuler avec beaucoup d'action,
» et quand les volontaires royaux ont passé,
» ils ne se sentaient pas d'aise. Les sentiments
» aveuglent toujours. Moi, à leur place, j'au-
» rais tremblé de voir des défenseurs, criant
» bien, il faut en convenir, mais avec l'air si
» peu vaillant, que la perte de leur cause qu'ils
» courent défendre me paraît très-certaine.
» Mais sait-on enfin où se trouve l'empereur
» maintenant? »—« Je n'en sais pas beaucoup
plus que vous, madame, les journaux le disent
battu; et malgré cela, le lendemain il se trouve
encore plus près de Paris. Tout l'espoir du
gouvernement paraît se fonder sur le maréchal Ney. »—« Nul doute qu'il ne se batte bien, »
dit la reine, « car c'est un brave. » — « Il a
pourtant sous ses ordres, madame, ce régiment de Phalsbourg, et il n'est pas possible de
croire que ceux-là tirent sur l'empereur; at-

tendons... » — « Quant à moi je suis au bout de
» ma patience ; j'ai un besoin extrême de
» prendre l'air et de marcher. Si cela dure en-
» core je tomberai malade ; et mes chers enfants
» qu'il y a si longtemps que je n'ai vus ! Que
» c'est une triste chose que de dépendre des
» événements politiques !... As-tu revu M. de
» Girardin ? » — « Non, madame ; on forme un
camp près d'Essonne, et je sais qu'il y va à la
suite du duc de Berri... Le prince de Neufchâtel est nommé chef d'état-major du comte
d'Artois, et le général Macdonald, général en
chef de l'armée sous les ordres du duc de
Berri. » La reine ne put s'empêcher de sourire.
« Qu'il y a de drôles de choses en ce monde ! » dit-
elle ; « et Boutikim, que devient-il ? » — « Je l'ai vu
hier, il m'a conté que le roi avait promis au
corps diplomatique de ne pas quitter Paris. — »
« Pourra-t-il tenir cette promesse ? » dit la reine,
» j'en doute. » Après quelques moments de réflexion elle continua : « Eh bien ! moi, à qui on
» fait l'honneur de me supposer capable d'avoir
» amené de semblables événements, je ne
» serais pas bonne pour conspirer ; je me sen-
» tirais toujours de l'attendrissement pour les
» plus malheureux, et je ne voudrais pas faire
» du mal même à mon ennemi. Certes,

» j'ai été bien tourmentée de la position de
» l'empereur, et pourtant je n'ai pas douté
» un instant qu'il ne réussisse. Eh bien! à pré-
» sent Louis XVIII, vieux, infirme, forcé d'a-
» bandonner encore sa patrie avec toute sa
» famille, m'inspire une pitié profonde ; leur
» malheur m'intéresse; je me mets à leur
» place, et je les trouve bien à plaindre. Je
» ne me souviens plus maintenant que de la
» manière aimable avec laquelle le roi m'a
» reçue. J'espère bien qu'on ne leur fera au-
» cun mal. » —«Le peuple est bien acharné contre les Bourbons, repris-je; on se remue, dit-
on, dans les faubourgs, et pour expliquer
cette agitation, on dit que c'est votre majesté
qui y jette de l'argent; peut-être y aurait-il
à craindre quelques excès contre eux?»—«Ah!
» ce serait bien malheureux; la cause de l'em-
» pereur doit rester toujours pure. Va voir
» madame Charles; dis-lui que si par hasard
» le duc et la duchesse d'Orléans avaient quel-
» ques craintes pour leurs enfants, car ce sont
» toujours les enfants qui inquiètent le plus
» dans ces moments de troubles, ils n'auraient
» qu'à les envoyer chez moi; je m'en charge-
» rais volontiers; je répondrais d'eux; car, moi,
» je n'ai rien à redouter du peuple. S'il se

» mettait en mouvement, c'est alors que je
» ne craindrais pas de me montrer. Je ne puis
» oublier la manière dont le duc d'Orléans a
» accueilli mon frère en lui rappelant qu'il
» était l'ami de son père; c'est un devoir pour
» moi que de lui être utile. »

J'appris aussi à la reine que lord Kinnaird avait amené madame Lallemand aux Tuileries, pour demander au roi la grâce de son mari, qu'on venait d'arrêter; mais qu'elle n'avait rien obtenu. « Ces Anglais, me dit la reine,
» osent être hommes; je conçois qu'on leur
» envie leur liberté, et qu'on fasse tout pour
» y parvenir. Un Français n'eût jamais osé se
» présenter avec la femme d'un condamné. Il
» est vrai qu'il se fût perdu. Ce sont donc les
» institutions qui sont mauvaises, puisqu'elles
» obligent l'homme à soigner ses médiocres
» intérêts plutôt que de le laisser libre de dé-
» velopper ses plus nobles qualités. » En quittant la reine, je courus chez madame Charles, qui demeurait dans la rue de la Paix, pour lui faire la commission dont elle m'avait chargé pour la famille d'Orléans. Je revenais rue Cérutty, lorsque je vis une femme qui apportait une lettre pour la reine, et qui la recommandait avec instance au portier, parce qu'il fal-

lait qu'elle la lût sur-le-champ. Au même instant arriva mademoiselle Ribou, qui me demanda à voir la reine, ayant quelque chose d'important et de pressé à lui dire. Je promis de la mener, et en effet nous nous rendîmes le soir chez madame Lefebvre, mademoiselle Ribou et moi. Je portai en même temps à la reine la lettre anonyme et mystérieuse que le portier m'avait remise.

En l'ouvrant, elle y vit avec effroi qu'on lui annonçait que des chouans venaient d'endosser l'uniforme des chasseurs de la garde impériale, et qu'ils allaient au-devant de l'empereur pour l'assassiner. Elle resta anéantie à cette lecture. « Est-ce possible, dit-elle, et » que faire ? L'empereur pourra-t-il échapper » à ce nouveau coup ? »

Mademoiselle Ribou venait de la part du duc d'Otrante, pour lui répéter la même chose, et elle tira une lettre de son sac. « Le duc d'Otrante, dit-elle, prévient l'empereur des dangers qu'il va courir en s'approchant de Paris. Il faut que Votre Majesté fasse parvenir cette lettre promptement; sans cela l'empereur peut être assassiné, étant sans défiance. — « Mais par quel moyen ? » dit la reine d'un air désolé. « Je sens que cela presse, et je ne sais

» où trouver quelqu'un qui veuille se dévouer;
» car si on arrête une personne avec une lettre
» pour l'empereur, elle est perdue. Tout ce
» que je connais est caché, je ne sais dans
» quel endroit; il m'est impossible de savoir
» comment et par qui les faire avertir. C'est
» désespérant ! » — « Comment, madame,
vous n'auriez pas un homme sûr à vous? » dit
mademoiselle Ribou. — « Hélas! reprit la
» reine, sur qui compter en de pareils mo-
» ments! et qui veut s'exposer? J'ai pourtant
» un serviteur fidèle : c'est mon valet de cham-
» bre.... le fils de ma nourrice. S'il veut porter
» cette lettre, qu'il prenne un de mes chevaux
» et qu'il parte à l'instant. Va, me dit-elle,
» et ne perds pas de temps. » Il était déjà bien
tard; j'eus beaucoup de peine à trouver Vincent : il consentit avec joie à se charger de cette
mission et à s'exposer pour son empereur, et
il partit vers le matin, rempli de zèle et de
courage. Mais durant la nuit tout changea de
face. Quand je me réveillai le 20 mars au matin
je reçus la visite de Boutikim, qui venait
me dire que, sur la nouvelle de la défection
du maréchal Ney, le roi était aussitôt parti la
nuit, et qu'il ne leur avait laissé aucun ordre
ni aucun passeport; que tout le corps diplo-

matique se trouvait dans le même embarras que lui, et, il faut le dire, tout aussi peu satisfait de leur position.

Un instant après, le général Sébastiani vint demander M. de Lavalette. Ils étaient fort liés ensemble, et M. Sébastiani voulait persuader à M. de Lavalette de venir avec lui reprendre l'administration des postes (1).

« Non, certainement, disait M. de Lavalette, je n'en ferai rien; cela ne me regarde pas. Quand l'empereur arrivera, il me nommera s'il le veut; mais je dois attendre ses ordres. — C'est une folie, répondait M. Sébastiani. Paris est abandonné à lui-même; les Bourbons sont partis en toute hâte. Si personne ne s'occupe de maintenir l'ordre et ne prend une autorité quelconque, nous courrons le risque d'être tous pillés, et nous serons responsables des malheurs qui pourraient arriver. »

M. de Lavalette se laissa convaincre; mais il voulut au moins, avant d'agir, savoir ce que penserait Cambacérès de cette démarche; ayant souvent gouverné pendant l'absence de

---

(1) M. Sébastiani ne fut pas nommé dans le procès de M. de Lavalette; dans la crainte de l'être il fit à cette époque un voyage en Angleterre.

l'empereur, il pouvait être regardé dans ce moment comme son représentant. Il se rendit chez l'archi-chancelier Cambacérès, et le trouva dans la plus parfaite indifférence. « Faites ce que vous voudrez, » dit-il à M. de Lavalette, » pour moi je ne me mêle pas de donner aucun ordre. Je me souviens trop bien des reproches de l'empereur au retour de Russie, sur l'affaire de Mallet. Il était pressant de faire juger et exécuter de pareils coupables. Je croyais en recevoir des remercîments; au lieu de cela, l'empereur m'a dit d'un ton sévère : *Monsieur Cambacérès, vous vous êtes donc arrogé le droit de faire exécuter des Français sans m'en prévenir ? Et si j'avais voulu user de ma prérogative et leur faire grâce ! Ah! je ne suis pas mort encore.* Et depuis ce temps, » dit Cambacérès à M. de Lavalette, « je ne prends plus rien sur moi; et je ne me mêlerai donc de cette affaire-ci que lorsque j'aurai reçu des ordres précis de l'empereur. » M. de Lavalette courut cependant avec le général Sébastiani à la Poste, pour avoir des nouvelles sur la marche de l'empereur. Tous les employés, abandonnés à eux-mêmes par leur directeur-général M. Ferrand, le reçurent comme leur chef. Madame Ferrand, tremblante pour son mari, vint prier M. de Lavalette de signer une permission pour qu'on lui délivrât des chevaux de poste, afin de pouvoir fuir avec sa famille plus vite et plus sûrement. Il refusa; elle insista, et après avoir résisté longtemps à ses prières, le désir d'être utile à cette femme, qui croyait que, dans l'état présent des choses, un ordre de M. de Lavalette serait plus respecté que celui de son mari, le fit céder; et ce fut sur cette signature que plus tard il fut condamné à mort!....

Un nommé Bro, ancien valet de pied de nos jeunes princes, vint ce jour-là dans la maison de la reine. Il était oncle d'une jolie danseuse nommée Virginie, qui bientôt allait rendre père le duc de Berri. Elle avait conté à son oncle que le prince était venu la veille au soir la voir et lui faire ses adieux. Il s'était beaucoup attendri en se séparant d'elle; et en la recommandant aux soins de sa famille, ses derniers mots avaient été : « Ah! plaignez-moi de vous quitter sans doute pour toujours, et ne m'oubliez pas!... »

Je me rendis chez la reine de bonne heure, pour lui raconter tout ce que je venais d'apprendre. Je la trouvai très-occupée à sa fenêtre, d'où elle m'interpella la première. —

« Mais que se passe-t-il donc? me dit-elle en
» m'apercevant, tout est bouleversé chez mes
» voisins... Mes gardes du corps sont revenus,
» ils embrassent leur mère qui pleure. Mon
» peintre a quitté sa croix du lys, et j'aperçois
» dans son appartement un portrait d'un an-
» cien ministre de l'empereur, qu'il place en
» évidence et qu'il époussette depuis une
» heure... Sans doute, il y a quelque nouvelle
» importante d'une victoire de l'empereur qui
» met ainsi tout en émoi? »

« — Il n'y a pas eu de bataille, madame, et
l'empereur a vaincu tout le monde. » Je lui
contai alors tout ce que je savais de détails
sur le départ du roi et de sa famille ; elle m'é-
couta avec un air de joie qui fut suivi d'un air
mélancolique qui me surprit.—« Comment? »
me dit-elle, » ce pauvre roi est parti en
» hâte cette nuit, et il emporte la pensée que
» c'est moi qui le chasse, et que j'ai mis en
» usage toutes sortes d'intrigues pour lui nuire?
» Cette idée m'est pénible ; elle est injuste, tu
» le sais? Car je ne me suis mêlée de rien, et si
» je n'ai pas douté un instant de la réussite des
» projets de l'empereur, d'après la connaissance
» que j'ai de son génie et des sentiments du
» peuple pour lui, je n'ai pu l'aider en aucune

» façon. Je suis attristée de l'idée que le roi
» qui m'a souffert en France me croie capable
» d'une perfidie. C'est si loin de mon carac-
» tère! Je veux lui écrire, puisqu'il est
» malheureux! » — « Mais que lui direz-vous?
madame? C'est assez difficile dans votre position! » — « Difficile ou non, je dirai ce que
» je sens; j'ai toujours besoin de n'avoir pas
» même une apparence de tort avec qui que
» ce soit. » Elle écrivit alors une lettre, qu'elle
me lut. Elle y disait au roi, que malgré les
avantages qui pouvaient résulter pour ses enfants des événements qui se passaient, elle y
était restée étrangère. Que n'ayant pas oublié l'accueil bienveillant qu'elle avait reçu
de lui, c'était un besoin pour elle de lui exprimer ses sentiments de reconnaissance dans
un moment où la fortune lui était contraire.

« Tiens, » me dit-elle, après avoir ca-
cheté sa lettre, « tu vois souvent M. de Las-
» cours; comme il est dans les gardes du
» corps, il suivra sans doute le roi; prie-le
» de se charger de cette lettre. » Je tenais
cette lettre dans ma main, et je la retournais
tout en réfléchissant sur la démarche que faisait la reine. Je savais si bien qu'elle agissait
toujours d'après son premier mouvement,

quand une chose lui paraissait bien à faire, et sans réfléchir aux inconvénients qu'il pouvait y avoir pour elle à suivre les nobles mouvements de son cœur! Je repassais dans mon esprit tous les dangers qu'il pouvait y avoir à ce qu'elle faisait en ce moment. Le roi pouvait rendre cette lettre publique. L'empereur, qui allait reprendre toute sa puissance, n'en voudrait-il pas à sa belle-fille de montrer de l'intérêt à ses ennemis? Je le représentai à la reine. « Cela m'est égal, » me dit-elle, « je ne
» voulais rien accepter des Bourbons, tout le
» monde m'a entraînée à rester en France,
» voilà mon tort. Si l'amour de la patrie, si le
» désir de rester près de ma mère, m'ont fait
» contracter envers eux des obligations, je
» ne dois pas les renier à présent. Si l'empe-
» reur me gronde, je lui dirai qu'il m'a tou-
» jours traitée comme une enfant, qu'il aurait
» trouvé très-mauvais que des femmes se mê-
» lassent de la politique; c'est pourquoi j'ai
» contracté l'habitude de ne me conduire que
» par mes sentiments. Il sait bien que j'ai tou-
» jours été pour les battus, et je l'ai assez
» tourmenté par mes demandes pour les mal-
» heureux de tous les partis, pour qu'il ne
» l'ait pas oublié. » Je restai encore quelque

temps avec la reine à lui persuader de ne pas rentrer chez elle de si tôt. Elle était si impatiente de sortir de sa prison et de revoir ses enfants, que j'eus mille peines à la convaincre qu'il y avait trop de danger pour elle à se montrer dans ce moment. Tant de gens au désespoir étaient déchaînés, qu'ils pouvaient se porter à des excès contre son hôtel. Je la suppliai d'attendre que M. Devaux vînt la chercher.

Tout en causant, nous regardions le peintre en face, qui se démenait, ainsi que sa vieille femme, à restaurer le portrait en grand uniforme du ministre de l'empire. « C'est réellement celui de M. de Montalivet ! » me dit la reine, « je crois le reconnaître, et bientôt le » peintre va le mettre en enseigne, comme une » preuve de son bonapartisme. » Cette idée nous fit rire, et je quittai la reine pour aller me conformer à ses ordres.

Je remis à M. de Lascours la lettre dont j'étais chargée; il partait en effet à deux heures avec sa compagnie, et il me promit de s'acquitter de la commission que la reine lui confiait.

Ne voulant pas résister plus longtemps à l'impatience de la reine, M. Devaux prit une voiture pour aller la chercher; et comme nous tenions toujours à ce qu'elle ne rentrât chez elle que lorsqu'il y aurait une autorité de reconnue dans Paris, elle voulut alors aller chez madame Charles, rue de la Paix, pour voir remettre la statue de l'empereur, que l'on se hâtait de replacer sur la colonne de la place Vendôme. Aussi empressée qu'elle de jouir de ce spectacle et du plaisir de la voir libre, je fus la rejoindre. Je demandai à madame Charles si elle avait fait la commission dont je l'avais chargée auprès de la famille d'Orléans. « Non, » me répondit-elle, « j'ai été exprès pour la remplir, mais je suis arrivée au moment où tout le monde partait bien désolé. En me voyant, on m'a fermé la bouche par ces mots : *C'est cette duchesse de Saint-Leu qui nous perd.* »

— « Allons, » dis-je à madame Charles, « elle sera constamment méconnue ; c'est une fatalité ! » M. de Montesquiou avait pris le commandement de la garde nationale de Paris pour y maintenir l'ordre qui ne fut pas troublé un moment. Aucun royaliste ne se montrait.

Plusieurs généraux de l'empire s'étaient mis en avant, et une grande révolution s'était accomplie sans la moindre agitation, sans aucun mouvement contraire. C'était bien le cas de dire que, quand tout le monde veut la même chose, elle réussit. Cette immense capitale, abandonnée à elle-même par la désertion de ceux qui gouvernaient, était restée dans le calme.

La reine revint chez elle à peu près à l'heure de son dîner; à peine sortait-elle de table qu'on lui annonça un officier de la garde nationale, qui vint lui dire que tous les anciens ministres de l'empereur étaient réunis aux Tuileries, qu'elle était invitée à s'y rendre et que l'empereur ne tarderait pas à y arriver. La reine partit en effet avec madame d'Arjuzon, et me chargea d'aller chercher ses enfants pour les ramener auprès d'elle.

J'allais sortir, peu de moments après, lorsque je vis arriver Vincent, qui revenait de porter la lettre à l'empereur, et je m'empressai de lui demander comment il avait rempli sa mission.

Il me conta qu'il était sorti de Paris avec assez de facilité, et qu'ensuite à Villejuif, des troupes l'avaient arrêté; il avait fini par persuader à un officier qu'il allait voir sa famille et lui porter des secours urgents, dans un village d'où on lui écrivait que tous les siens avaient été fort mal traités par des soldats. On l'avait enfin laissé passer, et à peu de distance de ces derniers défenseurs de la monarchie royale, il avait rencontré un fourrier de l'empereur, nommé Deschamps, qui lui avait appris qu'il trouverait sans doute l'empereur à Essonne. Ce fourrier avait questionné Vincent sur les troupes qu'il allait traverser. Vincent lui dit qu'il venait d'être arrêté à Villejuif, ce qui engagea le fourrier à passer à travers champs. Le peuple accourait de tous les côtés pour border la route, et Vincent ne pouvait aller aussi vite qu'il le voulait, tant le chemin était déjà couvert de curieux; près d'Essonne, il vit enfin de loin une voiture à quatre chevaux escortée par des dragons et trois aides-de-camp. Il reconnut aussitôt l'empereur qui avait avec lui les généraux Bertrand, Drouot, et le duc de Vicence. Une seconde voiture suivait un peu plus loin. Il s'était approché de la voiture de l'empereur, et lui avait remis sa lettre en pleurant de joie de le revoir. « De quelle part? » avait dit l'empereur. — « Sire, c'est une lettre du duc d'Otrante que la reine Hortense vous envoie. — Se porte-t-elle bien? — Oui, sire. — Paris est tranquille? — Oui, sire. — C'est bon, » avait-il répondu, et il s'était mis à lire la lettre.

Les voitures de l'empereur arrivèrent bientôt en face du 1er régiment, qui formait l'avant-garde de l'armée du duc de Berri. Aussitôt qu'elles furent aperçues, les cris de *vivat* de toute la troupe ne laissèrent plus de doute sur leurs intentions. L'empereur descendit de voiture, fit dire au régiment de se placer sur la chaussée, et il le passa en revue aux cris non interrompus de *vive l'empereur!* Sur toute la route il en avait été ainsi. Les paysans quittaient leur ouvrage, couraient à sa rencontre et bordaient les chemins, avec les mêmes acclamations et le même enthousiasme que les troupes. Dans les villages, l'empereur était forcé de s'arrêter ou d'aller au pas, tant était grande la foule de ceux qui l'environnaient et se précipitaient au-devant de lui; mais aux environs de Paris elle devint si considérable, que le peuple grimpa sur tous les arbres, qui ployaient sous le poids, et les voitures n'eurent plus la possibilité que d'aller au pas. Au milieu de l'exaltation générale, quelques cris de *à bas les calotins* s'étaient fait entendre. C'était à Essonne que l'empereur avait été rejoint par tous ses anciens aides-de-camp et par le duc de Vicence, qui venaient au devant de lui à cheval pour l'escorter jusqu'à Paris. Il prit le duc de Vicence dans sa voiture, et continua sa route.

Vincent, qui me donna tous ces détails, suivait ce cortége, qui se grossissait à chaque pas; il l'avait quitté à une lieue de Paris, et pour éviter l'encombrement de la route il avait été forcé d'entrer par une autre barrière afin de venir plus promptement annoncer à la reine l'arrivée de l'empereur. En traversant les faubourgs, il les trouva déserts, tant était unanime le sentiment qui avait porté la foule au devant de l'empereur.

J'allai bien vite chercher les enfants de la reine; je les trouvai jouant et gambadant, et ne se doutant pas de tous les événements qui venaient de se passer; leur réclusion avait été pour eux un moment de vacances et ne les avait pas fatigués du tout; les jeux, qui avaient remplacé les leçons, leur avaient fait paraître très-courts ces quinze jours qui, à nous, nous avaient paru des siècles. Ils furent pourtant très-contents d'apprendre qu'ils allaient revoir leur mère et leur oncle.

Quant à leur abbé, qui allait recommencer ses leçons de lecture et de latin, on s'était fort bien habitué à s'en passer; les culbutes, les tours de force avaient suppléé aux promenades, dont ils avaient été privés. Pendant que j'attendais la reine, qui était encore aux Tuileries, M. de Soulanges, secrétaire du prince Eugène, vint me dire qu'il croyait de son devoir d'envoyer un courrier à son prince à Vienne, pour l'instruire de l'arrivée de l'empereur, et qu'il me priait, aussitôt que la reine serait rentrée, de lui dire qu'il n'attendait plus qu'une lettre d'elle pour expédier le courrier à son frère.

J'attendis la reine jusqu'à minuit : elle rentra enfin, exténuée de fatigue ; cette transition subite d'un grand repos et d'une réclusion complète à une journée d'agitation, de mouvements, d'émotions, avait épuisé ses forces. Elle courut embrasser ses enfants, qui dormaient si profondément qu'ils ne se réveillèrent pas. Revenue chez elle, j'appris d'abord qu'elle avait failli être étouffée quand l'empereur était arrivé. Il était huit heures lorsqu'il descendit de voiture à son vestibule ordinaire. La reine Julie et la reine Hortense s'avancèrent pour le recevoir ; mais il y avait là une telle foule de gens qui s'élancèrent vers l'empereur et le prirent dans leurs bras, qu'on ne fit nulle attention à elles, et il est exact qu'elles coururent le risque d'être étouffées.

La voiture de l'empereur était arrivée aux Tuileries à peine entourée ; une faible escorte de ses aides-de-camp avait seule pu la suivre. On porta l'empereur jusque dans ses appartements, et les reines, que l'on vint alors chercher, eurent beaucoup de peine à percer la foule pour arriver jusqu'à lui. Il les embrassa assez froidement. Il demanda à la reine où étaient ses enfants ? et quand elle lui dit qu'ils étaient cachés, il lui répondit :

« Vous avez placé mes neveux dans une mauvaise position, au milieu de mes ennemis ! » Voilà tout ce qu'elle eut de lui dans ce premier moment ; il avait ajouté pourtant : « Je compte sur Eugène ; je pense qu'il va revenir, je lui ai écrit de Lyon. » Madame Lallemand était venue demander la liberté de son mari ; l'empereur s'était fait expliquer son délit, qu'il ne connaissait qu'imparfaitement par les journaux ; ensuite, il s'était enfermé tour à tour avec tous ses anciens ministres, ainsi qu'avec le duc d'Otrante, et comme il n'avait pas congédié les reines, elles attendaient toujours ; mais enfin, mortes de fatigue, elles avaient pris le parti de rentrer chez elles.

La reine était si exténuée, que lorsque je lui parlai du courrier que M. de Soulanges envoyait à son frère, elle me répondit : « Ah ! je n'ai pas » le courage d'écrire ! je n'en peux plus. » — « Mais, madame, un seul petit mot ! votre frère sera si étonné de n'avoir pas de vos nouvelles par vous-même ! il s'en inquiétera. Et votre belle-sœur ! et la grande-duchesse de Bade? Puisque le courrier passe par Carlsruhe et par Munich, ne devriez-vous pas leur apprendre la grande nouvelle? elles seraient affligées d'être les dernières instruites d'un événement qui doit les toucher autant. » — « Ah ! » dit la reine, écris-leur si tu veux ; mais pour » moi je me sens à peine la force de tracer un » mot pour mon frère. » Alors, tout endormie qu'elle était, elle écrivit à peu près ces mots, qu'elle m'a souvent répétés, parce qu'ils donnèrent lieu aux plus coupables intrigues contre elle. Que de fois elle rechercha dans sa mémoire ses moindres expressions, pour y découvrir ce que la politique la plus astucieuse avait eu l'indignité d'y placer !...

Mon cher Eugène, un enthousiasme dont
» tu n'as aucune idée, ramène l'empereur
» en France. Je viens de le voir. Il m'a reçue
» très-froidement ; je pense qu'il désap-

» prouve mon séjour ici. Il m'a dit qu'il
» comptait sur toi, et qu'il t'avait écrit de
» Lyon. Mon Dieu ! pourvu que nous n'ayons
» pas la guerre ! Elle ne viendra pas, je l'es-
» père, de l'empereur de Russie; il la déplo-
» rait tellement ! Ah ! parle-lui pour la paix !
» use de ton influence près de lui; c'est un
» besoin pour l'humanité. J'espère que je
» vais bientôt te revoir. J'ai été obligée de me
» cacher pendant douze jours, parce qu'on
» avait fait mille contes sur moi. Adieu, je
» suis morte de fatigue. »

Voilà cette lettre telle que je me la rappelle, et telle que la reine se l'est rappelée si souvent. S'il s'y trouve quelques expressions changées, le fond n'est absolument que ce que je viens d'écrire. Et voilà ce qui a donné l'assurance au congrès, où elle fut saisie, commentée et peut-être dénaturée, de la participation active de la reine aux affaires de la France. Voilà ce qui a pensé faire envoyer le vice-roi dans une forteresse de la Moravie, et ce qui a brouillé l'empereur de Russie avec la reine...

Mais n'anticipons pas sur les tristes événements qui vont suivre; laissons la reine se reposer un instant de ce 20 mars, avant d'entrer dans cette vie d'agitation, qui, aux yeux de tout autre qu'aux siens, serait remplie de charme, puisque ce jour présage tout ce que la fortune peut accorder de plus haut et de plus brillant... Reposons-nous nous-mêmes; car, après tout ce que l'imagination peut concevoir de grandeur et de puissance, j'aurai à peindre tout ce qu'elle peut inventer d'infortune et de douleurs.

TABLE SOMMAIRE

DES MATIÈRES

CONTENUES

DANS LES DEUX VOLUMES DE CES MÉMOIRES.

PREMIER VOLUME.

I.

Le premier de l'an 1813.—Sinistres présages.—La reine Hortense aux Tuileries et à la Malmaison. — Le Berceau de cheveux. Désespoir d'un coiffeur. — Madame Fanny Beauharnais. — La céleste filleule. Madame de Boucheporne. — Madame Mollien et la devise touchante. — Deux lieutenants de l'empereur. — Une chasse à Grosbois. — L'empereur et le pape Pie VII à Fontainebleau. 17

II.

M. et madame Philippe de Ségur. — L'empereur ordonne que les bals recommencent. — Les danseurs à jambes de bois.— Le talisman.— Mesdames Corbineau et de Lascours. — Anatole Lawoestine, la comtesse Gérard et la comtesse de Celles. — Mesdames Duroure, Gazani, de Valence, d'Emstatt.—M. de Narbonne, chevalier d'honneur, M. de Maussion, Isabey et le comte de Forbin. — La duchesse de Montébello et l'impératrice Marie-Louise. — Garneray et Garat. — Une romance d'Alexandre Delaborde. — M. le comte de Ségur. — Le comte Molé grand-juge. 55

III.

Les plans de la Reine. — Une chambre à coucher au nord. — Le palais du grand-duc de Berg. Le quadrille allégorique. — Le double baptême des duchesses de Bassano et de Frioul. — Mesdames Du-

TABLE DES MATIÈRES.

crest et de Villeneuve. — Une partie de masques chez madame de Genlis. 49

IV.

L'empereur tombe de cheval. 62

V.

Départ de l'empereur pour l'armée. — Établissement de Marie-Louise à Saint-Cloud. — Désintéressement de l'administration. — La régente à Saint-Cloud et l'impératrice Joséphine à la Malmaison. — Visite chez les Filles de la Légion-d'Honneur. — Joséphine à Saint-Leu. — MM. Massay et de Mirbel. — Une jeune trappiste. — Histoire inconnue. — Persévérance religieuse. — M. Cadet de Vaux. — Entêtement des bonnes sœurs. — Innocentes occupations. — Une victoire chèrement achetée. — Mort du maréchal Bessières. 75

VI.

Le duc de Rovigo vient voir la reine. — Marie-Louise à Saint-Leu. — — Brunet dans le salon. — Le prince Eugène part pour Milan. — La reine aux eaux d'Aix. — MM. de Villeneuve et de Marmold. Les demoiselles Pio et leur mère. — Les docteurs Chevalet et Corvisart. — Notre existence à Aix. — Une marquise du faubourg St-Germain. — Madame de Broc. Projet de promenade. — Affreux malheur. — Désespoir de la reine. — Détails circonstanciés de la mort de madame de Broc. Les sœurs de Charité. — La reine fonde un hôpital. 87

VII.

Le messager de malheur. — Le monument et l'inscription. — M. Matthieu de Montmorency. — M. Sosthène de La Rochefoucault. — M. Elie de Périgord. — Entêtement du faubourg Saint-Germain. — Le colonel Auguste de Lagrange. — La Dent du Chat. — Fête de l'empereur. — Le dîner des pauvres. — Conversation sur le bonheur. — Une fiche de consolation conjugale. 115

VIII.

L'optimiste. — La reine incognito. — Le bonheur que donne la bienfaisance. — Madame de Bouflers et son fils. — Lettre de madame de Bouflers. — Départ d'Aix. — Nouvelle route des Échelles. — La nuit et le jour. — Le château de Bussi-Rabutin. — L'arrière-tante de la reine de Hollande. — Enlèvement. — Le vœu. — La maison de Buffon. 127

IX.

Retour à Saint-Leu. — Visite de madame Campan. — Marie-Louise à Cherbourg. — Notre séjour à Dieppe. — M. Stanislas Girardin. —

Tout Dieppe vient voir la reine. — Visite au château d'Arques. — Les frayeurs de l'abbé Bertrand. — La croisière anglaise. — Nous quittons Dieppe. — Nouvelles du prince Eugène. — L'impératrice Joséphine plus jeune que sa fille. — Proclamation du vice-roi. — Beaucoup d'intrigues pour une place de dame du palais.— Le duc de Rovigo protége madame du Cayla. — Deux concurrentes, mesdames du Roure et de Lascours. 145

X.

Événements sinistres. — Lettre d'une femme inconnue. — Je prends la place de la reine. — Découverte d'une conspiration par une dame de la halle. — Je prends un couteau pour un pistolet. — Un homme comme il faut à Bicêtre. — Les émissaires du comte d'Artois. — J'entends parler des Bourbons pour la première fois. — Lettre. — Lettre de la sœur Saint-Jean. — Chambre de la reine. — Défection des Bavarois. — L'empereur journaliste. — Arrivée du roi Louis. — Contentement de la reine. 157

XI.

La manie de marier le monde. — M. De Cazes habitué de ma mère. — Tristesse inconsolable. — Le secrétaire du roi Louis. — La reine veut en faire un receveur-général et mon mari. — Mademoiselle de Courtin. — Le frère du général Corbineau. — Châteaux en Espagne pour marier ses amies. — Arrivée de l'empereur à Saint-Cloud. — Ouverture du corps législatif. — M. de Pontécoulant. — Les sénateurs-commissaires impériaux. — La baronne Riouff. — La reine sauve la vie à M. de Charrette. — Encore un beau trait de la reine.— L'empereur fait une pension à la descendante de Duguesclin. — Lettre du prince Eugène à sa sœur, à l'empereur et à sa mère. 168

XII.

Envahissement du territoire français. — Un dîner de l'empereur la veille de son départ pour l'armée. — Désespoir de Marie-Louise. — Angoisses de la famille impériale. — Mon appartement chez la reine. — Les serments de l'empereur Alexandre et du grand-duc Constantin. — Chacun fait sa cachette. — Prise de Mâcon. — Calembours à ce sujet. — Les soirées de la reine. — Tout le monde fait de la charpie. Inquiétude des dandys sur le sort du bois de Boulogne. Nous apprenons une victoire. — Les prisonniers. — Guerre sur le boulevard. — Espoir des uns, regrets des autres. — Le belles dames patriotes. — M. le comte de Tascher. — Discours de l'empereur. — Les maréchaux Victor et Augereau. 189

XIII.

Courte apparition du comte Tascher. — Le prince Eugène en Italie. — Proclamation du vice-roi. — Confiance dans les négociations de

Châtillon. — Victoire du Mincio. — Ma visite au roi de Rome. — Les soldats de papa. — Madame de Montesquiou. — Une journée près de l'impératrice à la Malmaison. — Le petit homme noir. — Alarmes du duc de Rovigo. — L'armée ennemie plus près de Paris que l'armée française. — Calme de l'impératrice Marie-Louise. — Plus de nouvelles de l'empereur. — La reine se rend aux Tuileries. — Visite de la maréchale Ney. — Désespoir de la reine. — Représentation à Marie-Louise. — Frayeur de Cambacérès. — Dévouement de M. de Lavalette. 206

XIV.

Lettre du roi Louis à la reine. — Décision du conseil de régence. — L'impératrice Marie-Louise quitte Paris. — Frayeur des dames de la cour. — Les dernières visites. — La princesse d'Eckmuhl et la comtesse Bertrand. — M. de Labédoyère très-royaliste. Ses offres généreuses. — Paris au 29 mars. — Visite de M. Régnault de Saint-Jean-d'Angély. — La reine veut rester à Paris. — Courageuse résolution de la reine. — Le roi Louis demande ses fils. — Nous quittons Paris. — Dévouement de madame Doumerc. 222

XV.

Une nuit d'angoisses. — Nous entendons le canon de Paris. — La reine à Trianon. — Le général Préval. — Attachement de la reine pour les Parisiens. — Nous trouvons les rois à Rambouillet. — Le sort de Paris nous est connu. — Un aide-de-camp du duc de Feltre arrive près de la reine. — Nous partons pour Navarre. — Mesdames de Raguse, de Reggio et de Sainte-Aulaire rejoignent la reine. — Cruelles incertitudes. — Nous voyons un Cosaque. — On nous prend pour des ennemis. — Nous sommes enfin à Navarre. 254

XVI.

Le château de Navarre. — M. de Maussion nous apprend la capitulation. — Ignorance de la position de l'empereur. — On lui accorde l'île d'Elbe. — Angoisses de l'impératrice Joséphine. — Récit de M. de Maussion. — Projet de départ de la reine pour la Martinique. — La reine dégage de tous serments sa maison d'honneur. — Madame de Caulincourt. — M. de Turpin. — M. de Montulé. — Conduite opposée. — Dévouement d'un émigré. — Projet de suivre la reine. — La princesse Sophie Wolkonski. — M. de Nesselrode. — Diamants confiés par des Russes au moment de l'invasion. — Les Bourbons vont régner. — Paris silencieux. — Joie des dames du faubourg Saint-Germain. 252

XVII.

L'hôtel de la reine envahi par des Suédois. — Madame de Caulincourt. — Dévouement de M. de Nesselrode. — Lettre à la reine. — On s'occupe du sort de la reine. — Incertitude sur le sort de Marie-Louise. — On veut me présenter à l'empereur de Russie. — La reine ne veut rien pour elle. — Lettre de la reine. — Cruelle résolution. — Lettre de M. de Nesselrode. 268

XVIII.

M. de Nesselrode me demande une lettre de la reine. — Son opinion sur la reine. — Nouvelles de l'empereur Napoléon. — Il demande l'île d'Elbe. — Le duc de Vicence et le prince de Neufchâtel. — M. de Metternich. — Le prince Léopold dévoué à la reine. — L'ancienne noblesse et la nouvelle. — Je presse le retour de la reine. — L'avenir de ses enfants. — Fureur du faubourg Saint-Germain. — Une lettre de la reine à l'empereur. — Une nouvelle lettre à la reine. — Fureur des alliés contre le duc de Bassano. — Scène entre Marie-Louise et les rois ses beaux-frères. — La reine de Westphalie. — Dévouement du prince Léopold. — Madame de Tascher. — Quinze jours passés à Fontainebleau. 278

XIX.

L'empereur Alexandre mécontent de la reine Hortense. — Répugnance inspirée par les vainqueurs. — Opinion de la reine Hortense sur l'empereur Alexandre. — Lettre que m'adresse M. de Nesselrode. — Arrivée du prince Eugène à Paris. — Nouvelle entrevue de la reine et de l'empereur Alexandre. — La couronne donnée aux Bourbons. — Soirée chez la reine. — Le prince Eugène, le duc de Vicence, madame du Cayla et l'empereur Alexandre. — Mon frère Adrien. — Mes amis. — Politesse des vainqueurs. 299

XX.

L'empereur Alexandre chez moi. — Bonté de ce prince pour la reine. — Projet de duché de Saint-Leu. — Conversation de l'auteur avec l'Empereur. — Opinion d'Alexandre sur le faubourg Saint-Germain. — Un petit meuble russe. — Visite de M. de Nesselrode. — Titre de duchesse accordé par Louis XVIII à MADEMOISELLE DE BEAUHARNAIS. — La dix-neuvième année d'un règne. — Tout comme autrefois. — Négociations et difficultés sur des titres. — Malveillance et bienveillance. — Lettre de l'empereur Alexandre. — Visite du prince Eugène au duc d'Orléans. 316

XXI.

Seconde visite de l'empereur Alexandre. — Portrait de l'empereur. — Conversation sur les intérêts de la reine. — Explication à l'égard du prince de ***. Je défends un ami. — L'empereur s'attendrit. — Heureux résultat pour le disgracié. — L'impératrice Joséphine inconsolable du sort de l'empereur Napoléon. — Nouvelles difficultés. — L'empereur Alexandre veut voir Saint-Leu. — Mademoiselle

DES MATIÈRES. 413

Élisa de Courtin. — Le comte Zchernicheff. — Le château de la chasse. — Beaux plans de la reine. — Longue conversation avec l'impératrice Joséphine. — Noirs pressentiments. — Le comte de Tancarville. — L'empereur Alexandre à la Malmaison. — Le camée du pape Pie VI. — La machine de Marly. — La reine Hortense sauve la vie à l'empereur Alexandre. — Dîner à la maison. — Grand succès de la reine auprès des princes étrangers. — Jugement sur la famille d'Orléans. — Opinion de l'empereur sur la reine.   554

XXII.

Le roi de Prusse dîne à la Malmaison. — Espiègleries des jeunes princes de Prusse. — L'Anglais prisonnier. — Les enfants de la reine altesses impériales. — Le petit Napoléon. — Les soldats et les bouquets de violette. — Instruction puisée des événements. — La privation de dessert. — Estime d'Alexandre pour le duc de Vicence. — Dîner avec le comte d'Artois. — Calomnies détruites à l'occasion de la mort du duc d'Enghien. — Chagrins de l'impératrice Joséphine lors de cet événement. — Une victime de Moskou. — Les frères d'Alexandre confiés à la reine. — Violation de tombeaux. — Lettre que m'écrit l'empereur Alexandre.   354

XXIII.

Tout Paris à Saint-Leu. — Naïveté d'une femme d'esprit. — Les amis véritables et ceux qui veulent le paraître. — Exagérations sur la succession de l'impératrice Joséphine. — L'archevêque de Baral. — Générosité du prince Eugène. — Distribution de la toilette de l'impératrice Joséphine. — Tout le monde veut des pensions. — Les battus paient l'amende. — Prétention de M. de Blacas. — La duchesse d'Angoulême et le vieux Dubois. — Le comte d'Artois à la Malmaison. — M. de Bompland cicérone. — Isolement des enfants de l'impératrice. — Départ du vice-roi pour le congrès de Vienne. — Réforme de la maison de la reine. — Mademoiselle Elisa de Courtin. — Cruelle résolution. — M. Pozzo di Borgo à Saint-Leu. — Portrait de madame de Staël par M. Pozzo di Borgo. — Deux jeunes colonels en voltigeurs de Louis XIV. — MM. de Cramayel et Lecoulteux de Canteleu. — Le général Sébastiani. — Le colonel Labédoyère. — Mécontentement de la reine. — Imprudence généreuse de M. de Lawoestine.   400

XXIV.

Jugement de M. Pozzo di Borgo sur le salon de la reine Hortense. — La reine veut vivre ignorée. — Visite de M. Boutikin à Saint-Leu. — Jalousie de M. Pozzo di Borgo. — Singulière protection. — Mesdames Récamier et de Staël à Saint-Leu. — MM. de Ségur. — De Flahaut. — De Latour-Maubourg. — De Lascours. — De Canouville. — La duchesse de Frioul. — Le général Colbert. — Nouveau portrait de madame de Staël. — M. le duc de Gaëte. — Le prince Auguste de Prusse. — Madame de Staël et la constitution du Grand-Turc. — Longue conversation sur l'empereur Napoléon. — M. le préfet de Genève, Capelle. — Conversation de madame de Staël avec les jeunes princes. — Lettre de madame Campan. — Inquiétudes de la cour sur la visite de madame de Staël à Saint-Leu. 425

DEUXIÈME VOLUME.

I.

L'impératrice Marie-Louise aux eaux d'Aix. — M. de Blacas fait prier la reine Hortense de ne pas y aller. — La reine Hortense à Plombières. — Mauvaise volonté du gouvernement à régler les revenus du duché de Saint-Leu. — Conseils du duc de Vicence. — Jugements portés sur l'empereur. — Lâchetés de ses ennemis. — Insouciance de la reine sur ses intérêts. — Le gouvernement saisit de nouveau les rentes. — M. Delabouchère. — L'empereur Alexandre à Londres. — Le comte de Tolstoï. — La princesse Wolkonski. — Lettres sur le voyage de l'empereur Alexandre en Angleterre. — Nouvelle inquiétude de l'ambassadeur de Russie. — Correspondance entre les vaincus et les vainqueurs. — Une contremine. — Lettres du duc de Vicence. — Le petit homme. — M. de Nesselrode. — La reine voyage seule avec moi. 1

II.

Nous sommes seules en voyage. — Singulière rencontre dans les montagnes des Vosges. — La famille Sainte-Aulaire et la famille de Bassano. — Le général Laborde. — Portrait de M. Sainte-Aulaire. — Madame la comtesse de Rémusat. 23

III.

Les haines s'agitent. — Les courtisans changent de maîtres. — Fidélité d'un maître-d'hôtel. — Un ami de M. le duc de Duras. — Souvenirs de Plombières. — Le père Vincent. — La reine retrouve de vieux amis. — Visites au Val d'Ajou et à la vallée d'Érival. — La reine en charrette traînée par des bœufs. — Nos adieux à Plombières. 55

IV.

Départ pour Bade. — Nobles sentiments du préfet de Bar. — M. le comte Sainte-Aulaire. — La reine revoit son frère. — La princesse Auguste de Bavière. — L'heureux ménage. — La grande-duchesse de Bade. — Le roi de Bavière. — Sa vie bourgeoise. — Visites de l'impératrice de Russie. — La reine de Bavière et l'ancienne reine de Suède. — La margrave de Bade. — Portrait de l'impératrice de

Russie. — Le grand-maréchal Nariskin. — Deux reines sans royaume. — Le jeune prince de Suède. — L'étiquette allemande et la soupe russe. 44

V.

Nos soirées à Bade. — Le prince Ipsilanti. Son succès auprès des dames. — Beaucoup de têtes couronnées. — Histoire du prince Ipsilanti. — Barbaries des Turcs contre les Grecs. — Portrait de la grande-duchesse de Bade. — Je fais M. de Latour-Maubourg ambassadeur. — Belle lettre de madame de Latour-Maubourg. 54

VI.

Le roi de Bavière et sa soupe. — Son amour pour les confitures. — Rencontre de l'impératrice de Russie. — Je la sauve d'un grand péril. — Je reçois la visite de madame de Krudner. — Longue conversation et prédictions de madame de Krudner. Elle annonce que l'empereur Napoléon quittera l'île d'Elbe en 1815. Portrait de l'inspirée. — Conversation entre madame de Krudner et la reine. — Jugement sur madame de Krudner par la reine Hortense. 66

VII.

Madame de Krudner et sa fille. — Leur existence à Lichtenthal. — Retour sur 1809. — L'ambassadrice de Suède. — Long entretien. — L'impératrice de Russie et madame de Zuvza. — Madame de Krudner chez la reine. — Jugement de la reine sur madame de Krudner. — La prophétesse devant la princesse Auguste et son mari. Prédiction de grands malheurs. — Lettre de madame de Krudner à mademoiselle Cochelet. — Mort de M. de Lezay-Marnésia. 92

VIII.

Une fête chez la grande duchesse de Bade. — Départ pour la France. — Le prince Eugène reconduit sa sœur. — Singulière rencontre d'officiers. — Des prisonniers de guerre près de la reine. — *Vive le roi de Rome et son petit papa.* — Vive la reine Hortense. — Un arc de triomphe pour le duc de Berri étrenné par la reine. — Fermeté de caractère de la reine. — Mépris des injures journalières. 115

IX.

Départ pour le Havre. — La reine dans une petite maison à trois étages. — Différence entre le Havre et Dieppe. — Les femmes du Havre. — *Réné* et *Atala* jugés par la reine. — Portrait de madame du Deffant. — Comparaison entre Marie Leckzinska et la reine. — M. de Chateaubriand. — *Wallace, ou les chefs Écossais.* — Un jour à la côte d'Ingouville. — Nous trouvons des amis. 129

X.

J'écris à l'empereur Alexandre. — Lettre de M. Bethman sur l'empereur Alexandre. — Une visite de madame Ferray. — Deux filles charmantes. — Un pèlerinage à Saint-Adresse. — Une journée à Orcher. — M. Oberkam. — Messieurs Los Rios. — Souvenirs sur l'empereur. — Désir d'un voyage à la Martinique. — M. de Rougemon, banquier. — Souvenirs de l'enfance de la reine. — Une visite à Col-Moulin. — Retour à Saint-Leu. — Dévouement de M. de Labédoyère. — Souvenir sur Coppet. — Éducation royaliste de M. de Labédoyère. — Messieurs de Damas et de Chastellux. 147

XI.

Retour à Saint-Leu. — L'institut d'Écouen. — Sa protectrice. — Les Bourbons jugés par M. de Labédoyère. — Garneray une fois par semaine à Saint-Leu. — La reine fait les portraits des amis de la maison. — M. de Ségur, M. de Flahaut, M. de Labédoyère, M. Beaugard, M. Lavalette, le général Colbert, M. Molé, la belle des belles. — Madame Dulaunoy. — M. de Canouville. — Rétablissement de la reine. — Projets du roi Louis sur ses enfants. — Transaction cruelle. — Anxiété de la reine. — Madame de Boubers. 167

XII.

Existence de la reine à Saint-Leu. — La maison de J.-J. Rousseau. — Les habitués de la maison. — MM. de Lascours. — De Latour-Maubourg. — De Colbert. — Durosnel. — Cadet de Vaux. — M. le comte Molé et M. Sosthène Larochefoucault. — Deux partis en présence. — Un Villarsau du temps de Louis XIV. — La reine justifie M. Sosthène. — Un drapeau pour un autre. — M. de Lavalette et le petit Poucet. — Nos adieux aux sœurs de Charité. — Les Anglais chez la reine Hortense. — Salon de madame de Girardin. — Le salon de la reine et MM. de Forbin, Philippe de Ségur, Delagrange et de Broglie. — Madame Gazani. — Les belles duchesses. — Lord et lady Kinair. — Lettre de la princesse Walkonski. 202

XIII.

M. Bruce. — Madame Hamilton. — Madame Moreau et la duchesse de Mouchy. — Les étrangers dans le salon de la reine Hortense. — Les calomnies. — Avertissements d'un Russe. — Modèle de médisances. — Réunion chez la princesse de Poix. — Scène dramatique. — M. de Labédoyère et madame de Girardin. — Madame Hamelin. — Philosophie de la reine. — Singulière visite et les scellés. — Les diamants de la reine. — La bonne reine Julie. — La duchesse de Raguse. 224

XIV.

Explication de la reine avec M. de Labédoyère. — Madame de Labé-

DES MATIÈRES.   417

doyère. — Les demoiselles Dellieux. — M. de Humbolt. — Lettre de M. de Fontanes. — Nouvelles présentations chez la reine. — Le maréchal et la maréchale Ney. — Madame Ney à la cour des Tuileries. — Les dames des deux régimes et les deux noblesses en présence. — Vexations de la maréchale Ney. — Le maréchal Macdonald. — Conseils de la reine. — Malveillance dans les deux camps. — Exemples d'ingratitude. — Une grosse duchesse et le costume rose. — Agents provocateurs. — Avis au prince Eugène.   260

XV.

Le retour des Tuileries et la cour chez la reine Hortense. — Les mauvaises voisines. — Le 1er de l'an 1815. — Les étrennes. — La rose et le torrent. — L'abbé Bertrand. — La robe de bure et la reconnaissance d'une femme. — La dernière descendante de Duguesclin. — Le marquis de Rivière chez la reine Hortense. — Une terreur panique. — Les chouans à Paris. — Les libéraux et le parti ultra. — M. de Broglie auditeur. — Projet de mariage entre M. de Broglie et mademoiselle de Beauharnais. — Affaire du général Excelmans. — La politique bannie du salon de la reine.   281

XVI.

Le bœuf gras et les ingrats. — La crainte d'un procès. — Procès du roi et de la reine. — Pusillanimité d'un avocat et le nom d'empereur. — Un article de journal et indifférence de la reine. — Le mari vengé par sa femme. — Lettre de la grande-duchesse de Bade. — Lettre de la princesse Auguste. — Amitié de ces princesses pour la reine. — Les amis perdus au jour du malheur. — Visite mystérieuse. — Un confident officieux de Maubreuil. — Tourments de la reine. — Service expiatoire.   297

XVII.

Les services expiatoires et les belles quêteuses. — Propos populaires. — Les violettes. — La mort du duc de Fleury. — Berthier. — Gros-Bois et premières craintes pour les biens nationaux. — L'enterrement de mademoiselle Raucourt. — Dernière conversation avec M. de Labédoyère. — Les finances de la France les seules bonnes de l'Europe. — Napoléon et la paix. — M. de Bourmont. — Souvenir d'un dîner à la Malmaison. — Paris divisé en deux camps. — Les mauvaises mines. — Mort du général Quénel. — Inexécution du traité du 11 avril. — Nouvelle imprévue.   315

XVIII.

Retour du bois de Boulogne. — Lord Kinaird et la première nouvelle du débarquement de l'empereur. — Terreur de la reine pour ses enfants. — Incrédulité de la reine. — Ses enfants en sûreté. — Soirée chez la reine. — Garat. — Madame de Turpin et les bavardages. —

TABLE DES MATIÈRES.

La nouvelle confirmée. — Les conjectures. — Crainte de la guerre civile. — Perte du procès de la reine. — Lettre que m'écrit madame de Boufflers. — Mort de M. de Boufflers. — Visite de la maréchale Ney. — Départ du maréchal. — Agitation de la cour et de la ville. — Danger de la position de la reine. — Fausses apparences. — M. Pozzo di Borgo, l'âme et le conseil des Bourbons. — La duchesse de Courlande. — La reine accusée à la cour. — Incroyable résignation. — Visite du duc d'Otrante. 554

XIX.

Conseils du duc d'Otrante. — La reine quitte son hôtel. — Mauvaise réception chez une amie. — Retraite accordée pour une nuit. — L'empereur à Lyon. — Recherche d'un asile. — Les volontaires royaux. — La bonne Mimi. — La reine passe pour moi. — Mon frère Adrien accompagne la reine deguisée. — Gaîté de la reine. — Les souliers de taffetas et la robe de dentelles. — La reine en sûreté. — Les hôtes de la rue Duphot. — La reine dans un grenier. — Les tasses de famille. — Le duc d'Otrante échappé à la police. — Réfuge demandé par M. de Lavalette. — La perruque du maître-d'hôtel. — Impatience causée à la reine par sa réclusion. — Nouvelle de la réception de l'empereur à Lyon. — Un courrier chez Louis XVIII. — M. Alexandre de Girardin. — Sa visite à la reine et son entrée à quatre pattes. — Préventions contre la reine. — On l'accuse de conspirer. — Elle écrit au ministre de la police.

XX.

M. de Kirbourg et ses gens. — Observations de la reine dans sa cachette. — Un régiment de cuirassiers. — Le peintre royaliste. — — L'empereur battu dans les journaux. — L'espoir fondé sur le maréchal Ney. — Impatience de la reine. — Berthier, chef d'état-major du comte d'Artois. — Bons sentiments de la reine pour Louis XVIII. Elle veut donner asile aux enfants du duc d'Orléans. — Lord Kinnaird et madame Lallemant au Tuilleries. — Lettre anonyme et projet d'assassiner l'empereur. — Mission périlleuse. — Le 20 mars. — Le général Sébastiani et M. de Lavalette conduit à l'administration des postes. — Mot de l'empereur sur Mallet. — M. Ferrand. — Motif de la condamnation de M. de Lavallette. — Virginie et les adieux du duc de Berri. — La reine à sa fenêtre et les conjectures. — Départ du roi. — La reine veut lui écrire. — Restauration du portrait de M. de Montalivet. — Réédification de la statue de l'empereur. — Rentrée de la reine à son hôtel. — Evénements de la journée du 20 mars. — L'empereur aux Tuileries.

FIN DE LA TABLE.

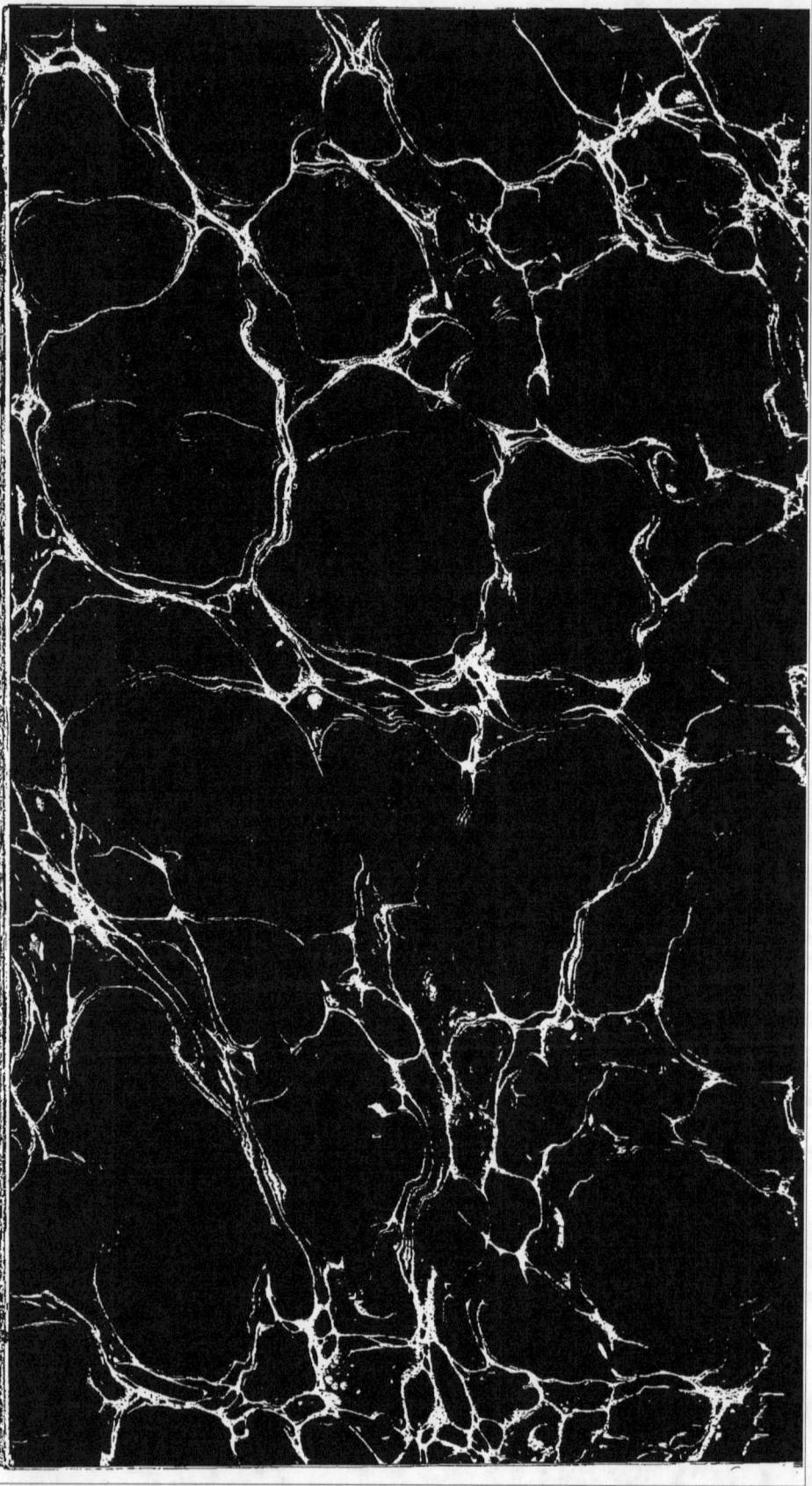

www.ingramcontent.com/pod-product-compliance
Lightning Source LLC
Chambersburg PA
CBHW060545230426
43670CB00011B/1693